中國學術思想 研究輯刊

三三編

林慶彰 主編

第 5 冊

「太極」概念內涵的流衍與變化
——從《易傳》到朱熹

程 強 著

花木蘭文化事業有限公司

國家圖書館出版品預行編目資料

「太極」概念內涵的流衍與變化——從《易傳》到朱熹／程強
著 -- 初版 -- 新北市：花木蘭文化事業有限公司，2021〔民
110〕
目 2+202 面；19×26 公分
（中國學術思想研究輯刊 三三編；第 5 冊）
ISBN 978-986-518-434-6（精裝）
1. 易經 2. 宇宙論
030.8 110000652

ISBN-978-986-518-434-6

9 789865 184346

中國學術思想研究輯刊
三三編 第 五 冊 ISBN：978-986-518-434-6

「太極」概念內涵的流衍與變化——從《易傳》到朱熹

作 者	程 強
主 編	林慶彰
總 編 輯	杜潔祥
副總編輯	楊嘉樂
編 輯	許郁翎、張雅淋 美術編輯 陳逸婷
出 版	花木蘭文化事業有限公司
發 行 人	高小娟
聯絡地址	235 新北市中和區中安街七二號十三樓
	電話：02-2923-1455／傳真：02-2923-1452
網 址	http://www.huamulan.tw 信箱 service@huamulans.com
印 刷	普羅文化出版廣告事業
封面設計	劉開工作室
初 版	2021 年 3 月
全書字數	21 萬字
定 價	三三編 18 冊（精裝）新台幣 48,000 元

「太極」概念內涵的流衍與變化
——從《易傳》到朱熹

程強　著

作者簡介

程強，公元 1971、農曆辛亥年生。祖籍運漕，出生地陶廠。小學、初中就讀於當地，在運漕、含城讀完高中。十六志於學，醉心於馬列，浸研三四年。高中輟學，輾轉於生意場。兩年後又學美術，讀於巢湖師專，畢業後在褒山中學任教十一年，期間始留意於傳統舊學。2006 年，入安大哲學系，專研儒家。三年後又進上師，繼學之。畢業後，在黔地任教，奄忽又八載。回首相望，茫茫然如未曾有學，甚為傷悼矣。是為記，以告來者。

提　要

　　本文旨在考察中國哲學史上儒家一個最為重要概念──「太極」內涵的流衍變化。

　　從《易傳》的文本看，易道以乾坤陰陽為基始，易之三則：不易、簡易、交易，皆以乾坤為基，所謂「乾坤毀，則無以見《易》」，故此，由「太極兩儀」建立起來的《易傳》的本體論體系，其最高概念──太極──不得越乾坤而獨存。因此，把「太極」作為超越天地的本體或生成之母來理解不符合《易傳》整個體系。從「太極」的詮釋史看，「太極」為「大中」一義最為認可，自漢人董仲舒至清學者，兩千餘年罕有反對者。「太極大中」一義可貫通漢學、宋學，也打通程朱、陸王的分歧，並且還可以統攝三個不同的體系：董仲舒天人學術、程朱的本體論、周、邵、張等渾沌體系。一言以譬之，太極之為大中可以貫通整個儒學，成為儒學的核心精神，與儒家的「中庸」大中至正的道統不謀而合。「太極」的其他諸涵義，如太極元氣說、太極本無說、太極天理說、太極為一心、太極為蓍草不分等等，這些涵義都明顯帶有時代的特色，歷來都是毀譽參半，沒有大家一致的認同，儒學內部各體系派別的扞格紛爭也由之而起。

　　因是故，本文把太極大中一義作為《易傳》太極本義來考察，並在這個基礎上考察太極概念內涵的流衍變化。

　　究其歷史發展的沿革來看。戰國末期，道家《老子》的渾沌體系通過對《易傳》太極概念的解讀而開始滲入到儒家內部。其後，其他各家學術也採用了儒道合流的觀點，如《鶡冠子》、《呂氏春秋》便是這兩個體系融合的結果，它們把《易傳》「太極生兩儀」的形式與《老子》渾沌說合二為一，這樣，「太極」與「元氣」的合一首次實質性出現在這兩部著作中。

　　漢人的「太極」觀沿著兩條路線發展：其一，因襲《易傳》的體系而形成董仲舒的天人思想構架。在董仲舒的體系裏，「太極」被明確地解釋為天地之「中」。在董仲舒的著作中，「太極」與混沌不分的「元氣」從未有形式上的連接，「元氣」的具體涵義偏重於類似陽氣，董仲舒強調陰陽調和。其二，漢初的學者順著《鶡冠子》、《呂氏春秋》的渾沌元氣創生萬物的思路，又進一步往上追溯，追溯到一個一無所有的「絕對虛無」。《淮南子》與漢人的易緯《乾鑿度》都在渾沌的元氣（太極）之先置一絕對虛無，名之曰「太易」，由「太易」生成元氣（太極），再有元氣（太極）生成陰陽、天地、萬物。

　　這樣，就出現了一個理論困難：「太易」絕對虛無，故此不具有生成功能。那麼，不具有生成功能的「太易」如何生成渾沌之太極？鄭玄為了應付此種矛盾，把「忽然而自生」的觀念引入「太極」的特性中：「太極」具有忽然的自生自成的功能，相當於老子的「獨立而不改」的「道」。「太易」之為絕對的虛無又混同於「太極」，與「太極」合二為一，即「太易」的絕對虛無的本性根植於太極自身之中。按照這個邏輯，我們可以順利推理為：「太易」的本性也會根植於由太極生成的萬事萬物中，萬事萬物中必有一個絕對之虛無，為其本體。

鄭玄這兩點至關重要的創造性解釋使學術史發生了重要的改轍：漢學向玄學過渡了。

王弼在鄭玄的基礎上，順著鄭的思路，進一步把「太極元氣」砍掉了，獨留下「太極為無」一義，「忽然而自生」被簡釋為「獨化」的功能——萬物「獨化」於自己的「無」，「自本自根」於自己的「太極」，王弼拉進莊子的學術與鄭玄合二為一，開闢玄學新天地。王弼的革新僅在於把「太極」這一新內涵發揮成一套嚴密的體系，從而造就一時代之學。

隋唐經學沒有創新，他們沿襲漢人與王弼的太極觀，兼攝太極為無與元氣兩個涵義，沒有獨特的創新。然而，隋唐經學的太極觀又經韓愈、李翱的改造，增加一個太極之性的說法，從而形成三者合一的趨勢，影響了宋儒。這使得宋學初創者的太極觀，自胡瑗、邵雍、周敦頤至司馬光、張載、蘇軾無不兼攝三義：太極即為「元氣」、也為「本無」、還具有太極為「性」。周敦頤的《太極圖說》典型地代表這個新融合的獨創。

然而，自二程開始，卻遠離這個新傳統，僅保留周、張等太極為性一義，他們在氣論上把「動靜無端，陰陽無始」發揮到極致，太極元氣說便無法立根。朱熹繼承二程，又試圖融合周敦頤《太極圖說》體系，同時又試圖融攝漢人的渾天說。朱熹的博大體系因此便發生了裂痕，使得他不得不應付「太極」與「氣」的先後關係，形成了朱子學的獨特內容——理氣關係說。

目
次

導　論

　　我在這篇文章中討論一個中國思想史上的一個中心概念——太極，我把這種討論的上下起止時間限定在先秦的《易傳》到南宋朱熹的一千多年跨度中。

　　「太極」概念最早源自《周易‧繫辭》，雖然莊子也有「太極」概念，但如果我們認為《易傳》的出現早於《莊子》，這個先後問題就無需多作討論了。雖然我這篇論文涉及到《周易》的「太極」概念，但論文本身遠非要討論《周易》本身，我也不會把自己的研究側身於易學領域，那不是我現在所做的，我僅就《易傳》中一個特殊概念——「太極」一詞內涵在後世各個時期的流衍變化而討論之。

一

　　我之所以選定這樣難搞定的題目，首先是出自我個人的愛好，我總是對一思想體系的最核心概念懷有持久的興趣，這個興趣從我讀碩士的時候就已經開始。我的碩士論文就曾初步涉獵朱熹的太極觀，只是討論得非常淺顯，但也跨了重要的一步。現在，我只是把讀碩階段的興趣重新拾起，在研討的範圍與深度上更進一步而已：從《易傳》中「太極」的最早源流來考察儒家一個最重要概念的流變過程，從而方便從一個角度觀察思想史的一個細微變化。

　　還有一個問題，我什麼把時間的截止點鎖定在朱熹，而沒有往後推下去。原因在於，到朱熹為止，關於太極的各種內涵變化全部發揮盡了。陽明的太極「良知說」，也沒有超過太極為心的一說。自王陽明之後，已經找不到更新的說法。清代的儒者，對這個興趣不是很大，宋明儒的形而上的核心話題已

經不是他們考察的中心。故此，我的討論只到朱熹為止。

復次，我的討論也只限於儒家體系內部。王弼雖號稱玄學，但他注的《周易》也基本上還是在儒家內部進行討論，因為他主要繼承與改造的是鄭玄的思想。王弼雖然也注《道德經》，但從他給孔子與老子的評價中，大體上他是偏向儒家的。

我在此也要說明一下：「太極」一詞在一般民眾的眼裏，很多人都認為來自道教。道教確實也討論得特別之多。我在寫這篇論文的時候，沒有關注道教，的確是一個遺憾。其中有兩個理由：第一、我的原先設定範圍就是儒家；第二、我本人對道教缺乏相應的研究。在讀博的幾年，時間也非常倉促，如果又泛濫於道教的著作，在短時間內根本無法完成，這也是一個現實的考慮。

二、我選這個題目與哲學史的寫作體例非常契合，我也是在哲學史這個視野考察「太極」概念的。哲學史討論的是思想體系之間的轉承、沿革，而每一個思想體系一般多是圍繞著一個或幾個核心概念展開的。因此，哲學史的寫作在某種程度上大致上可以說是考察各個思想體系的最核心概念的內涵變化的沿革、傳承。「太極」恰好是這樣的核心概念，即是儒家的核心概念，也是道教的核心概念。如果說，「太極」概念佔據了中國思想史的半壁江山，也許並不十分為過。

另外，由於儒家的經學在傳統的文化中有著不可替代的神聖地位，而《周易》又處於儒家的群經之首，那麼，作為《周易》「太極兩儀」的宇宙論的架構在儒家的思想體系中顯然又佔據著核心地位。這種地位又是如此之牢固，並伴隨著儒家的價值體系的推衍而被一代代儒者所傳承。

三、由「太極大中」的內涵而衍生的「大中至正」之道成為了中國文化的核心精神，故此，討論「太極」內涵也就是討論中國文化的核心精神。今天在文化自信提出的當口，我們應該重新審視一下，傳統文化的核心精神究竟是什麼？有的學者提出「和合」說，有的學者提出「和諧」，兩者區別不大，都是在功用上考慮的。張立文的「和合」說在大陸影響特別之大。2008 年奧運會，張藝謀設計的開幕式，其人體隊形就展現了幾個「和」字，給國人留下了深刻的印象。

我們試問，中國文化精神真是「和合」嗎？

漢文化一向蘊含和平的精神，「以和為貴」也滲入到我們民族文化的骨髓中，但「和合」兩個字概述中國文化精神還是不夠周全的。

孔子說：「君子和而不同，小人同而不和」。君子追求「和」，但不苟同。為什麼不苟同？因為君子首先必須有獨立之人格、依自不依他之精神。君子不是為了「和平相處」而捨去自己做人的獨立原則，故此「和」更類似在一個基本上建立起來的「成效」，「和」是一個「果」，不是一個「因」。

《論語・子路》有一則對話：

> 子貢問：「鄉人皆好之，何如？」子曰：「未可也。」「鄉人皆惡之，何如？」「未可也。不如鄉人之善者好之，不善之惡之。」

如果與所有的鄉人和平相處是最高的追求，那麼「鄉人皆好之」就是做人的終極追求，是最好的結果。在孔子看來，這樣的做人是很有問題的。現實生活中，基本也沒有人可以做到這一點，「萬人迷」的同時也一定有「萬人嫌」。無論君子小人都有人群之分：「君子周而不比，小人比而不周」。在常識經驗中，即使不願意得罪別人、以「比」為處事原則的普通人，因為他必然有「不周」的偏私，他一定也不會「比」得讓人人喜歡他。故此，「鄉人皆好之」這個前提不能成立，也不能成為處世的一個追求。正常的情況只能是「鄉人之善者好之，不善之惡之。」

之所以會產生「鄉人之善者好之，不善之惡之」的結果，是因為君子處世有自己的原則，原則在先。究竟是什麼原則？以道義為原則。孔門有若說：「知和而和，不以禮節之，亦不可行也。」有若把「禮節」當作「和平相處」的原則。

我們看孔子與定公的一段對話：

> 定公問：「君使臣，臣事君，如之何？」孔子對曰：「君使臣以禮，臣事君以忠。」

君臣之間以和為貴，這是無疑的，政府部門上下級關係如何不和諧，上面的政令就很難順利傳達下去，更不要說強有力的執行實施了。但君臣關係不能一味子追求「和諧」「和合」，他們之間都有自己的原則。上級尊重下級意願，下級才能誠實對待上級，因此，上下級的「和諧」之前都是有各種的原則，各自的職分道義，這個無法跨越，跨越了就是小人一團和氣，就是臣子諂諛、君主昏庸。

這都是講，原則在先，和合在後，原則比「和合」的功用更加重要。

中國文化喜歡講有體有用。「和合」兩個字都只講到「用」，沒有涉及「體」，有流無源，有下半截，沒有上半截，有陰無陽，不符合我們的文化精

神。《中庸》說：「致中和，天地位焉，萬物育焉。」把「中」與「和」放在一起，有陰有陽，有上有下。「中」在前，「和」在後，先後主次分明。它沒有講兩個「和」疊加起來，不成道理。

「和合」就是一種疊加的重複：「合」是「和」的結果，「和」了必「合」了，「合」了便一定有「和」。兩者都是從「功用」層面談，故此如同疊加。

程頤說：「體用一源，顯微無間」，都是體、用合起來講，上半截下半截、陰與陽，一個不能少。沒有體，只講用，最容易講過頭。

與人交往，只是為「和」而「和」，為「合」而「合」，置道義於何地？不是「鄉愿」又是什麼！為了「和合」而「和合」，德之賊也，還講是什麼文化精髓。「和合」都是只求一團和氣，不顧道德原則，不顧個人尊嚴，俗話說：「拿著熱臉貼人冷屁股」

個人追求一團和氣，成了鄉愿。國家為了一團和氣，喪權辱國。立住一個「中」的原則，而後講「和合」。「中」，居中不偏也，即「周而不比」也：周全、公正地關懷眾人的利益，卻無私自的偏袒。無偏袒便是原則，無偏袒才能做到「周」，做到「周」才能獲得最大的「和」。故此，「和合」只是「中」字下面的發用，只是「中」的結果，不是主宰。因為「中」而獲得「和合」的效果才值得讚賞。為「和合」而「和合」就是奴才、鄉愿。

立得「中」，不怕無「和」；立得「和」，永遠「和」不了，都是委曲求全，苟且偷生。

中，要頂天立地、站立腳跟，有道義有氣節；和，要守著頂天的精神，相互尊敬，才叫和。

所以中國文化的精神立足於「中」，求得「和」，合起來便是「中和」。「中」就是「太極」。太，大也，極，中也。太極，大中也。能「中」便成其「大」也，能「大」便有其「中」也。聖人說：「中庸之為德也，其至也乎？民鮮久矣！」把「中」放在最高位置上。宋儒講道統，標出《尚書・大禹謨》十六字心法：「人心惟危，道心惟微，惟精惟一，允執厥中。」

「中」，不僅是一個原則，也是仁愛的最大標準。天地為「大中至正」之道的典範，天覆地載，天地之愛遍及萬物而無一絲偏私厚愛，這就是仁愛的最高標準。沒有這個標準，怎麼講「和」？怎麼講「合」？

「中」可以包括「和」，產生「和」的效果，大中至正不偏私，必然產生人之間「和合」的效果。但「和」一定包括不了「中」，為「和」而「和」，只

會產生「鄉愿」與「奉承」。所以，可以說「中和」，但不能說「和中」。

故此，我在本文中特別證明「太極」為「大中」，意義重大，關及中國文化的精神內核。

四、從漢代中期之後，《周易》取代《春秋》，成為五經之首，其中主要原因與《易傳》對《周易》的解讀分不開。正是因為十翼對《周易》的詮釋，把《周易》從卜筮的書上升到思想的領域，自天道至人道一以貫之，使得《周易》變成儒家的第一經，也變為中國文化的第一經典。《繫辭》云：「《易》之為書也，廣大悉備。有天道焉，有人道焉，有地道焉。兼三才而兩之，故六。六者非它也，三才之道也。」道，分而言之有三，所謂天地人也；合而言之只是一，「道」便是「太極」也。「三才之道」為《周易》的一個核心思想，而統領「三材之道」的恰好是「太極」這個概念。天、地、人都離不開「大中至正」之道，都不得背離「太極」之道。因此，大致上就可以說，瞭解「太極」的內涵及變遷就可以觸摸到中國古代思想文化最為核心的脈搏，進入中國文化心臟地帶。

五、太極這個概念還可以集中地反映中國古代的儒家與道家具體結合，它恰好是儒道合流的一個的中介詞、一個明證。關於「太極」這個概念是道家影響儒家的結果、還是儒家影響了道家，討論沒有多大結果，因為缺乏強有力的證據去支持各自的觀點。

但從戰國晚期的《鶡冠子》與《呂氏春秋》兩書關於「太極」內涵的頗為近似觀點，就可以很清楚地看到《老子》的宇宙觀與《易傳》「太極兩儀」的模式發生了至為明顯的融合。《呂氏春秋‧大樂》說：

> 「太一出兩儀，兩儀出陰陽。陰陽變化，一上一下，合而成章。渾渾沌沌，離則復合，合則復離，是謂天常。天地車輪，終則復始，極則復反，莫不咸當。日月星辰，或疾或徐，日月不同，以盡其行。四時代興，或暑或寒，或短或長，或柔或剛。萬物所出，造於太一，化於陰陽。」

從「太一」到「兩儀」、「四時」的話語方式，可以看出其宇宙論的系統框架明顯受到《易傳》影響，顯然把「太一」看作《易傳》的「太極」。《大樂》又說：「道也者，至精也，不可為形，不可為名，強為之，謂之太一。」又可知「太一」就是《老子》的「道」。《呂氏春秋》通過「太一」這個概念，完成了《易傳》的「太極」與《老子》的「道」的兩個概念的融合。我們既可以說是道家

滲入儒家的「太極」產生了《呂氏春秋》的「太一」，也可以說是儒家滲入到道家的「道」產生了《呂氏春秋》的「太一」，也可以說是黃老家綜合吸收了《易傳》的「太極「與《老子》的「道」產生了「太一」。但無論怎麼說，「太極」這個概念恰好是儒道合流或相互滲入的一個切入口。《呂氏春秋》的宇宙論是如此，《鶡冠子》的宇宙論也是如此。

漢代的通過「太極」這個概念所顯示的儒道合流直接在漢人易學中體現出來。《周易乾鑿度》的「太極」乃是「泰始、太初、太素」三者渾同，與《老子》的「道」並無區別，顯示道家對儒家經典的滲透。漢末，在鄭玄的解釋中，「太極」成了「元氣」與「虛無」的合一，完具了《老子》的「道」為「渾沌」與「無」的兩個特徵。漢學到玄學的過渡過程中，從鄭玄到王弼，「太極」逐漸成了絕對的「無」，易學與道家的融合形成了一個新的思想體系。

王弼的玄學對隋唐經學及宋儒的影響是不容忽視的，這些都是從「太極」概念的內涵滲入引起的，我在本文中作了詳細證明。可以說，「太極」概念折射著儒道兩家的文化合流，並凸顯著哲學史的發展軌跡。因此，弄清「太極」一概念的內涵及流衍變化對於領悟整個中國哲學史的核心精神意義重大。

六、選定這個題目也是因為涉及「太極」的文章雖然數量龐大，但現代學者中真正認真討論這個話題的人為數卻並不多。

在古代，易學作為群經之首，在《四庫》中占的比重最為龐大。自民國至今，各種易學著述也可以說汗牛塞屋。臺灣學者鄭吉雄曾作一統計：「1912年～1992 共 75 年間《易》學論著，含專著、論文及學術期刊，計 2536 種。1988～1992 共 4 年間的《易》學論著，計 1986 種。依次推算，至本年底即 20世紀最末一年為止，中國學術界的《易》學論著，粗估約有七千種左右。」（參見：鄭吉雄的《易圖像與易詮釋》，華東師範大學出版社，2008，2。）按此標準推算，至 2011 年底，中國學術界的《易》學論著，應不下 12000 種左右。其中較為知著者，通史有朱伯崑的《易學哲學史》，斷代史有臺灣高懷明的《先秦易學史》、《兩漢易學史》、《宋元易學史》，徐芹庭的《漢易闡微》，余敦康的《漢宋易學解讀》。專門注解、詮釋《周易》論著有：高亨《周易大傳今注》、蕭漢明的《周易本義》、李鏡池的《周易探源》、馬恒君的《周易正宗》、廖名春的《〈周易〉經傳十五講》、李學勤的《周易經傳溯源》、金景芳、呂紹剛的《周易全解》、鄭萬耕的《易學源流》等等。

然而，儘管易學著述眾多，專門而系統地討論「太極」概念流變的著作

沒有，無論是易學通史著作還是斷代專著都沒有專門為太極這個概念的演變另列一章。專門討論「太極」的文章也極為稀少，值得注意的僅有李存山的《從「兩儀」釋「太極」》。

更為重要的是，從現有的研究現狀來看，「太極」這個概念在各個體系中具體內涵可以進一步商榷討論的空間非常之大，其中涉及到對中國哲學史一些基本常識重新看法。另外，從一個概念內涵的變遷來重新審視中國哲學史的重大問題也是一般的粗線條描述的哲學史論著所無法完成的。主要因為後兩者原因使得我這篇篇幅不大的論文有了存在的價值。

我在這篇論文中試圖在前人的基礎上提出一點個人的看法，以此來考察一下中國哲學史一些迄今爭議仍較大的問題。然而我並非要故立新論，我也絕無打算憑空生造一些新詞來替代前人舊說，或哪怕補充前人之說。本文中所有的新觀點都可以在舊籍中找到依據，用語也是前人固有的。它們有的是古人一再強調、卻被現代學者所忽略，有的涉及到對不太為人所關注的哲學史中細節部分，而這些細節卻是至關重要的，它們本來是非常之明顯，但由於我們過於依賴哲學分析的方法而忽略對思想史更加曲折的原委的作深入挖掘。

「太極」內涵（本文主要考察太極內涵的五種演化過程：漢人的太極元氣，一變；王弼的太極為無，二變；周敦頤的太極為元氣、無、性的合一，三變；二程的太極為天理，四變；朱熹與太極為天理的基礎上結合了太極與氣的先後關係，形成朱熹特色的太極觀。）的演化過程中關於我個人特別的研究心得，在這裡我稍作說明。

討論「太極」的演化，一定先有一個初始的本義作為演化流變的根基，否則變化無從談起。我在第一章專門討論《易傳》中「太極」概念的具體內涵。這個討論有兩個困難：第一、《易傳》文本中「太極」概念僅出現一次，沒有確定的具體說明。對於《易傳》太極的內涵如何認定只能從後世的詮釋中找到相對的答案，這種「以後證前」的方法將使論證的結果缺乏說服力。第二、伽德默爾的釋義學讓我們對本義的探討心存忌諱。

《易傳》文本雖然沒有具體解釋「太極」的內涵，但並不能阻止我們討論《易傳》「太極」概念的本義，因為即使《易傳》有明文規定「太極」的具體內涵，它也不會自動而明白無誤地向我們呈現出來，它總是在我們各自很不同的理解中展現出來，必然會讓我們對它的理解產生歧義。其次，本義的

具體呈現總是圍繞著討論者都認可的客觀性陳述中展開的，這注定使得《易傳》的涵義必須要通過從後人對它的詮釋中得到認可，在眾多具有歧義的關於「太極」本義的陳述中，我們應該尋找到一種更合理並被廣泛認可的說法。「以後證前」方法雖有問題，然而它已經成為後人討論「太極」的公例，每一種後說都自認為是太極內涵原有本義的揭示，我不過是側身其列而已。

詮釋學雖然讓我們多少對討論本義的想法心存忌諱，然而，若不存在一個客觀討論基礎，任何進一步的研究都沒有意義，大家盡可標新立異而不會有什麼約束力來規範它。因此，我仍然在討論《易傳》太極內涵上會使用「本義」一詞。為了謹慎起見，我第一章標題為「從後世詮釋中看《易傳》「太極」的本義，把對《易傳》「太極」的本義設定為後人眼裏的本義。這樣，我的討論也是我對《易傳》「太極」本義的探討，它所具有的侷限性與我個人的探討無法分開。

二

現代學者大多傾向於認為《易傳》中的「太極」即為陰陽不分的混沌「元氣」，他們認為這個觀點也被古代為數眾多的易學家所認同，然而，它並非是個不可以進一步商榷的定論。

從先秦的道家文獻看，《道德經》中沒有「元」這個字。《莊子》中，「元」的概念出現了六次，每次都是以人名的方式出現，如「宋元君」、「元君」。道家其實也有與「元」的概念相近的東西，老子「觀復」與「元」非常近似，但需要發揮才行。

然而，在儒家經典中，「元」一字則至關重要，出現的頻率也是極其之多，尤其是與「正」合起來的「正元」概念是《尚書》、《春秋》、《周易》諸經中最為關鍵的一個理念，一直影響到整個儒學、整個中國傳統文化，到今天我們還提及禪宗的「不忘初心，方得始終」，其中就蘊含著儒家「正元」的理念。除此之外，在儒家經典中，「元」字含義也頗多，本義與其衍生出來的相關含義涉及到的有：「首」、「長」、「大」、「天」、「君」、「始」、「微」、「本」、「善」、「吉」諸義。從諸多紛呈的本義與衍生義可以判斷：從宇宙論角度看，「元」的概念其源流處應該來自儒家大傳統內部（所謂儒家大傳統，應該包括堯、舜、禹上三代及夏、商、周後三代，從廣義的角度看，它們都屬於儒家大傳統）。

如果說《易傳》太極的內涵與「元」有莫大的關係，那麼，「元」的內涵

也不會簡單地就是渾沌不分的「元氣」，而應該與儒家的「元」眾多其他內涵關係密切。

從「元」之「始」、「微」、「本」諸義出發，它與「本始」有關，但什麼樣的「本始」，則難確定。從「元」之「首」、「長」、「大」、「天」諸義出發，它與「天」關係密切，但《易傳》中「元」與乾坤皆有關係，與「乾」連用叫「乾元」，與「坤」連用叫「坤元」。就此而言，很難確定它就是與天相關。因此，僅從文字的訓詁解讀《易傳》中「元」，很易陷入兩難境地。

從哲學層面來說，我們要瞭解一個體系中概念的確切意思，須從這個體系結構入手，尋找此概念在此體系中的位置、作用，從而確定其含義。從《易傳》的體系來說，它有兩個核心觀念：位與變。位是本位，指每一爻的爻位；變是爻變，每一爻的爻位之變。爻位確定，與此相關的德性才能確定，才有不亂的秩序。爻位交易，君子健健之行才能體現。

從一個更高的層面來說，《易傳》特強調「乾坤」位定，它的背後連帶著人間的君臣、父子、夫婦、上下。乾坤定位，才有上下交易，陽施而陰化，生生之變易才得以行。所以，乾坤位的「不易」是《周易》「三易」的第一要義，易道初始便是定位、正位，有了定位、正位，然後才有合理的變化。

「正元」乃是「正始」，就與定位有關。「正」什麼「始」？在天地，正乾坤之始；在四時，正陰陽之始；在社會，正君臣、父子、夫妻、長幼等人倫之始。因為「正始」是從「上」開始「正」的，「上」正而後「下」則效法之。君子之德風，小人之德草，風行草上必偃，根本還是先「正上」。上為陽，下為陰，故此，正始的「元」主要含義是「正陽之始」，陽一開始獲得其正，陰自會從而正之：在天地間，乾先獲得其正，坤就效法而順從之；在人世間，君上獲得其正，臣子也效法而順從之，也得臣子應有的位置而得正也。推之，父正，子也得正；夫正，妻也得正。

故「元」之為正位的核心與乾陽得正位關係非常緊密。

那麼，《易傳》的「太極」是不是與這種「正陽之始」的「元」有關係呢？

我列舉了後世儒者對《易傳》「太極「的七種相關的解讀，一一分析，得到一個基本結論：其中，太極為大中一義在儒家體系中來源最早，並被所有儒者所認可，沒有例外。因此，從詮釋史角度看，把「太極」詮釋為「大中」更符合《易傳》本義。

大中一義究竟有什麼含義？我通過對董仲舒《春秋繁露》的四個時節的

「中」的分析，得出一個結論，即「中」根本涵義乃是「陽主陰從」的秩序或規則，與「正元」的意義相同。「中」與「元」在正常的情況下，都是與天地相終始，保障天地秩序不會發生紊亂。但它們之間也稍有區別的：「太極」偏於「中」，強調「不偏不倚」、「不易不變」，太極不講「始」也不講「終」，但「終始」不離。「元」偏於「始」，「正元」強調陰陽關係從一開「始」就得「正」的運行，並保障這個秩序自始至終不會發生根本紊亂，雖這個「元」從「始」也至於「終」，「正」始「正」終，「元」一以貫之，從未有停息。

需要指出的是，董仲舒沒有在自己的著作中具體地把太極與元（元氣）合一，透過對他整個體系的解讀，可以說他也主太極元氣的，只是這個「元氣」不是渾沌不分之氣，而是另有所指。

因此，《易傳》的太極為大中，大中在意義上與「元」近同，如果一定要使用「太極元氣」，這個「元」是以陰陽判分且職能清晰為基本前提，與陰陽不分的渾沌元氣有本質的區別，絕對不可混淆。這是儒家內部最早的元氣說，與太極大中觀非常密切。

太極為陰陽未分的渾沌「元氣」說首先不是來自儒家，而是來自黃老。可追溯到戰國晚期的兩部黃老著作——《呂氏春秋》、《鶡冠子》。《鶡冠子》最早提出「元氣」一概念，這個元氣與《易傳》的「元」根本不同，乃是陰陽不分的渾沌之氣。同時稍晚的《呂氏春秋》雖未提到「元氣」，但其最高概念「太一」與之非常類似，漢人就把「太一」與「太極」混同，並解讀為渾沌未分之元氣。

然而，在漢人的另一部黃老著作——《淮南子》中，太極與元氣不是一個級別的概念。《天文訓》：「道始生虛廓，虛廓生宇宙，宇宙生元氣，無有涯垠。清陽者，薄靡而為天。」元氣上有絕對的虛無，元氣下有陰陽天地。《覽冥訓》則云：「夫陽燧取火於日，方諸取露於月，天地之間，巧歷不能舉其數，手徵忽怳，不能覽其光，然以掌握之中，引類於太極之上，而水火可立致者，陰陽同氣相動也。」與太極相關的乃是「天地」、「日月」、「陰陽」，可判太極也在天地之間，與《淮南子》的「元氣」顯非屬於同一級概念，太極元氣說在《淮南子》那裡還沒有形成。

漢人最早使用混沌不分的「元氣」概念的是《乾鑿度》，《乾鑿度》宇宙論深受《淮南子》影響，如它在渾沌之前置一類似「虛霩」的絕對虛無——「太易」，「泰始、太初、太素」三者渾成為太極，與《淮南子》的「氣」類同。

　　《乾鑿度》的宇宙論有一個致命的弱點：「太易」乃是「未見氣」，是絕對的虛無，「太初、泰始、太素」為渾沌未分之氣、形、質的合一，是「有」之始。那麼絕對的「無」是如何生成「有」的？它們之間是如何過渡的呢？在《老子》那裡，「道」雖別名為「無」，卻是渾沌之「有」，「有精」、「有信」，可以分裂為天地萬物，「道」之於「萬物」仍然是「有」與「有」之間的過渡。然而太易乃絕對之「無」，無精無信，絕非渾沌之有，絕對的「無」如何產生渾沌之「有」呢？

　　鄭玄對此有個意味深長的創造性解釋：「元氣之所本始，六易既自寂然無物矣，焉能生此太初哉？則太初者，亦忽然而自生。」太易為寂然無物，故不能生物。太初既非太易所生，則為「忽然而自生。」鄭玄通過太初「忽然而自生」，跳過了太易生太極的理論困境，但也就從生成論上把太易虛化了，太易成了這個宇宙生成序列當中不起作用的存在，太易──太極的宇宙論體系在生成這層意義上也隨之瓦解。

　　對太極「忽然而自生」這個觀念，鄭玄沒有進一步發揮，另外鄭玄的太極保持著元氣與無並存的兩個內涵，而他對無的解釋與元氣又有牴牾，這皆使得鄭學的體系有割裂之嫌。王弼因革鄭學的太極說，去除太極元氣一說，獨存太極為無。他把鄭玄「忽然而自生」這個命題演化為一套獨化論體系，萬物獨化於自己的太極，就獨化於自己的無，即獨化於自己的玄冥。王弼對鄭玄太極的損益使得漢學真正向玄學過渡。獨化於太極無這個觀念成了玄學的核心觀念，為玄學倡個人自由之風奠定了理論依據。

　　我比較自信的是，關於漢學如何向玄學的過渡，我從「太極」這個概念的演化收入，開創了一個先河，我認為我基本上講清了漢學向玄學的過渡原因，這也是我本文的一個學術貢獻，相信對後來者寫中國哲學史、思想史是有啟發的。

　　隋唐正統經學的太極觀基本上沿襲漢代儒者與王弼的觀點，沒有特別的發明創新。至中唐之後，韓愈、李翱開闢的新經學繼承了孟子心性學的傳統，隋唐正統經學的太極問題不再是他們討論的對象，他們把問題轉移了另一個新方向，心性說成為韓愈、李翱新的關注焦點。韓、李師徒既沒有綜合漢學與王弼經學，更沒有把自己新經學與之結合在一起，他們是就當時儒家面臨的最大挑戰──佛學──而作出的回應，但他們也把太極的內涵引向一個新的方向，雖然他們本人沒有作專門的討論。

　　繼承漢唐傳統，融合王弼玄學，接續韓愈、李翱新傳統，回應佛學心性說的挑戰，所有這些問題都歷史地留給了宋代的儒者們。宋儒首要的問題就是如何綜合前三者的新舊經學傳統，以便回應佛學。這等於把宋儒置於一個複雜的思想史的環境，把本來各自獨立發展的學術──漢人的太極元氣、王弼的太極虛無說、李翱復性說──融於一體，從而形成了宋儒獨特的太極觀。宋儒的太極觀，自周敦頤、二程到朱熹，凡歷三變。

　　周敦頤的太極觀不宜從文本的概念分析直接就下結論，當結合隋唐經學與他同時期的儒者太極觀權衡參酌。周氏的稍早、同時或稍後的儒者如胡瑗、邵雍、司馬光、張載、蘇軾等的太極觀都含元氣、性、無諸特徵，結合周氏的《太極圖說》，周氏不應有例外。我在文中還順便探討了歧義頗多的「無極而太極」的具體內涵，結合與周氏同出一個門派的邵雍說法，推論「無極」乃是「陰含陽」而主陰，「太極」乃是「陽含陰」而主陽，「無極而太極」反映一個從「陰靜」往「陽動」上面的推進，與周子主陰、主靜如出一轍。這樣，無極至太極的演化雖然都在元氣範圍內，但顯然有一個從主陰到主陽的演進。

　　二程很奇怪，他們的體系與《易傳》關係最為密切，但他們根本不提太極二字，後來的儒者如劉斯立、朱熹、朱彝尊等都討論了二程何以不言太極，可惜都未能道出其中的原委。

　　劉斯立、朱彝尊都認為二程不言太極與二程師承有關，如認為二程的學問不是來自周敦頤而是來自胡瑗的，二程不言太極乃是刻意化清與周氏的關係，這種說法頗值懷疑。因為胡瑗《周易口義》中「太極」二字凡十五見，伊川師承胡瑗，為何《伊川易傳》一字不提太極？所以二程不言太極與師承肯定沒有關係，應該是一個基本的學術取向。二程應對胡瑗、邵雍、周敦頤、張載等人的太極說應均有不滿，對時人的太極說也都有普遍之意見。

　　我通過對二程學術的深入考察，認為二程不言太極其根本原因就是他們的氣論容不下混沌未分的元氣說。二程非常徹底地貫徹了「動靜無端，陰陽無始」的氣論觀，陰陽既然無始，就不存在在陰陽之上還有一個陰陽未分的渾沌元氣。而周敦頤、張載諸人都不同程度地認可陰陽之上有個元氣說，如張載的太虛之氣，其中只有陰陽之性，而未分陰陽。周敦頤的無極而太極，也是陰陽相含，而沒有區別開來。他們的理論缺陷必然導致《易傳》「一陰一陽之謂道」的思想不能貫徹到底。這一點在朱熹反對元氣說的態度上可以進一步驗證。

　　對朱熹的太極說，我特別分析了他關於太極與氣的先後問題。朱熹雖然認可了二程的體系，但又回到周敦頤的太極說，所以他不得不調解二程太極天理說與周敦頤《太極圖說》渾沌體系的矛盾。這種調解把朱熹本人陷入了理氣先後關係的巨大困難當中。一般學界在分析朱熹理氣關係都倚重於對文本的直接解讀，倚重於對概念關係的分析，但問題並沒有完全解決。引入佛學觀念來解讀理氣關係也不能說明問題的癥結所在。

　　朱學的反對者異口同聲地認為朱熹學術有支離的現象，我不敢冒然否認這個流傳已久的說法，沒有打算對朱熹的理氣觀作一個圓融自通的完全說明，而是因其支離分別說明之。我在這裡列舉其中的一個說明——理氣無時間先後關係。關於這一點，我從獨化論的角度來作了一個全新的解讀。朱熹理氣關係有生成與先後次序的現象，獨化論也有兩個很奇異、自相悖逆的特徵可以容納「生成」與「先後次序」：

　　第一、獨化之「無」（太極）非「獨立而不改」的道（太極），萬物皆獨化於自己的「無」或「玄冥」，故「無」（太極）與萬物之間不是「生成」，卻完具「生成」的外貌。朱熹說，理生氣，但理與氣又非兩物關係，不是一物生成另一物。這個說法完全與獨化論相符。

　　第二、從萬物從獨化於「無」（太極）的說法看，「無」又先於萬物，這樣「無」與萬物之間似有先後次序，但「無」總是根於萬物之中，它本身無任何獨立性，故不得在時間上先於萬物。朱熹說「未有天地之先，畢竟是先有此理。」又說，「理與氣本無先後之可言。但推上去時，卻如理在先，氣在後相似。」，但「理未嘗離乎氣。然理形而上者，氣形而下者。自形而上下言，豈無先後！理無形，氣便粗，有渣滓。」二程沒有用理氣的形而上下關係來推論理在先氣在後這個次序，朱熹這麼做了，可見，先後關係與形而上下沒有必然的聯繫。理氣所謂的先後，還是從氣化生於理來的。用獨化論來解釋是再恰當不過了。

　　第三、「無」（太極）因根於萬物自身，非獨立性，乃萬物自身根源，無象無形。朱熹的理也是無形跡可言，理氣只是形而上下的關係。

　　這三點都暗合朱熹的理氣關係——有生成外貌，但無生成關係；有先後次序，但無時間先後關係；太極有理而無形，與氣僅是形而上下的關係。

　　獨化論產生於鄭玄融合《易緯》的渾沌體系與《易傳》的乾坤體系而形

成的〔註1〕，因此它屬於渾沌體系與乾坤體系的混合物。至朱熹，他出於同樣的理由，融合了周敦頤的渾沌體系與二程的乾坤體系。二者成因既是相同，所用的思維邏輯也不應例外。此也可以見從鄭玄的漢學到王弼之玄學在經學內部對宋儒的影響。

三

上述一點自己的心得，主要得益於我個人感觸較深的研究方法。一般哲學史的研究都遵循歷史與邏輯相結合的方法，我也毫不例外，我把這個方法具體地理解為哲學的體系概念的分析與經學史內部傳承的相結合。

通常的中國哲學史的寫作雖然毋庸置疑都會注重歷史與邏輯相結合，但很容易由於偏重於哲學的概念體系分析而忽視學術史的深入爬梳，重視哲學體系的沿革而忽視經學內部的傳承脈絡。因為哲學關注的是有體系的思想，對中國古代哲學史作哲學敘述，務必重視各個有體系的思想，對那些有思想而無體系者則可忽略。這樣，哲學史的寫作定然重視那些能代表一時代特色的學術，哲學史上諸思想、體系的因革演化往往便是在各個時代最具有時代特色的學術之間進行。如先秦的諸子學、漢人的天人學術、魏晉的玄學、隋唐的佛學、宋明的理學、清人的樸學。因為這個緣故，對於儒學內部的經學傳承，哲學的敘述則要簡別出經學家中有體系者，而對不成體系的經學內部沿革不甚留意。這是寫作哲學史應有的體例，然而其弊端是無法忽視的。因為哲學的裁剪及偏重於概念的分析，使得學術史內部的發展遭到忽略。

《易傳》的太極涵義，一般都會拿漢人成熟的太極元氣說來理解，原因是漢人的成體系的宇宙學乃是氣論，在這裡宇宙學當中，兩儀被理解為天地或陰陽，推之太極很易被解讀為陰陽或天地未分的渾沌元氣。而對於太極被廣為理解的「大中」一義就注意不夠，因為在後世任何一時代的哲學體系裏，都沒有把「大中」單獨拿出來作為一個體系的最高概念去對待。故此，哲學史家並不甚注意在經學中幾乎眾口一詞的看法。

宋儒太極觀在通常的哲學史中也不易弄清來源。按照哲學史的寫法，宋儒之前是隋唐佛學道教，這樣，對宋儒太極觀我們過多的主要注意乃是佛道兩家對宋儒的影響。佛道固然對宋儒有著不可忽視的影響，但佛、道畢竟不

〔註1〕我在文中把老子的宇宙論姑且稱為渾沌體系，把《易傳》的宇宙論稱為乾坤體系。

是宋學緣起的內因，它們對宋儒學術的形成只能作為一個外緣來使用。宋儒作為儒學的一個發展階段，它首先是儒家內部學術變遷一個結果，因此應該從經學內部的尋找宋儒太極內涵的來源。此外，宋儒太極觀中的道家成分也不能簡單地視為宋儒者出道入儒的個人所得，也應該視為從漢代以來經學中固有的道家影響，這包括從漢初來的道家宇宙論體系及漢末魏晉漢學向玄學過渡後對經學的影響。

出自這個考慮，我在考察周敦頤太極觀時，廣泛地考察了隋唐經學中的太極涵義，而在解釋朱熹理氣先後關係時，我也充分重視了玄學的獨化思想對朱熹的影響，因為玄學是經過漢學而形成的、又經過經學進入儒家思想體系當中。

許多學者都提到玄學對宋儒的影響，懸空進行二者的對比，似乎玄學可以直接作用於宋儒。實際上，一個完全不同的學術，相隔幾百年，其本身已經不再成為學術的主流思想後，要想對幾百年後的學術發生影響幾乎是難以想像的，但如果玄學影響了經學的注經風格，對宋儒就會發生久遠而深刻的影響。

還有，宋學中心性學一般都視為的佛學影響，按通常的哲學史寫法，解釋不夠清楚。這也應該從經學內部來觀察，佛學所謂的對宋學發生影響也是通過佛學玄學化的結果，佛學借用玄學的話題來發揮自己的佛性學，這才導致對唐人李翱復性說的刺激，通過李翱的心性說來影響宋學。這樣，玄學又通過佛學影響了宋儒。這又是研究體系之間關係的哲學眼光很難發現的。

凡此表明，偏重於哲學的敘述，重視體系與體系之間的銜接，這就很容易裁割思想史，造成不相干的體系之間發生上下思想承接關係，思想發生的本來面貌就被遮蔽了。

第一章　從後世詮釋中看《易傳》「太極」的本義

《易傳》雖然依附於《周易》，為一部解經之作，但也是先秦儒家第一部對宇宙學有系統觀點的著作，其中的《繫辭》更是集中地闡述了儒家的宇宙學。在後代的闡釋過程中，《易傳》的宇宙論體系被描繪成圍繞著「太極」這一中心概念展開的，中國思想史上最具特色的宇宙學體系大多都以「太極」為中心概念而建立起來的。如，漢儒《乾鑿度》的宇宙論、魏晉玄學的本無說、周敦頤的《太極圖說》、程頤用「天理」觀來詮釋的易學、朱熹的天理說等等。因此瞭解「太極」一概念在《易傳》中的涵義，對於深化瞭解《易傳》的整個體系及後代儒家思想體系與《易傳》的繼承、沿革關係至為重要。

第一節　後人對「太極」的七種詮釋

一、《易傳》的太極不是渾沌不分的元氣

在先秦現存的文獻中，「太極」一詞最多為學者引述的是出現在《繫辭傳》中。但從漢墓出土的帛書本《周易》，「太極」卻被寫作為「大恒」。關於「大恒」與「太極」的關係，現代學者有諸多討論，大體有三派意見。第一種意見，斷定「大恒」是傳抄過程中的筆誤，其代表人為朱伯崑。朱伯崑認為「大恒」只是筆誤所致而已，是因「篆文轉抄成隸書而造成的筆誤」（朱伯崑：《帛書本〈繫辭〉文讀後》，《道家文化》第三輯，38 頁），發生的時間大約在秦漢之間。第二種意見，認為此根本不是所謂的筆誤，其代表人為香港學者饒宗

頤。饒宗頤認為「大恒」本就是「太極」，兩者異名同實而已，絕非偶然的筆誤。（饒宗頤：《帛書〈繫辭傳〉大恒說》，《道家文化研究》第三輯，17頁）饒宗頤的看法有個困難，兩個概念如何在訓詁上通融還是個問題：「大」與「太」在古代本是一個字，「恒」與「極」如何互訓？尚有待繼續深入。還有一種意見就是金春峰的，他不同意前面兩個人的看法。金春峰認為「大恒」與「太極」乃是分屬於不同的兩個版本，反映著的背後文化意蘊也非常之不同，不可輕忽而混淆之。（金春峰：《〈周易〉經傳梳理與郭店楚簡思想新釋》，北京：中國言實出版社，2004年，73頁）比較而言，似乎金先生意見較為穩妥些。故此，我在本文中不採用帛書「大恒」的提法，而仍採用王弼《周易》的通行本子。

在先秦其他典籍中，「太極」以各種方式出現的次數極少，一共只出現了三次——《尚書》、《墨子》、《莊子》各出現一次。《尚書‧洪範》使用的是「皇極」，唐人孔穎達疏為「太極」，此處略，下文還有詳細解讀。宋以後的學者一般都遵從孔穎達的說法。

最為知著的是通行本《周易‧繫辭》提到的「太極」，它的「太極生兩儀」的宇宙論構架產生了深遠的影響：

> 是故《易》有太極，是生兩儀，兩儀生四象，四象生八卦。八卦定吉凶，吉凶生大業。

只有十翼此一處有「太極」一詞，《周易》的卦爻辭都沒有「太極」概念。《繫辭》文本上除了提及「太極」與「兩儀」、「四象」、「八卦」的漸次的「生成」關係，對「太極」本身的內涵沒有作任何直接的解釋，「太極」內涵的本義就成了個懸案。在這段文字之後，緊接著又一段文字給後人很多詮釋的空間：

> 是故法象莫大乎天地；變通莫大乎四時；縣象著明莫大乎日月；崇高莫大乎富貴；備物致用，立成器以為天下利，莫大乎聖人探賾索隱，鉤深致遠，以定天下之吉凶，成天下之亹亹者，莫大乎蓍龜。是故天生神物，聖人則之；天地變化，聖人傚之；天垂象，見吉凶，聖人象之；河出圖，洛出書，聖人則之。《易》有四象，所以示也。繫辭焉，所以告也；定之以吉凶，所以斷也。

「是故」這段轉折雖然有點莫名其妙，過於突兀，但前後文字連在一起看，尤其是看到「是故法象莫大乎天地，變通莫大乎四時」的「天地」、「四時」，再比照前文的「兩儀、四象」，很容易讓人把「兩儀」匹配於「天地」，「四象」

匹配於「四時」，以此類推。一旦「兩儀」變成「天地」，順著這樣的生成秩序往上逆推，「太極」就成了在時間上先於天地並可以產生天地的一種生成母體，非常類似老子的生天生地又先天先地的「獨立而不改」的「道」。所以，自《周易·乾鑿度》之後，漢儒從宇宙論的層面上一般把「太極」解釋成天地未分之前的渾沌元氣，其依據與此解讀經典文本不無關係。漢儒的這個說法影響深遠，隋唐經學家、宋明清儒者大多持此論，現代學者持此論者也極為繁多。

但如此解讀《繫辭》「太極生兩儀」是有問題的：

第一、文本上難以克服的訓詁困難。在《周易》本文中找不到「太極」為「元氣」一說。《周易》文本中，「元」字出現較多，但與其他字詞一共僅有六種搭配：「元亨」、「乾元」、「坤元」、「元吉」、「元永貞」、「元夫」。「元亨」出自乾卦的卦辭，「元」為「大」，也為「開始」；「元亨」，大順利也。「乾元」、「坤元」的「元」也是「開始」的意思，包括著「大」一義。其他的「元永貞」、「元夫」都沒有渾沌不分的元氣的意思在裏面。「元氣」一說至少在《周易》文本上找不到任何依據，在有限的古代文獻資料中，那似乎意味著，在《周易》那個時代，「元氣」與「太極」沾不上邊。

第二、先入之見的預設。現代學者也有從「兩儀」逆推「太極」為「元氣」（李存山：《從『兩儀』釋『太極』》，《周易研究》，1994 年第 2 期。），但這種解讀也有個根本的先入之見，很不對：他們如此解讀的時候，已經把「兩儀」定格為「天地」，認為是不言而喻，不需要進一步考證。先秦的文獻也的確有解讀「兩儀」為「天地」的。最早出現在《呂氏春秋·大樂》：「太一出兩儀，兩儀出陰陽」。「兩儀出陰陽」大概意思就是「天地」生了陰陽二氣，那「兩儀」合理的解讀即是「天地」。雖然這個說法與同時期的一般的宇宙觀有點不同，一般認為陰陽二氣清濁升降而形成了天地，然後由生成的天地再製造陰陽二氣（也有的觀點認為，太陽星（太陽）生陽氣，太陰星（月亮）生陰氣），是一種循環生成，此處不必過多討論。

然而比較困難的是，「兩儀」在《易傳》文本上不能簡單地定格為「天地」，「兩儀」是形而上的，「天地」是形而下的，「兩儀」至多只是「法象」為「天地」，不能等同於天地。太極至八卦的體系，應該是「爻象」生成的過程：兩儀當為一陽爻與一陰爻，四象為兩個陽爻為一象、兩個陰爻為一象、一個陽爻在上一個陰爻在下合成一象、一個陰爻在上一個陽爻在下合成一象，以此類推。「是故法象莫大乎天地」，「法象」這個詞就是指「形而下」的可見的象，

「兩儀」在「形而下」可見層面的「象」有無數個,「天地」只是其中最大的「法象」。這就已經說明,「兩儀」比「天地」要抽象些,天地只是兩儀的具體一種「法象」。可以匹配「八卦」的「法象」非常之多,《周易·說卦》詳細列舉了「八卦」與各類「法象」的匹配關係:

乾,健也。坤,順也。震,動也。巽,入也。坎,陷也。離,麗也。艮,止也。兌,說也。

乾為馬,坤為牛,震為龍,巽為雞,坎為豕,離為雉,艮為狗,兌為羊。

乾為首,坤為腹,震為足,巽為股,坎為耳,離為目,艮為手,兌為口。

乾,天也,故稱乎父。坤,地也,故稱乎母。震一索而得男,故謂之長男。巽一索而得女,故謂之長女。坎再索而得男。故謂之中男。離謂之中男。離再索而得女,故謂之中女。艮三索而得男,故謂之少男。兌三索而得女,故謂之少女。

乾為天,為圓,為君,為父,為玉,為金,為寒,為冰,為大赤,為良馬,為老馬,為瘠馬,為駁馬,為木果。

坤為地,為母,為布,為釜,為吝嗇,為均,為子母牛,為大輿,為文,為眾,為柄,其於地也為黑。

震為雷,為龍,為玄黃,為旉,為大途,為長子,為決躁,為蒼筤竹,為萑葦。其於馬也,為善鳴,為馵足,為作足,為的顙。其於稼也,為反生。其究為健,為蕃鮮。

巽為木,為風,為長女,為繩直,為工,為白,為長,為高,為進退,為不果,其於人也,為寡髮,為廣顙,為多白眼,為近利市三倍,其究為躁卦。

坎為水,為溝瀆,為隱伏,為矯輮,為弓輪。其於人也,為加憂,為心病,為耳痛,為血卦,為赤。其於馬也,為美脊,為亟心,為下首,為薄蹄,為曳。其於輿也,為多眚,為通,為月,為盜。其於木也,為堅多心。

離為火,為日,為電,為中女,為甲冑,為戈兵。其於人也,為大腹。為乾卦,為鱉,為蟹,為蠃,為蚌,為龜。其於木也,為

科上槁。

> 艮為山，為徑路，為小石，為門闕，為果蓏，為閽寺，為指，
> 為狗，為鼠，為黔喙之屬。其於木也，為堅多節。

> 兌為澤，為少女，為巫，為口舌，為毀折，為附決。其於地也，
> 為剛鹵。為妾，為羊。

乾象天，坤象地，乾象馬，坤象牛，都是形而上的乾坤匹配形而下的法象世界，也說明乾德與坤德有某種具體的特性可以類比。但我們不能簡單得出結論：就說乾就是天、坤就是地。如果這樣的固定化的話，那麼你怎麼好說乾又是馬，「為圓，為君，為父，為玉，為金，為寒」？坤又是「為母，為布，為釜，為吝嗇，為均」呢？這說明，《周易》的兩儀、八卦諸多的「法象」都是從形而下方面來譬喻或解讀形而上的存在，「法象」只是一種表徵、一種譬喻。

「八卦」可以「法象」很多事物，「兩儀」當然也不例外。「兩儀」可以「法象」天地，不等於「兩儀」就是天地。「兩儀」也可以指陰陽，可以指男女，可以指上下。因此，絕不能把「兩儀」簡單地定格為「天地」。「兩儀」為形而上層面的存在，不是它所法象的具體存在。因此，我們進一步推論：從《易傳》文本上把「太極生兩儀」解讀為有一定先後次序的、物與物之間的生成論，道理上說不通，與《易傳》文本有礙。「太極」生成「兩儀」、「八卦」、「六十四卦」只是交象的生成，類似邏各斯的抽象演繹，絕非具體事物的生成關係。把「太極生兩儀」解讀為「元氣」化生天地，作為思想史沿革演化，引而伸之是可以的，但不可說就是《易傳》的本義。

第三、還有，如果一定要把「太極」解讀為渾沌不分的「元氣」，把「兩儀」解讀為「天地」，把「四象」解讀為「四時」或四個「方位」，那麼，「八卦」怎麼解釋呢？解讀為八個方位？「八卦」中的「乾坤」兩卦本身就包涵「天地」，這樣，邏輯就非常混亂了。「兩儀」生「四象」、「八卦」，「八卦」又生「天地」，等於「八卦」又反過來生了「兩儀」。難道不成是「天地」（八卦）本身又復生出個「天地」（兩儀），道理講不通，語義上又相互違背。

四、《易傳》中所談到的「易道」乃是天地的「易道」，這個「易道」與天地合二為一，不可脫離天地而獨立存在。那麼，「太極」與「易道」到底是什麼關係呢？

「易道」顧名其義，即為變易之道。「太極生兩儀，兩儀生四象，四象生

八卦，八卦生六十四卦」，整個就是一個變化體系與序列，所有的變化、變易之道都說盡了。故此，「太極」只是這變易之道的一個序列，它包括在「易道」之中。因此，完全可以說，「易道」與「太極」就是互為包涵的。「太極」既然衍生出「兩儀」、「八卦」，那麼甚至可以說「易道」與「太極」是相互重合的。我們既可以說「太極」總領「易道」，也可以說「易道」之中本有「太極」。

故此，說天地中有「易道」，就是說天地中有「太極」，變化之道不能離開天地，那麼「太極」也是不能離開天地而獨存的，「太極」就不可能是一個獨立於天地之外、之先的一種渾沌存在，它絕不可能是「元氣」：

> 《易》與天地準，故能彌綸天地之道。(按：「易與天地準」，易就是「易道」也。準，法則也，此處解讀為「合一」較好。「易與天地準」就是「易道」與天地合一，所以才說天地之間充滿著「易道」，「彌綸天地」就是充滿天地也。)仰以觀於天文，俯以察於地理，是故知幽明之故(按：「仰以觀於天文，附以察於地理」，就是用「易道」的視角觀察天文地理，因為有「易道」觀念或理念的滲入、統攝你的觀察眼界，你因此便知道「幽明之故」，因其含有易道之理。「易道」便是一陰一陽，幽為陰，明為陽，故此幽明就是陰陽的變化，也就是「易道」變化所致，與「太極」關係自然很密切，「易道」變化就是「太極「的發用。)原始反終，故知死生之說；精氣為物，遊魂為變，是故知鬼神之情狀。與天地相似，故不違(按：也是講「易道」。「原始反終」，即用易道的視角「原其始反其終」也，用易道之原理觀察開始與結局，所以才能了悟「死生之說」。精氣與遊魂皆是指陰陽的變化，即易道之變化。通過易道的陰陽變化之理，便知道「鬼神之情狀」。「與天地相似」，即此中的道理，「原始反終」與「精氣遊魂」中的道理與天地中的易道相似。「不違」者，是天地變化不違背於「易道」也。也是說明「易道」與天地不能分開說，「太極」總領「易道」，則「太極」也不可與天地分開剖析)；知周乎萬物，而道濟天下，故不過(按：「知周乎萬物」都是指以「易道」之理來知周萬物，然後知道遍於萬物中只是一個「易道」而已。「道濟天下」，道，易道也。濟，給予也，易道周濟天地萬物也。「不過」，天地萬物不越過「易道」，所以叫「不過」。只是「易道」或「太極」「不過」於天地，即不獨立於天地之外。)；旁行而不流，樂天知命，故不憂；安土敦乎仁，故能愛。範圍天地之化而不過，曲成萬物而不遺，通乎晝夜之道而知，故神無方而《易》

無體。（按：「旁行」者，遍行也。「不流」者，不泛濫而出於易道的規範。「樂天知命」，樂此易道之天，知此易道之命。夫子說：「天何言哉，四時行焉，百物生焉。」就是指易道的陰陽變化，「樂天知命」即樂此知此也。「範圍天地之化而不過」，即天地變化都是「易道」，「易道」不會超過天地之化。「曲成」、「通乎」皆類似也。「易道」換成「太極」即可。）

　　一陰一陽之謂道，繼之者善也，成之者性也。（按：一陰一陽者易道變化也，故謂之道，即易道。繼之者善也，人或萬物繼承易道謂之善，或者易道在人身上或萬物身上稱之為善。成之者性也，也是指人或萬物。宋儒講人性與萬物之性都有同一個天理，與氣質之性有別。從「一陰一陽」到「性也」都是講易道彌綸天地萬物包括人性，也就是說「太極」不能超越天地陰陽而存在。）……生生之謂易，成象之謂乾，效法之謂坤，極數知來之謂占，通變之謂事，陰陽不測之謂神。

　　夫《易》廣矣大矣，以言乎遠則不禦，以言乎邇則靜而正，以言乎天地之間則備矣。（此處還是講易道或太極雖廣大，但只是周「備」在「天地之間」。）

　　《易》，其至矣乎！夫《易》，聖人所以崇德而廣業也。知崇禮卑，崇效天，卑法地。天地設位，而《易》行乎其中矣。（易道所謂的「至矣乎」並不是獨立天地而存在。文中所列的「德」、「業」、「知」、「禮」、「天」、「地」，易道只能「行乎其中」，而不能行乎其外。故此，「太極」也只是天地之間的「太極」也。）

故此說，「易道」或「太極」未脫天地而存，又總不離陰陽而存。離開天地就沒有「易道」，離開陰陽就沒有「太極」，「易道」或「太極」不可能是獨立天地之外的「元氣」。所以說：

　　乾坤，其《易》之縕邪？乾坤成列，而《易》立乎其中矣。乾坤毀，則無以見《易》。《易》不可見，則乾坤或幾乎息矣。

「乾坤，其《易》之縕邪？」縕者，亂麻為縕也。乾坤為易道之縕，猶如，乾坤為易道的經緯，易道以乾坤為運作。即易道與乾坤不能分析為二。故此說，乾坤成列，即天地形成，而「易立乎其中」，易道就發生了作用。乾坤毀，「無以見《易》」，天地不存，即「無以見易道」、「無以見太極」也。沒有乾坤就沒有「易道」，沒有「易道」就沒有乾坤。這裡沒有誰是主導、誰派生誰的問題，而只是說乾坤與「易道」或「太極」是一體的，失去其中之一，另一個也將不

復存在。因此，《易傳》乃是以乾坤為構架，陰陽行於其中也。「太極」總領「易道」諸多變化，即八卦、六十四卦的變化，不可能超出這個乾坤框架。渾沌的元氣則不同，它可以在天地之先，「乾坤毀」，仍然可以「見元氣」是無疑的，因為元氣在天地之前就有了。因此，渾沌元氣一說無法與《易傳》乾坤陰陽的體系相容。

五、「太極」為渾沌不分的「元氣」說法最早出現在西漢晚期易學著作《乾鑿度》中。但「太極」為「大中」的具體解釋出現得更早，西漢中期，董仲舒在他的《春秋繁露・循天之道》裏就已經把「太極」解釋為天地之「中」。另外，董仲舒的「太極」的內涵雖然可以與「元」貫通而近同，但它們的意思與渾沌的元氣沒有關係，而是一種陰陽定位而主陽的意思。還有，在董仲舒的著作中，「太極」與「元氣」沒有連用過。《春秋繁露》中「元」或「元氣」也不等同於《乾鑿度》中陰陽不分的「元氣」。雖然董仲舒也使用「元氣」一說，但他的「元氣」是指「陽氣」，他的「元」與「陽氣」經常合用，即後來道教經常使用的「元陽之氣」。在整個董仲舒的天人體系裏，天為最高範疇，沒有高於天地的渾沌元氣存在。在天地間發揮作用的主要是陽氣，陰氣處於附庸作用。所以董仲舒極為重視的「元氣」就是「陽氣」，這一點，我們在下文中進一步討論。

六、從訓詁上面看，一個概念的最原始的意思一般與它的文字訓詁相通。「太極」從字面上不能訓詁為「元氣」。「太」可以勉強在內涵上通於「元」，但「極」根本沒有「氣」的含義，所以「元氣」說一定是後來派生的。

上述種種說明，用渾沌不分的「元氣」來解讀《周易・系統》中的「太極」本義是行不通的。

二、「太極」的其他六種解釋

除了「太極」為「元氣」的這種解讀，後世還有其他多種解讀也有相應的影響，歸納起來，有六種：

一、太極為無；二、太極為北辰；三、太極為性氣無三者合一；四、太極天理說；五、太極為心；六、太極為未分的蓍草。

太極為無。這個說法最早出現在漢末學者鄭玄對《周易・乾鑿度》的注解上，相對於「大中」與「元氣」說，還是比較後出的提法。如果以出現的時間先後來斷定它是否更為原初或更符合《繫辭》「太極」的本義，顯然它不如

「大中」或「元氣」說有資格。但這個說法可以在《繫辭》中找到一些文本上
的依據：

> 神無方而易無體。
>
> 易無思也，無為也，寂然不動，感而遂通天下之故。（按：寂、
> 感都是指修行者，情為發為寂，感乃是情已發，發而與萬物相通為「中和」，
> 不偏不私，類似於無，無私我之無。）
>
> 形而上者謂之道，形而下者謂之器。（道，為易道。形而上者，不
> 可見不可聽不可搏之謂，即行跡儼然為「無」也。）
>
> 夫易，聖人之所以極深而研幾也。唯深也，故能通天下之志；
> 唯幾也，故能成天下之務；唯神也，故不疾而速，不行而至。（按：
> 幾，乃指變化之處，無行跡可言。「不疾而速，不行而至」皆是指無行跡，
> 速卻看不到疾馳，至（到達）卻看不到行動，都在詮釋一個「無」字。）

「神無方而易無體」。神者，伸也，乃就變化言，生命伸展為神，故此生生為
神，一般以變化無痕跡而言為神。神無方，變化無方所。無所在又無處不在。
在此，細查又不在，玄妙難測，無固定處所可言。方，為處所，可以考察的痕
跡。神無方，即生生變化，無處所無痕跡可言。「易無體」，易為「易道」，體，
行跡也，有形之謂。「易無體」，即「易道」變化無行跡可查。「神無方」與「易
無體」都在詮釋易道的「無」的特性，「易道」為「太極」，即「太極為無」的
特性。「易道」變化，無定所無形跡，極深而研幾，不疾而速，通天下之變，
為形而上者；天道自然，大化流行，生生不息，乾坤交易，純乎本性，既不可
說有有所為，也不可說無所為；從這些意義上說，太極可以為無。

但這個說法有顯而易見的弊端：一、文本中沒有直接「太極」等同於
「易」的說法，也沒有說「太極」就是「形而上」，雖然從我們分析結果可
以推論「易道」就是「太極」。二、避開這個困難，「太極為無」的說法只能
部分地描述「易道」變化的某方面形而上的特性，但卻遠不能涵括「易道」
變化其他諸多特性。「易道」除了顯示出它的「無體」無形跡特性之外，也
可以說它「有體」有形跡。這個「有體」有形跡具體就是「陰陽」、「四時」、
「晝夜」等特性。連莊子講「易道」的時候，都說「易以道陰陽」（《莊子·
天下》），以陰陽為形跡變化為易道的基礎特性，而不以無形無象的「無」來
解讀「易道」。陰陽從形而上可以涵括「無」，陰陽之理為無，但「無」未必
就可以涵括陰陽，陰陽表現的冷暖，怎麼用「無」去替代？再譬如，《道德

經》也有「無」,「無」近同於道,它的「無」就不可以涵括陰陽。老子說「道生一,一生二,二生三,三生萬物。」「無」或「道」當它演化到「二」這個階段,才出現可以勉強解讀為「陰陽」的特性,但此時渾沌之「無」或「道」已發生裂變,本身無形無象的特性不復存在,談不上它還可以涵括陰陽。朱熹曾經批評道家的「無」,說「道家說半截有,半截無,已前都是無,如今眼下卻是有,故謂之無。」(《朱子語類·一百二十六·釋氏》)。陰陽則可以上下貫通,所謂的上下「一道」也。所以,自鄭玄宣揚「太極為無」之說,這個觀念輾轉影響至魏晉玄學、又通過魏晉玄學影響隋唐經學,至宋儒,「太極為無」的說法就漸漸地就失去了擁護者,宋儒闢佛老,很忌諱這樣的說法。

「太極北辰」一說為漢馬融所倡:

> 易有太極,謂北辰也。太極生兩儀,兩儀生日月,日月生四時,四時生五行,五行生十二月,十二月生二十四氣,北辰居位不動,其餘四十九轉運而用也。(孔穎達《周易正義》,北京大學出版社,1999)

馬融這個說法可能並非原創,而是先秦舊說。《莊子》中提到一次「太極」,大概與天上的星星有關。《大宗師》中說:「在太極之先而不為高,在六極之下而不為深」。莊子這裡是講「道」。「太極之先」的「先」一定不是指時間,因為它後面有一個「高」,所以應是「高」的另一種說法,即「太極的上面」的意思。莊子沒有明說「太極」是什麼,但如果結合馬融的看法,《大宗師》裏面的「太極」是可以被解釋為「北辰」的。

比莊子晚出的戰國末期作品《鶡冠子》,其中的「泰鴻篇」中提到「太一」,應該是「太極」另一個說法:「中央者,太一之位,百神仰制焉,故調以宮,道以為先。」「中央者」應為天(太虛)之中央。「太一」為天的中央之星,故此,很可能為「北辰」的別稱。這個說法被《淮南子》繼承了。《淮南子·天文訓》中說:「太微者,太一之庭也。紫宮者,太一之居也。」「太一」居住在「紫宮」,便以「太微」為庭院。古人把星宿也混同於神,太一具有生化元氣的特性,具有生生之功能,神恰好就是「生生」之謂,故此兩者合一很正常。《天文訓》以為「太一」為天上的星宿,「太極」與「太一」在古人那裡經常混同。譬如,《呂氏春秋·大樂》:「太一出兩儀,兩儀出陰陽。」採用《易傳》的說法,自然等於說「太極出兩儀,兩儀出陰陽」,就是以「太一」混同「太極」,把「太極」也變成了中央星宿。

　　《史記・天官書》:「中宮天極星,其一明者,太一常居也。」又說:「北斗七星,斗為帝車,運於中央。」與《淮南子》觀點近似。

　　包咸注《論語》「北辰居其所,而眾星拱之」為:「北辰之不移,而眾星拱之。」《爾雅・釋天》云:「北極謂之北辰。」郭璞曰:「北極,天之中以正四時。」然則「極」,中也。「辰」,時也。以其居天之中,故曰北極。以正四時,故曰北辰。又按《漢書・天文志》云:「中宮,太極星。其一明者,太乙之常居也。旁三星,三公環之。匡衛十二星,藩臣。」由此判斷,太極也便是北辰,為一個星宿。

　　自戰國晚期到漢,學者也常把「太一」與「太極」視為異名同實。「太一」既為星宿,則「太極」也是。由此可推知,馬融的「太極」為中央的星宿的觀點很可能是先秦固有說法,不是他自創的。

　　《周易・繫辭》中談及「八卦」的形成,雖提到太古時代的伏羲氏「仰以觀於天文,俯以察於地理」,似乎與天上的星象似有關聯,但「太極」為「北辰」一說很難在《易傳》中找到任何直接的依據,整個《周易》連「星辰」、「星」、「辰」都一個字沒有出現過,更別說是「北辰」了。所以「太極北辰」說雖然是先秦舊說,但並不等於它就是《易傳》太極的本義。

　　「太極為性」的說法很晚,儒家人性說出來很早,孔子時代就有了,但把「太極」與「性」勾連在一起要晚得多。連漢代學者都沒有提出「太極為性」一說,中唐時期的李翱正式提出「復性」說,但他沒有把「太極」與「性」連接在一起,直到宋儒出來,「太極為性」才成為普遍看法。

　　性、氣、無三者合一的說法更晚,所以不能拿來解讀《易傳》的「太極」。同樣的,「太極天理說」也很遲產生的,宋儒之後的說法,用來解釋《易傳》的「太極」本義,就明顯不被大家認可。

　　「太極為心」的說法也很遲,本來不必單獨拿出來討論,但我在後面兩章討論過「太極為性氣無三者合一」及「太極天理說」,因此在此處有必要討論一下。

　　據李存山先生的考證,「太極為心」的說法最早由邵雍提出來的(李存山:《從『兩儀』釋『太極』》,《周易研究》,1994 年第 2 期)。邵雍的說法還是有一點依據的,《易傳》「復卦」《彖》曰:「復,其見天地之心乎?」

　　關於什麼是「天地之心」?王弼解釋道:

　　　　「復者,反本之謂也。天地以本為心者也。凡動息則靜,靜非

對動者也;語息則默,默非對語者也。然則天地雖大,富有萬物,雷動風行,運化萬變,寂然至無,是其本矣。故動息地中,乃天地之心見也。若其以有為心,則異類未獲具存矣。」（王弼著、樓宇烈校釋:《王弼集校釋》,北京:中華書局,1984 年,336～337 頁）

王弼把「心」解釋為「天地之本」,又把「本」歸結為「無」或「靜」,乃是從《老子·十六章》「萬物並作,吾以觀其復。夫物云云,各歸其根。歸根曰靜,靜曰覆命,覆命曰常,知常曰明」轉化過來的。這個解釋與「復卦」意思根本不契合。復,乃指一陽復始,季節指農曆十月,時令指冬至。陰氣極盛而陽氣初來,萬物開始萌動。所以,「天地之心」乃是指陽始動於地下,雖談不上「春回大地」,但太陽的直射點已經北移了,北半球萬物開始復蘇。所以,「復」就是「陽」的回歸,陽氣回歸,萬物復蘇,生機重現大地,天地生物之心啟動了,從這個角度才可以說,「復」為天地之心。後來,宋儒多主「天地生物為心」是有道理的。伊川在其《程氏易傳》裏更具體地把「天地之心」解釋為「動之端」:「一陽復於下,乃天地生物之心也。先儒皆以靜為見天地之心,蓋不知動之端乃天地之心也。」（程頤:《周易程氏傳》,北京:中華書局,1981 年,819 頁。）這個解釋與《易傳》文本相符。但如果進一步用陽氣的「動之端」來解釋「天地之心」,並用這樣的「天地之心」來解釋「太極」,並非沒有問題,二程本人就沒有這樣解釋過,他們偏向於「大中」一說,形而上者之道,而陽動只是有行跡的形而下,有時間的限制。

再者,如果把「太極」看做為與天地相終始的「常道」,那麼「動之端」只能表示四季中「冬至」那一刻或農曆十月那一段時間。我在第二章中,將分析「太極」為「大中」,「太極」作為一種制衡的原則可以與四季天地相終始,即一年四季所有的時間段都離不開「太極」,而不僅僅只是指代「冬至」的具體時刻,沒有時間與季節限制,故此用「動之端」來解讀「太極」尚不夠周匝圓融也。

還有的現代學者把「太極」解讀為「未分的蓍草」,如持儒教說的著名學者李申。這個說法也是古代已有的現成觀點,很多古代學者都持有此看法。這個說法實際上是從「大衍之數」中演化出來的,可以從《易傳》的揲蓍法中找到原始的依據,來源的時間似乎很早。但即使如此,這個說法也有兩處硬傷:

一、《易傳》本來就兼有兩個筮術系統，一個是畫卦法，一個是揲蓍法。

「是故《易》有太極，是生兩儀，兩儀生四象，四象生八卦。」是畫卦法。

「大衍之數五十，其用四十有九。分而為二以象兩，掛一以象三，揲之以四以象四時，歸奇於扐以象閏；五歲再閏，故再扐而後掛。天數五，地數五。五位相得而各有合，天數二十有五，地數三十，凡天地之數五十有五，此所以成變化而行鬼神也。」是揲蓍法。

對比兩種筮術系統，會發現有很大的不同：

第一、揲蓍法所謂「分而為二以象兩，掛一以象三，揲之以四以象四時」，表明它想刻意地模仿畫卦法，時間上明顯後出。一般易學界也都公認揲蓍法較為晚出，大約在周初的時候出現的。那麼，就有一個問題：晚出的東西怎麼可以取代早出的觀點呢？

第二、從數上看，畫卦法有：一、二、三、六。大衍之數有：二十四、二十八、三十二、三十六或六、七、八、九，兩個體系在數字上匹配較難。

第三、從概念關係看，畫卦法的概念次序為：太極——兩儀——四象——八卦。如以「蓍草未分」比附為「太極」，「大衍之數」的概念依次為：太極——兩儀——八卦——四象。兩個體系中的「四象」與「八卦」的次序恰顛倒。連力主「『易有太極……』的確是『大衍之數五十……』的一種簡化或簡要的縮寫。」（李存山：從『兩儀』釋『太極』，周易研究，1994 年第 2 期）李存山也不得不認為：「中間所缺者是『掛一以象三』」（同上）

從這個矛盾可得出兩個結論：一，畫卦法系統與揲蓍系統不同，後者雖有倣仿前者的意思，但畢竟有其獨立性，不能視作是前者的「簡化或簡要的縮寫」（同上）。「太極生兩儀」可解讀為畫卦法，若解讀為揲蓍法不甚妥當。二，它們雖皆可比附並象天地萬物，但它們本義皆不是宇宙生成論，把它們等同於天地萬物實體是不切合於《易傳》文本的。

二、「蓍草不分」的解釋本身就有簡單化處理、草率苟且的痕跡。因為根據揲蓍法把「太極」解釋為「未分的蓍草」，也可以根據畫卦法把「太極」解讀為「未分的陰陽爻」。「蓍草不分」只能是以「象」太極，無法解釋「太極」是什麼。從「象」太極來看，與畫卦法功用是一樣的。因此說，「蓍草未分」無助於解釋「太極」到底是什麼。

第二節　《易傳》的太極內涵為大中

除了上述七種後人對《易傳》「太極」本義的解讀之外，還有一種觀點遠為廣泛，即「太極大中」一說。

比較前七種說法，「太極大中」一說有三個顯而易見的優勢：

一、在儒家著作裏出現得最早。先秦文獻裏沒有直接的證據，西漢學者董仲舒在《春秋繁露·循天之道》就最早有此說：

> 陰陽之道不同，至於盛，而皆止於中，其所始起，皆必於中。
> 中者，天地之太極也，日月之所至而卻也，長短之隆，不得過中。

陰陽各有運行之軌跡，陰盛陽盛都有一個限制界限，這個界限就是「中」。不僅如此，陰陽從開端之始，就有一個原則約束著它們，這個原則也是「中」，即「其所始起，皆必於中」。陰陽變化行於四季，那麼「中」的原則也是四季適應，換句話說，就是「中」與四季相終始。「太極」成了總攬天地之原則或規範，「日月之所至而卻也，長短之隆，不得過中。」

日月所行到「中」即自動返回，四季的長短興衰都以「中」為中線。陰陽四時的運行都不得超越這個規則，如此，則陰陽和諧、四時循環。

董仲舒「太極」為「中」的說法最早，之後所有的儒家學者都繼承這個看法，自漢至清沒有發生改變，即使他們還同時堅持其他說法。

二、訓詁上可以證明，幾乎從漢儒到清儒都訓詁「太極」為「大中」。能從訓詁上說明，就強有力地證明這個意思很接近「本義」。這一點從下面進一步詳細說明。

三、從漢人到清儒，「太極大中」一說在自漢之後的整個儒學史或經學史都幾乎被一直認同。

董仲舒之後，漢儒常訓「太極」為「大中」。《漢書·律曆志》：「太極元氣，函三為一。極，中也。」「太」尤「大」也，極，中也；故「太極」即「大中」。《漢書》又說「易，兩儀之中也。」（同上）太極總領易道，故太極為中也。兩儀在漢代既可指天地，也可指陰陽。鄭玄注「太極」：「極中之道，淳和未分之氣也。」鄭玄把元氣說與大中說合二為一。「極中」猶如「至中」、「大中」。

與董仲舒不同的是，後漢經師仍因襲董仲舒，但他們一面釋「太極」或「極」為中，一面又把太極視為元氣，與董仲舒不同。後漢的學者，無論班固引述劉歆的話，還是班固本人、鄭玄，他們主張的「太極元氣」說在宇宙論上均附屬於《老子》、《淮南子》渾沌體系，與《易傳》、董仲舒體系完全不同。

然而他們總體上尚屬注疏家，都沒有自覺的體系意識，並沒有察覺到渾沌體系《老子》、《淮南子》、《乾鑿度》與《易傳》有何區別。故在他們眼裏，「太極」既為「元氣」，又可為「大中」。

漢儒中，唯馬融把「太極」釋為北辰，似有背漢師舊說，與「大中」一義頗不相干。馬融解讀「大衍之數」：

> 「易有太極，謂北辰也。太極生兩儀，兩儀生日月，日月生四時，四時生五行，五行生十二月，十二月生二十四氣，北辰居位不動，其餘四十九轉運而用也。」（唐·孔穎達《周易正義》，北京大學出版社，1999 年）

但細繹其文：「太極」為北辰之星，為大衍「五十」之數的「虛一不用者」，居眾星之中，其餘四十九星宿圍繞著「北辰」而運轉，故此，北辰乃「居位不動」。按照傳統的說法，即北辰為眾星的依據或表率，「居位」即在中央行其職能，其職能即是「不動」，為「大中」的標準，暗含「大中」一義。

比馬融生得早的班固說：

> 「太極中央元氣，故為黃鐘，其實一龠，以其長自乘，故八十一為日法，所以生權衡、度量，禮樂之所繇出也。」（《漢書·律曆志》）

「太極中央元氣」似乎指「太極」是元氣所出之中央星宿，即太極可以生化元氣，不斷地吐出元氣，極有可能就是馬融所指的「北辰」。又，黃鐘為古代十二律之首，其餘十一律習慣上皆依黃鐘校正，故黃鐘又引申為標準、準則，所謂「權衡、度量」也。《呂氏春秋·適音》：「黃鐘之宮，音之本也，清濁之衷也。」按，「衷」即「中」，此處「中」與「標準」可互訓，所以它為「音之本」，「本」就是依據的意思。「黃」象「土」，「土」居五行之中，攝含五行之性，也是其他四行的標準。故此，「黃鐘」蘊含有至中、大中一義。班固以「黃鐘」對應「太極」中央元氣，「太極」應為眾星之中，為眾星之主，也應包涵「大中」一義。《宋書·志十三》云：「太極處二十八宿之中央，雖有遠近，不能相倍。」「北辰」乃居眾星中央，與「太極」類似。孔子說：「為政以德，譬如北辰，居其所而眾星共之。」（《為政》）朱熹注：「北辰，北極，天之樞也。」（《四書章句集注·論語·為政》）「樞」乃為中心、樞紐，猶「中央」也。

通觀之，「太極」雖為一星宿，乃居為眾星之中，為天之樞，故馬融的「太極北辰」說仍有「大中」一義，因此「大中」為眾星之中，北辰居其所，行其責，施放「元氣」；由此元氣化生兩儀，「元氣」與「北辰」本可合二為一，「大

中」、「元氣」、「北辰」三者均指一義。

馬融之後，「太極」還有其他含義，如「太極」等同於星辰、元氣。蔡邕云：「耀三辰於渾元，協大中於皇極。」（《蔡中郎集・卷五》）按，「皇極」孔穎達疏：「皇，大。極，中也。凡立事當用大中之道。」（《尚書注疏・卷十一》）「皇極，皇建其有極。」孔疏：「大中之道。大立其有中，謂行九疇之義。」（同上）建極、立中都是講建立規矩。「皇極」即為「大極」，「大極」即「太極」。宋儒多尊崇此說。胡瑗：「皇極之化，故有元大之吉象，曰得中道也者。」（《周易口義・卷五》）張浚：「五者，皇極之中道也。」（《紫巖易傳・卷一》）蔡邕前後兩句對仗，那麼，渾元與皇極為同一物。「渾元」即是生化陰陽的混沌元氣，又同時為能生混沌元氣的星宿，他也是認同「太極」為居「中」生元氣的「星宿」。這個星宿最有可能就是北辰。

魏晉人都沿襲漢人太極元氣說，沒有創新：

> 陳思王《七啟》曰：「夫太極之初，混沌未分，萬物純純，與道
> 俱運。」又《畫贊敘》曰：「上形太極混元之前，卻列將來未萌之事。」

「混沌未分」、「太極混元」都是指元氣。「元」不僅有「始」、「初」之義，也有「一」的涵義。「混元」即這種「一」為不分的元氣，未分化為陰陽兩氣。「萬物純純」，「純純」意思若「樸樸」，指萬物尚為分化，在「道」中蘊含著、潛藏未出。《畫贊敘》：「上形太極混元之前，卻列將來未萌之事。」「上形」即「形而上」之前。混元之前，陰陽未分，天地還沒有分化出來，根本沒有萬物，所以叫「上形」。所以他說「卻列將來未萌之事」，但潛含著還沒有展開的未來之事物，就是講「萬物純純」。萬物雖然沒有分化出來，但萬物的形蘊含在裏面，故此為「純純」也，猶如老子「樸散為器」之前的「樸」。

> 阮籍《通老論》曰：「道者法自然而為化，侯王能守之，萬物將
> 自化。《易》謂之太極，《春秋》謂之元，老子謂之道。」陸機《雲
> 賦》曰：「覽太極之初化，判玄黃於乾坤，考天壤之靈變，莫稽美乎
> 慶雲。」

阮籍不加區別地把《易傳》、《春秋》、《老子》的三個概念混而為一，是當時學者的普遍看法。《春秋》講的「元」為開端，主要是「正元」，從事物的一開始把握其規矩，不讓一開始規矩亂了，以便有始有終，讓王朝與事情順利運行下去。少數地方，《春秋》的「元」也是「陽氣」，主生。阮籍時代，混沌元氣說佔據了上風，解釋一切都是如此。陸機「太極之初化」應該指元氣分陰分

陽，開始化生天地萬物。陸機「覽太極之初化，判玄黃於乾坤」。太極之初化，就是陰陽開始分化，天地開始形成，顯然指元氣分陰分陽。所以他接著說，「判玄黃於乾坤」，玄為天，黃為地；「判」就是分化，「判玄黃」就是天地分化，從「元氣」中分化出「玄」與「黃」來。「太極」與「元氣」為一個概念。

> 傅玄《風賦》曰：「嘉太極之開元，美天地之定位。樂雷風之相薄，悅山澤之通氣。」張華《詩》曰：「混沌無形氣，奚從生兩儀？元一是能分，太極焉得離？玄為誰翁子，道是誰家兒？天行自西回，日月曷東馳？」

傅玄《風賦》是講太極兩儀八卦。他把太極視為元氣，即「太極之開元」。開元，即元氣分陰分陽。由元氣分陰分陽而產生兩儀，兩儀即天地：「天地之定位」，陽氣上升，陰氣下沉，天地定位了。陽在上為天，陰在下為地，這個叫「定位」，《繫辭》說「乾坤定矣」。後面的雷風、山澤是八卦中的四個卦象。由此可見，傅玄是把《易傳》與漢人「元氣說」合二為一。張華與傅玄觀點相反，他批評傅玄——不能把混沌元氣與太極掛搭在一起：譬如混沌的元氣怎麼產生兩儀？元氣可以判分，太極能離析嗎？意思是，不能把《易傳》的體系與《道德經》混同為一。

> 陸士龍《答士衡詩》曰：「伊我世族，太極降精；昔在上代，軒虞篤生。」（宋·李昉《太平御覽·卷一》）「芒芒太極，玄化煙熅。賾形成器，凌象垂文。大鈞造物，庶類群分。先識經始，實綜彝倫。」
> （《陸士龍集·卷二·征西大將軍京陵王公會射堂皇太子見命作此詩》）

「太極降精」。「精」者，陰陽未分之「元氣」也。故此，「太極降精」便是「太極」星辰生化「元氣」，「太極」為一星辰，因襲馬融的觀點，又增加「太極」的生化「元氣」的功能。「太極」兼「元氣」與「星宿」，為其合二為一。「芒芒太極」直接指「元氣」。《易傳》「太極」只是「大中」的標準，沒有「芒芒」之說。「玄化煙熅」更是從老子那裡獲得的啟發，「玄化」即從道中分化出來的，玄玄不可名的源頭中化分出來。「大鈞造物」，大鈞即渾沌的「道」也，猶如前面的「太極」。

　　總之，魏晉的典籍裏雖然沒有直接說「太極」為「大中」，但魏晉學者沿襲漢人的「太極元氣」說，「元氣」說在漢人那裡又與「大中」一說緊密相繫。故可以推知，魏晉人也應很有可能因襲班固、鄭玄等的「大中」之說。

　　隋唐經學除了把「太極」解為「元氣」、「虛無」之外，也把「太極」訓為

「大中」，與漢人的傳統是一樣的。《尚書·洪範》：「初一曰五行，次二曰敬用五事，次三曰農用八政，次四曰協用五紀，次五曰建用皇極……」孔穎達疏：「皇，大。極，中也。凡立事當用大中之道。」（《尚書注疏·卷十一》）「皇極，皇建其有極」孔疏：「大中之道。大立其有中，謂行九疇之義。」（同上）孔穎達的太極觀兼有三個涵義：「元氣」說，太極為「無」，同時他也沒有捨棄「太極」為「大中」一傳統之義。

　　宋儒持「太極」為「大中」的觀點極為尋常，這大概與宋儒深信儒家「中庸」的道統有關。

　　　　胡瑗說：「皇，太極，中也。言聖人之治天下，建立萬事，當用
　　　　大中之道。所謂道者何哉？即無偏、無黨、無反、無側、無有作好，
　　　　遵王之道無有作惡，遵王之路是也。」（《洪範口義·卷上》）

胡瑗顯然把中庸的「無偏、無黨、無反、無側、無有作好」置於太極大中的觀念中，在他看來這自然而然。

　　宋儒其他諸家都持「大中」說。司馬光：「易有太極，極者，中也。」（《溫公易說·卷五》）邵雍：「天地之本其起於中乎？是以乾坤屢變而不離乎中，人居天地之中，心居人之中，日中則盛，月中則，故君子貴中也。」（《皇極經世書·卷十四·觀物外篇下》）邵雍觀點直接來自董仲舒。二程也認肯董仲舒之說：「極為天地中，是也。」（《二程遺書·卷二上》）在另一處又補充說：「極須為天下之中，天地之中理必相。」（《二程遺書·卷二下》）周敦頤說：「聖人定之以中正仁義而主靜，立人極焉。」（《太極圖說》）人極乃中正仁義，中正即仁義也，「極」作為「準則」，即為「中」也。陸象山肯定周敦頤論斷，說：「《通書》理性命章言中焉止矣。」（《象山集·卷十二》）也以周氏「太極」字當訓「中」。

　　應需注意的，上述數人當中，胡瑗、邵雍、周敦頤、司馬光等均持「太極元氣」說，而二程則力闢「元氣」說。然而，二程他們也都認同「太極」為「大中」。持「太極元氣」的漢儒或宋儒的胡、邵、周諸人都有一個共同的特點——「太極」即可作為「元氣」，也可以作為天地之「大中」。

　　陸、王心學派也贊同「大中」之說。陸象山答朱熹論「太極」云：

　　　　「極亦此理也，中亦此理也。五居九疇之中而曰皇極，豈非以
　　　　其中而命之乎？民受天地之中以生。而《詩》言『立我蒸民，莫匪
　　　　爾極。』豈非以其中命之乎？《中庸》曰：『中也者，天下之大本也。

和也者，天下之達道也。致中和，天地位焉，萬物育焉。此理至矣。
外此豈更復有太極哉？以極為中則為不明理，以極為形乃為明理
乎？」（《象山集‧卷十二》）

「極亦此理也，中亦此理也。」「極」與「中」都是講同一個道理，則「極」
即是「中」也。他舉洪範「九疇」，「五」數居中為「皇極」，就蘊含著「中」
的意思。又以《易傳》三才為例，「民受天地之中以生」，則「中」也是生民的
準則。又舉《詩》「立我蒸民，莫匪爾極」及《中庸》「中也者，天下之大本
也」，來證明太極大中為儒家不言而喻的核心道理。

王陽明答弟子王嘉秀，云：

「若論聖人大中至正之道，徹上徹下，只是一貫，更有甚上一
截、下一截？『一陰一陽之謂道』，但仁者見之便謂之仁，智者見之
便謂之智，百姓又曰用而不知，故君子之道鮮矣。仁智可豈不謂之
道？但見得偏了，便有弊病。」又說：「太極之生生，即陰陽之生生。」
（《王陽明全集上‧傳習錄》）

「上一截、下一截」是接著朱熹批評佛家而言的。儒家無此兩截，因為有
「大中至正」之道一以貫之，形上、形下連成一片，內、外連成一片。王陽明
在《象山文集序》中說「至宋周、程二子，始復追尋孔、顏之宗，而有『無極
而太極』，『定之以仁義，中正而主靜』之說；『動亦定，靜亦定，無內外，無將
迎』之論，庶幾精一之旨矣。」（《王陽明全集上‧象山文集序》）可進一步證明，
陽明是認同周敦頤「大中」說的。「一陰一陽之為道」即「太極之生生」，與
「大中至正之道」等同。這些都表明陽明顯然認同「太極」為「大中」之說。

清代學者也普遍持「太極大中」之說。毛奇齡云：「是故未揲之先，合五
十之數，聚而不分，有大中之道焉。《說文》：『極，中也。屋極謂之中，言不
分於一隅也。」（《仲氏易‧卷二十八》）既認可五十之數未分為「大中」，又
認可《說文》的訓詁。惠棟說：「大中謂之太極。」（《惠氏易說‧卷二》）「大
中」又含未分、未發一義，則大中又可釋為「一」、「蓍草之未分」。胡渭稱：
「竊意所謂太極者，一而已矣。命筮之初，奇偶未形即是太極。迨夫四營而
成易，合掛扐之策置之於格，或五或四則為奇，或九或八則為偶，是謂太極
生兩儀。」（《易圖明辨‧卷一》）按，漢人訓「太極」為「大中」，又說「太極」
「函三為一」，則「一」即是「中」。蓍草未分之時，所謂「一」也，即《中庸》
「喜怒哀樂之未發，謂之中」，「中」即「一」。這個傳統比較早，宋人也追隨

此說，司馬光說：「易有太極，一之謂也。」（《溫公易說·卷五》）因此，蓍草未分為一，或一為中，為漢、宋、清人通說。錢大昕發揮《易傳》「大中」之道，說：「《彖傳》之言中者三十三；《象傳》之言中者三十。其言中也，曰中正，曰時中，曰中道，曰中行，曰行中，曰剛中，曰柔中。剛柔非中，而得中者，无咎。故嘗謂《易》六十四卦，三百八十四爻，一言以蔽之，曰中而已矣。子思述孔子之意，而作《中庸》，與大《易》相表裏。」（《潛研堂集·中庸說》）按，今人龐樸、李學勤皆考證《中庸》為子思之作（參龐樸《帛書五行篇研究》（齊魯書社，1980年）與李學勤《帛書五行與尚書洪範》（《學術月刊》，1986年11期），《中庸》發孔子性命之說就是指發揮孔子晚年《易傳》中的性命之說，《中庸》論述天道也是紹述《易傳》。其所謂「中也者，天下之大本也；和也者，天下之達道也。」即是發揮《易傳》太極的大中之道：《易傳》論天地以太極，《中庸》以性命之說繼之。

四、反對「大中」一說的表面上似乎只有朱熹，然而朱熹在「形而上」這個層面上又不反對「太極」為「大中」一說。

朱熹說：「『極』之得名，以屋之脊棟為一屋之中，居高處蓋為眾木之總會，四方之尊仰而舉一屋之木莫能加焉，故極之義雖訓為至，而實則以有方所形狀而指名也。」（《周元公集·卷一》）又說「後之讀者字義不明，而以『中』訓『極』，已為失之。」（同上）周敦頤、二程皆主「太極」為「中」，那麼朱熹為何反對呢？朱熹答程迥信中說：「太極之義正謂理之極致耳。有是理即有是物，無先後次序之可言，故曰：『易有太極。』則是太極乃在陰陽之中，而非在陰陽之外也。今以『大中』訓之，又以乾坤未判大衍未分之時論之，恐未安也。形而上者謂之道。形而下者謂之器。今論太極而曰其物謂之神，又以天地未分，元氣合而為一者言之，亦恐未安也。」（《晦庵集·卷三十七·答程可久》）漢人與宋儒講的「大中」同時包含著元氣未分一義，為朱熹所反對。

然而，朱熹的體系裏其實並不反對「太極」為「大中」一義，他立此義別有一說：「《中庸》一書，本只是說『隨時之中』。然本其所以有此『隨時之中』，緣是有那『未發之中』，後面方說『時中』去。」（《朱子語類·中庸一》）又說「『未發之中』是體，『時中』之『中』是用。」（同上）在朱熹，體即天理，天理又是太極。所以，「中」順理成章為太極，只是朱熹區別「大中」在「體」與「用」的不同。他反對「太極大中」主要原因，大家都把「大中」用在「發

用」方面去了:「今以大中訓之,又以乾坤未判大衍未分之時論之,恐未安也。」朱熹認為眾人解讀「太極大中」都是在「天地未判」、「大衍未分」,這些都是「形而下」的「用」,與朱熹太極為天理的「形而上」的「體」發生衝突。

朱熹在《中庸章句序》更明確地把「中」視為道心、不易之天理,則「中」即朱熹的「太極」無疑,只是這個「中」是從形而上層面上講的,「大中」即是朱熹的「天理」,如此說「太極大中」,則為朱熹所接受的。可見,朱熹不是一味地反對「太極」為「大中」,而是反對「大中」包含「元氣」等「形而下」的特性,使得體、用不分,此朱子的微妙的用心,與他整個體系相一致。

第三節　大中一說可以貫通整個儒學精神

「太極大中」一說除了有上述幾個顯而易見的優勢之外,其內涵的包容性特大,可以貫通整個儒學,又遠非其他諸說可以比附的:

一、大中之道兼攝訓詁與義理兩大優勢。「大中」訓詁為「太極」乃為漢人舊說,上自董仲舒下至鄭玄,得到漢人古今文學家一致地認同,具有極大的權威性。同時,「大中」也具義理的涵義,「中」乃指乾坤定位、陰陽不失其序,陰陽不失其序,則陽施陰受,大化流行,萬物生焉。因此,「大中」說既有訓詁上的依據,也有義理上的依據。其他諸說皆不兼具兩者之長。

太極元氣說:太極在字義上不能訓詁為「元氣」,兩個詞字面意思相隔甚遠,難以互訓。從義理上來說,元氣說乃是從《老子》、《淮南子》等道家體系中轉化而來,用之解讀《易傳》的「太極」,說不通的地方很多。

太極為無:「無」有三個含義——元氣的無形;元氣的來源於自身的本體之無;萬物源自自身的本體之無。三種「無」均沒有訓詁的依據,前兩個「無」也只是自鄭玄始才發揮出來的,第三種「無」為王弼、郭象推衍鄭玄的第二種「無」並運用於萬物之上。可見,無論哪一種「無」都是後出之義,雖興起於漢末、影響了隋唐經學及宋學的初創者周敦頤、張載等,但自程朱理學興起之後,漸漸不為儒者所用,故不足訓讀為《易傳》「太極」之本義。

蓍草不分說:把太極解釋為「不分的蓍草」乃是直接從《易傳》「大衍之數」中出來的,是比較現成的說法。其缺點很明顯:一、它不具有訓詁上的意義。二、從揲蓍法看,太極既可以為「不分的蓍草」;那麼從卦象法看,太極也可以解釋為「不分的兩儀」。如此一來就顯得毫無意義了。三、「不分的蓍

草」只是從象上說的,它的具體涵義非常模糊,尚借助於他說來確定,如太極為大中或元氣一說來確定其義。

太極為「一」:這個定義既可以從「兩儀」往上推出太極為「一」,也可以從「大衍之數」的不用之「一」得來,同時也可以從「蓍草不分」引申出。然而,「一」也只是從「象」上得出的:卦象、蓍草之象、不用之蓍草等等,因此,與「蓍草不分」的說法沒有本質區別。另外,「太極為一」也沒有特定的含義,是什麼「一」,沒有任何申說,涵義模糊。司馬光說:「凡物之未分、混而為一者皆為太極。」(《溫公易說·卷五》)按此標準,一把未分的米、一堆未分的亂石子皆可說為「太極」,推而廣之,一堆人群也是太極,一堆牛糞也是太極,幾至泛濫成災了。所以,這個定義本身沒有任何具體性,與道家很難有區別,尤其是老莊都有「道」為「一」的說法。(按:現代學者中較為普遍流行一種道家影響《易傳》的說法。這種說法忽視了一個簡單事實:老子作為一個隱君子,其思想的流佈很晚,而孔子傳授《易傳》在春秋末就開始了,《易傳》思想的流佈也是發生在春秋末。《易傳》影響通行本《老子》是有可能的,通行本《老子》影響《易傳》是很難想像的。)

太極為天理:程朱皆主張天理說,他們的體系也與《易傳》類似,都是乾坤構架。但太極為天理說在訓詁上是有困難的,天理兩個字最早出現在《孟子》,但卻不能在文字上把「太極」訓為「天理」。這說明,此說法在時間上也是非常靠後的,僅此一點就很難獲得普遍的認同。同時,太極為天理在義理上也有不小的差異:其一,天理在程朱那裡都有「大全」的含義,天理蘊含各種道理,而「大中」之道卻沒有,只能說大中之作為不偏不倚的「規則」或「準則」在天地陰陽、萬物中都存在。其二,天理與陰陽二氣的還有一定的特殊關係,是「大中」一說所不具備的。在朱熹那裡,總存在「天理」溢出「氣」外的傾向,「未有天地之先,畢竟只有此理。有此理而後生此氣」,天理就隱含著超越陰陽二氣的特性。與「大中」不離陰陽、僅在天地之間的內涵有根本的區別。其三,天理本身的不變不動與「大中」尚具有的「時變之中」也很有距離。

太極為心:「復卦」《彖》曰:「復,其見天地之心乎?」邵雍因襲這個說法,發揮為「心為太極」(《皇極經世書·卷十四》)。程朱也頗有採用。朱熹認為心統性情,「性」為心之理。陸王認同此說,並大加發揮。但基本上「太極為心」在訓詁上找不到任何依據,義理上也是後來之說,並不被很多儒者所共認。

二、「大中」說可以含攝其他各種說法。

「大中」含攝「無」。無，雖有「虛無」一意，但「無」也包涵無私欲、無偏向也。老子喜歡講「無為而無不為」，天地的行為以「無為」為根本，「無為」即無有偏向地干涉萬物之生長，讓萬物自己生長。「無不為」即是萬物自己以各自無窮無盡的方式去生長，便顯得大道「無不為」也。道只是居中不變，任由萬物。所以老子說「天地不仁以萬物為芻狗」，故此，天地無仁愛無偏袒而成就萬物。大中至正，居中而無偏袒也，恰好印證老子「無為」的「天地不仁」之說。

「大中」含攝「天理」。董仲舒認為陰陽之氣的運行有一個規律，即，至「中」而止，陰陽之行不得過「中」，即陰陽的運行以「大中」為規則、準繩。天理本身就包涵規則、準則。天理純粹至善，無私欲可言，是氣的規則、條理，也是「大中」的準則。

「大中」含攝「元氣之未分」。元氣是陰陽二氣的未分，「未分」本就以「中」為邏輯基礎，渾然含中也。

「大中」也可含攝「北辰之中」。北辰居眾星之中，「居其所而眾星共之」（《論語‧為政》），所以北辰也為眾星的標準、準則。只有居眾星之中方可為眾星所效法之，北辰離開了「大中」之位，偏離了「中正」的標準，便不具備眾星效法的榜樣作用。

「大中」含攝「性氣無」合一之說。太極為性、為元氣、為無都包涵在「大中」一意之中。天地以生物為性，天地生物是無為而作，無偏袒無私心，恰好是大中之性。其他的「元氣」、「無」不需多說。

「大中」含攝「心」一說。按照儒家心性說，心具備太極之理，太極之理至公至正，就是「大中」。

「大中」含攝「未分的蓍草」一說。未分的蓍草是指徵兆尚未顯露，凶吉合而不露，就是中。毛奇齡云：「是故未揲之先，合五十之數，聚而不分，有大中之道焉。」意思皎然。

三、大中說可貫通漢學、宋學。從漢學而言，漢經師自董仲舒至鄭玄無不用「大中」來解讀太極。從宋儒的道統來看，大中之道上繼《尚書》，中接孔子的「中庸」、《孟子》的「時中」、《中庸》的「未發之中」，下接胡、周、程、朱，為宋學的學統、道統的關鍵所在。漢宋之學形成對壘，宋儒多斥漢人不見道，而清儒漢學者都斥宋儒不學無據、空談性命。然而，大中之道則為

他們共同認可，可見大中之說乃同出一源，超出了他們的學派分歧，義理上可以統攝漢學、宋學，而且大中之說在時間上又遠在漢宋之學。

四、大中之說也可以打通宋明儒的程朱、陸王兩派的隔閡。宋明儒的兩個派別──程朱與陸王觀點對峙，然而，對認同太極大中一說，並無根本的差異。朱熹雖對太極為大中在訓詁上稍顯不滿，並反對大中連用元氣，但其學術主旨的內在邏輯上仍是認同大中之道。而陸王都認同周敦頤、二程之說，對「太極」為「大中」並無異議。

五、大中之道統攝了兩個完全不同的體系：董仲舒、二程、朱熹的本體論與鄭玄、孔穎達、胡瑗、周敦頤、邵雍、司馬光、張載等渾沌體系。這兩類非常相牴觸的體系都不反對「太極大中」之道，更見大中之道乃為儒者一致的認同。

六、大中之道不僅可以貫通漢學與宋學、貫通漢學中的今文、古文兩派、貫通宋學的程朱、陸王兩派，也可以貫通整個儒學。儒學的根本要旨可以歸結為──中正仁義。正者，以「大中」為正，正己正人正天下而不失其「中」也。如果說「中正」即「大中」，那麼，「仁義」為「大中」之發用。中也，心無偏私為中，此恰好是仁者的心懷。正也，心不思邪謂之正。中正便是仁義，仁義便是中正。中正者，乾坤、陰陽、君臣、父子、上下得其序為中，不失其中為正。中而正，乾坤定位，陰陽流佈，大化生生。君臣上下有序，社會安定，仁義自在其中。大中乃天地之本、人倫之要。太極訓為大中方可統攝整個儒學。

結語

「太極」概念在《易傳》中本義為何，在《易傳》文本中找不到確切的依據，先秦諸子的著作中解讀也不作為訓。所以要想獲得它的本義，只能從後世儒者對太極的詮釋史中尋找。我所抉擇的原則有四點：一、儒家經典內部關於「太極」概念的最早說明。二、被後世儒者公認的太極涵義。三、最廣泛地貫通儒家精神的太極說。四、既符合訓詁又符合義理的太極說。

太極為大中一說恰好符合上述幾點考量。因此，從詮釋史的角度看，「大中」一義是對《易傳》「太極」本義的最恰當的解釋。後世既沒有異議，則它就近同於「本義」。

第二章　漢代儒者的兩種太極說

　　《易傳》的宇宙論是以乾坤為基本構架，所謂「天尊地卑，乾坤定矣。卑高以陳，貴賤位矣。動靜有常，剛柔斷矣。方以類聚，物以群分，吉凶生矣。在天成象，在地成形，變化見矣。」都是在乾坤的框架內討論萬事萬物的變化運動。董仲舒說：「天地陰陽：天、地、陰、陽、木、火、土、金、水，九，與人而十者，天之數畢也。」（《春秋繁露·天地陰陽》）董仲舒的天人學術以「十」為天之滿數，把「天」置於最高範疇，與《易傳》乾坤結構相似。雖然，我們不可斷定說董仲舒直接繼承了《易傳》體系，但董仲舒把「太極」解釋為天地之「中」，大體上不違背《易傳》的體系精神。從這點來說，董仲舒的天人體系可以看做《易傳》乾坤架構的太極觀的繼承者。戰國晚期，道家與各家學術產生合流，主要是道家對各家都具有巨大的影響，滲透到各家內部，而不是反過來的影響，因為入世的學術很難影響出世的學術。在學界的解讀中，自熱而然把《老子》與《易傳》融合為一體，這樣，就產生一種新的宇宙論，具體表現在《鶡冠子》與《呂氏春秋》兩部著作中。

　　《鶡冠子》提出宇宙創生的根源——「元氣」，而《呂氏春秋》提出宇宙創生的根源——「太一」，兩者的最高概念不一。

　　那麼，「元氣」與「太一」究竟是什麼樣的關係？

　　在後世的解讀中，「太一」與「大一」互通互用，內涵上可以相互重疊，兩者又被解釋為「太極」。後人又把「太一」看作可生成「元氣」的存在，又直接把「太極」與「元氣」相結合，這些都是為漢代儒者所創造。當然也有一種可能：也許並非漢人的獨創，但至少我們從先秦有限的文獻中看不到時間更早的。因此，這一路「太極」說，從《淮南子》下至《易緯》，也

為漢人所繼承。

漢人的這兩系太極說都有一個共同的特點：與氣論關係密切，「太極元氣」說對於「元氣」的不同解讀可作漢人兩個系統的太極觀分歧的焦點，本章將從這個角度來分析漢人的兩種太極觀。

第一節　董仲舒的太極與元氣的關係

在許多現代學者看來，《易傳》的「太極」就是渾沌不分的「元氣」，把這個結論順理成章地推論下去，則漢人出現的「太極」的地方一般都可以與渾沌不分的「元氣」連接在一起。董仲舒的著作中既有「太極」概念，又有「元」與「元氣」概念，然而它們從來沒有在董的著作中正式連接在一起。這樣，圍繞著董著中「太極」與「元」或「元氣」的關係就有許多問題需要進一步展開。

一、太極為天地之「中」

董仲舒現存的著作中，「太極」一詞僅出現一次，然而，它在董的宇宙論體系裏至關重要。《春秋繁露‧循天之道》：

> 循天之道以養其身，謂之道也。天有兩和，以成二中，歲立其中，用之無窮，是北方之中用合陰，而物始動於下，南方之中用合陽，而養始美於上。其動於下者，不得東方之和不能生，中春是也；其養於上者，不得西方之和不能成，中秋是也。然則天地之美惡在？兩和之處，二中之所來歸，而遂其為也。是故東方生而西方成，東方和生，北方之所起；西方和成，南方之所養長；起之，不至於和之所，不能生；養長之，不至於和之所，不能成。成於和，生必和也；始於中，止必中也；中者，天地之所終始也，而和者，天地之所生成也。……
>
> 夫德莫大於和，而道莫正於中，中者，天地之美達理也，聖人之所保守也……陽氣起於北方，至南方而盛，盛極而合乎陰；陰氣起乎中夏，至中冬而盛，盛極而合乎陽；不盛不合。是故十月而壹俱盛，終歲而乃再合，天地久節，以此為常，是故先法之內矣，養身以全……天氣先盛牡而後施精，故其精固，地氣盛牝而後化，故其化良。是故陰陽之會，冬合北方，而物動於下，夏合南方，而

物動於上，上下之大動，皆在日至之後，為寒，則凝在裂地，為熱，則焦沙爛石，氣之精至於是。故天地之化，春氣生，而百物皆出，夏氣養，而百物皆長，秋氣殺，而百物皆死，冬氣收，而百物皆藏。……

天地之經，至東方之中，而所生大養，至西方之中，而所養大成，一歲四起，業而必於中，中之所為，而必就於和，故曰和其要也。和者，天之正也，陰陽之平也，其氣最良，物之所生也，誠擇其和者，以為大得天地之奉也。天地之道，雖有不和者，必歸之於和，而所為有功；雖有不中者，必止之於中，而所為不失。是故陽之行，始於北方之中，而止於南方之中；陰之行，始於南方之中，而止於北方之中。陰陽之道不同，至於盛，而皆止於中，其所始起，皆必於中，中者，天地之太極也，日月之所至而卻也，長短之隆，不得過中。天地之制也，兼和與不和，中與不中，而時用之，盡以為功，是故時無不時者，天地之道也。順天之道，節者、天之制也，陽者、天之寬也，陰者、天之急也，中者、天之用也，和者、天之功也，舉天地之道，而美於和，是故物生皆貴氣而迎養之。（鍾肇鵬主編：《春秋繁露校釋・下》，石家莊：河北出版社，2005 年，1025～1029 頁）

這幾段話有三個方面值得注意：

一、董仲舒很明確地把「太極」解釋為天地之「中」：「中者，天地之太極也」。並且圍繞著「中」展開了所有的議論，「中」為天地運行的總規則：「日月之所至而卻也，長短之隆，不得過中」。

二、董仲舒講了四個「中」：「北方之中」、「南方之中」、「東方之中」、「西方之中」；講了兩個「和」：「東方之和」與「西方之和」。又說：「中之所為，而必就於和」、「兩和之處，二中之所來歸，而遂其為也。」四個「中」分指四個方位，當指春夏秋冬四季。兩個「和」分指東西，當指春秋兩個季節。「中」與「和」的交叉對於理解「中」有何幫助？

三、董仲舒雖講了四個「中」，但談陰陽變化只提兩個「中」：「北方之中」、「南方之中」，為什麼不提另外兩個「和」？

關於董仲舒的「中」具體是什麼。清人惠棟說：「冬至復加坎，坎為亟心。亟，古文極，中也。然則天地之心即天地之中也。」惠棟把「天地之心」與

「天地之中」等同，這是有問題的。「天地之心」本來指《周易·復卦》中的「冬至」時令的「一陽始來」，天地生生之心。我們結合董仲舒的「陽之行，始於北方之中」。「北方之中」乃指「冬至」，推之其餘三個「中」，「南方之中」當為夏至，「東方之中」當為春分，「西方之中」當為秋分。四時不同而又通貫於一個「中」，推之，「中」乃行於四季的四個時節，而四個時間點是「中」的恰好表現，並不等於說「中」只是在四個時間點中存在。

兩個「和」，按周桂鈿先生的解釋為「春分」與「秋分」，這是沒有問題的。(周桂鈿:《董學探微》，北京：北京師範大學出版社，2008 年，298 頁。)。周先生根據「天有兩和，以成二中」及「北方之中用合陰，而物始動於下，南方之中用合陽，而養始美於上。其動於下者，不得東方之和不能生中，春是也；其養於上者，不得西方之和不能成中，秋是也。」得出一個結論，「和」主於「春分」與「秋分」，「中」卻只主於「冬至」與「夏至」，「冬至」、「夏至」又是極寒、極熱，故此，周先生認為董仲舒的「太極」或「中」「可以說是指『極盛』的狀態」(周桂鈿:《董學探微》，北京：北京師範大學出版社，2008 年，300 頁。)「因為這種狀態是物質變化的時刻，是新事物的開始，也是舊事物的終結，也包含物極而必反的過程。」(同上)

周先生論斷有幾處不穩妥：

其一、董仲舒明明說有四個「中」，周先生直接丟了兩個「中」，視而不見了。東方、西方既是「中」，又是「和」，而非只有「和」。這是其一。

其二、兩個「中」與兩個「和」究竟是什麼關係，周先生沒有顧及。

其三、周先生關於「不得東方之和不能生中，春是也；其養於上者，不得西方之和不能成中，秋是也。」文章的斷句也值得商榷。

鍾肇鵬先生《春秋繁露校釋》斷作「不得東方之和不能生，中春是也；其養於上者，不得西方之和不能成，中秋是也。」(鍾肇鵬主編:《春秋繁露校釋·下》，石家莊：河北出版社，2005 年，1023 頁。)鍾肇鵬引用董箋「『中春』，二月。」又引凌注：「『中』音『仲』。」(同上，1026 頁。)以證其合理性。

按，《春秋繁露·陰陽出入》有：「中春之月，陽在正東，陰在正西，謂之春分，春分者，陰陽相半也。」「中秋之月，陽在正西，陰在正東，謂之秋分，秋分者，陰陽相半也。」可驗證董箋、凌注。「中春」為春分，「中秋」為秋分，春分「生」物，秋分「成」物，與句中「不能生」、「不能成」對應。鍾先生斷

句較為妥當。周先生把「生中」、「成中」合在一起斷，得出一個很自然的結論：「中」與「和」分屬冬至、夏至與春分、秋分，「中」就不涉及到春分、秋分。

其四、如果「中」指陰陽極盛，那麼「中」就只有一個簡單的意思：指夏至的陽氣極盛，不包括陰氣；冬至的陰氣極盛，不包括陽氣。從字面上看，「中」因只涉及獨陽、獨陰，不能成為「中」了。四、董子說「夫德莫大於和，而道莫正於中。」董子以德配「和」，以道配「中」，道、德一般的關係是德為道之用，所以「和」只是「中」的一個特殊之用。把「東方之和」與「西方之和」解釋為「中」在東方、西方之用是恰當的，把「中」與「和」作為對等概念不太妥當。

既然董仲舒的「中」行於春、夏、秋、冬四季，涉及到陰陽各種狀況，那麼，「中」應該是一個不變的東西，既不指陰陽極盛，也不指陰陽極衰，同時也不是特指陰陽諧和狀況。「中」行於「春分」，為「東方之中」，春分時節陰陽諧和，所以也叫「東方之和」，二者應是實同名異；「中」行於「夏至」，為「南方之中」，所謂陽氣極盛；行於「秋分」，為「西方之中」，秋分陰陽諧和，也稱「西方之和」，二者也是同實異名；「中」行至「冬至」，為「北方之中」，所謂陰氣極盛。

董仲舒為什麼不把「北方之中」、「南方之中」也叫作「北方之和」、「南方之和」呢？因為「北方之中」與「南方之中」都是陰陽二氣交替、激戰之際，都是某一方勢力極盛的情況。「北方之中」，就是指陰氣極盛而陽氣剛剛萌動；「南方之中」，為陽氣極盛而陰氣剛剛萌動。這兩個「中」都處於陰陽更替、激烈交戰的時節，都是某一方壓倒性戰勝另一方，不能算是陰陽不分上下的「和」。

故此。董仲舒把「東方之中」與「西方之中」又命名為「和」，他想強調春分、秋分陰陽諧和，適合於萬物生長、成熟。至於「中」與「和」的關係，董仲舒說「中之所為，而必就於和」、「兩和之處，二中之所來歸，而遂其為也。」就是說，陰陽交替的目的就是為了達到「陰陽相半」的諧和，為春生、秋熟為準備。「兩和」就是「二中」行為目的。這就是宋儒張載的陰陽「仇必和而解」的最佳注解。「仇」乃是指陰陽交戰接替之際，乃「冬至」的「北方之中」與「夏至」的「南方之中」；「和」乃是指陰陽的和諧狀態，乃「春分」的「東方之和」與「秋分」的「西方之和」。但無論命名「東方之中」與「西

方之中」為「東方之和」與「西方之和」，它們又都是「中」，只是「中」的狀態不同而已。

如果說「中」可以行於冬至、夏至、春分、秋分四個不同時節而保持不變，那麼，它可以行於四季的任何時候而都能保持不變，一年三百六十五天都可以不離天地之「中」。

那麼，「中」到底是什麼意思呢？

上述分析可知，「中」有三個基本特點：

一、「中」只與陰陽二氣有關；

二、「中」在陰陽流行中不因陰陽任何變易、交易而發生變化；

三、「中」流行於一年四個時節，並流行於一年的任何時候，與天地相始終。

從第一點可以判斷，「中」乃是陰陽二氣的一種關係、原則、準則。而陰陽二氣如果在四個時節流行順暢的話，那麼它在北方之「中」就形成冬至，在南方之「中」就形成夏至，在東方之「中」就形成春分，在西方之「中」就形成秋分。一句話，陰陽二氣不亂就有四個時節也不紊亂。「中」一旦離開了其中的某一個時節，就會發生季節紊亂的現象，用現在的話就是氣候反常的現象。因此，「中」最好的解釋就是陰陽運行不失次序，陰陽不失次序，四季的「中」才不相背離。

陰陽不亂次序具體在董仲舒的宇宙論中應該是是什麼呢？

應該是「陽主陰從」。為什麼可以這麼說？

「陽主陰從」就是從陰陽適當的「位」論述的，所以後儒一般從「位」的意思上理解「中」。「復，見其天地之心乎？」惠棟注：「冬至復加坎，坎為亟心。亟，古文極，中也。然則天地之心即天地之中也。」又說：「董子之言，則天地之心兼二至也。《繫辭・上》曰：『易簡而天下之理得矣。天下之理得，而易成位乎其中矣。』荀爽注云『易謂坎離，陽位成於五。五為上中，陰位成於二，二為下中。故易成位乎其中。』案，易簡即天地之中也。」（《周易述・卷二十三》）陽「五」、陰「二」乃《周易》「中位」：《易傳》：「天下之理得，而成位乎其中矣。」荀爽曰：「陽位成於五，陰位成於二，五為上中，二為下中。故曰成位乎其中也。」（《周易集解・卷十三》）這些皆說明，陰陽的「位」得「正」與「中」關係密切。

《繫辭》「天尊地卑」的乾坤定位看作一切變化的根本，陰陽是通過陽尊

陰卑來定位的，這樣一定位，陰陽就不會亂了次序，這也叫「陽主陰從」。董仲舒也不例外，在他的體系裏，陰陽不亂一個基本前提也是「陽主陰從」，而且他更強調「陽」在陰陽關係中的主導地位，處於實位，「陰」起輔助作用，處虛位：「故陰，夏入居下，不任歲事，冬出居上，置於空處也。」（《春秋繁露・陽尊陰卑》）關於這一點我們將在論董子的「元」與「太極」關係中進一步闡述。

二、太極就是元氣

董仲舒宇宙論中，陰陽始於「中」（即太極也），盛於「中」，陰陽四季周轉運行的「始」與「終」都離不開「中」（太極），太極終始與天地相終始而不離（按，與天地相終始就是與四季相終始）。由此可見「太極」為「中」的觀念在董仲舒宇宙論中的作用。

在董仲舒的著作中，還有一個極為重要的概念——「元」。一些學者如張實龍、周桂鈿等甚至把董仲舒的宇宙論歸結為「元」（張把「元」又解釋為「仁」。參見張實龍：《董仲舒學說內在理路探析》，杭州：浙江大學出版社，2007年，30頁）。那麼，「元」有什麼內涵，「元」與「元氣」是否是同一個概念？在董著中，「元」與太極是什麼關係？

（一）「元」並非「始」而是隨天地而「終始」

一些現代學者認為董仲舒「元」的概念與「始」、「法則」等內涵有關。周桂鈿認為：「董仲舒用之作為宇宙本原的『元』就是開始的意思，它只是純時間的概念，不包含任何物質性的內容，似乎也不包括人的意識，只是純粹的概念……因此，董仲舒的宇宙本原論，可以稱為『元一元論』。」（周桂鈿：《董學探微》，北京：北京師範大學出版社，1989年，第38頁。）王葆玹也認同「元」為董仲舒學術思想的關鍵詞：「『元』（董仲舒之元）既然是觀念、法則之類，它與天地的關係便只能是邏輯的關係，不會是宇宙發生或生成的關係。」（王葆玹：《今古文經學新論》，北京：中國社會科學出版社，1997年，第263頁。）劉國民也討論了「元」在董仲舒著作中的內涵：「元不是一種實體，而是一個具有『始正、本正、元正』之道德意義的觀念、理念和法則。」（劉國民：《董仲舒的經學詮釋及天的哲學》，北京：中國社會科學出版社2007年8月，第264頁。）

董仲舒在《玉英》篇中說：「謂一元者，大始也。」「一」可訓為「大」，

不是體量上的「大」，而是與開端連接在一起的位次上的「大」，如同「祖」為「大」的道理一樣。「元」也可訓為「始」、「開端」。在《王道》篇中，董仲舒直接說：「元者，始也，言本正也。」這樣，可以都部分證明董仲舒的「元」與「始」有關。然而，董仲舒接下去又說：「知元年志者，大人之所重，小人之所輕。是故治國之端在正名，名之正，興五世，五傳之外，美惡乃形，可謂得其真矣，非子路之所能見。」董仲舒這裡是講《論語·子路》中孔子與子路討論「正名」一事：

> 子路曰：「衛君待子為政，子將奚先？」子曰：「必也正名乎！」
> 子路曰：「有是哉，子之迂也！奚其正？」子曰：「野哉，由也！君
> 子於其所不知，蓋闕如也。名不正則言不順，言不順則事不成，事
> 不成則禮樂不興，禮樂不興則刑罰不中，刑罰不中，則民無所措手
> 足。故君子名之必可言也，言之必可行也。君子於其言，無所苟而
> 已矣。」(《春秋繁露·王道》)

董仲舒的觀點與孔子一樣：治國之始必先「正名」，「正名」其實就是理順上下關係，上下關係一旦理順，就產生所謂的「名之正，興五世」，完成了所謂的「正本」。較之後世常說的「君子之澤，五世而斬」，兩者意思一致。無論治國、還是齊家都是從「正名」開始。顯然，這裡的「元」的含義就已經溢出所謂的「純時間的概念」，與齊家治國的「初始得正」有關，即同時包涵著王葆玹與劉國民的「法則」、「理念」一義。

然而還不僅如此，董仲舒接著又說：

> 惟聖人能屬萬物於一，而繫之元也，終不及本所從來而承之，
> 不能遂其功。是以春秋變一謂之元，元猶原也，其義以隨天地終始
> 也。故人唯有終始也，而生不必應四時之變，故元者為萬物之本，
> 而人之元在焉，安在乎？乃在乎天地之前，故人雖生天氣，及奉天
> 氣者，不得與天元、本天元命、而共違其所為也。

這段話非常耐人尋味，我們好好分析一下。「惟聖人能屬萬物於一，而繫之元也，終不及本所從來而承之，不能遂其功。」「屬」，連屬也。「屬萬物於一」，就是以一貫之道通貫萬物。夫子曾經問子貢：「賜也，汝以予為多學而志之者與？」子貢不解，就說「然，非與？」孔子接著告訴他：「非也，予一以貫之。」(《論語·衛靈公》)「一以貫之」是儒家的根本追求，夫子說「吾道一以貫之」(《論語·里仁》)。治理國家要用同一個「仁義之道」來貫通所有的政策，貫

通所有的用人標準。這就是董仲舒說的「屬萬物於一」的內在意思，「一」便是那個貫通之道。董仲舒又說，這樣的做法要「繫之元也」，「元」就是指「開端、起始」。即這樣的政策或治國大道要從一開始就確立起來。俗話說，「育苗要從小樹開始」就是表達同樣的意思。

「元」作為「開始」，是這段的第一個意思。

「一」為「一以貫之的道」，「道」為「一」。道不僅要從「元」的開始就產生，而且要始終貫徹之。董仲舒說「元猶原也，其義以隨天地終始也。」「天地終始」並不是指天地的生成與毀滅，而是指四季更替，天地始於「冬至」也終於「冬至」，正好一個循環，一年過去，第二年又來了。「元」要始終伴隨天地的終始，從不喪失。如此說來，「元」還有「始終伴隨」的意思。

「元」作為「始終伴隨」，是這段的第二個意思。

「元」還有「本」的意思。「本」是植物的「根本」，是植物的生命之源，通常說「固本養元」就是這意思。所以，「元」作為「本」，還指一種生命力、一種能量。萬物要生長，它們的生命力或能量始終不能丟棄，一旦丟棄，萬物就隨之死亡。「固本」，就是始終把「生命力」鎖定在萬物自身之中，讓萬物始終都有強大而生機勃勃的生命力。

「元」作為「根本」或「生命力」或「能量」，是這段的第三個意思。

簡言之，萬物始於道，道順隨萬物的終始而不離，就包涵了「開始」、「根本」、「始終」三個意思。「元」就超出了「初始」的一種涵義了。

如此一來，董仲舒「元」的概念就很複雜了。它不僅指「初始」，還指「始終貫穿」，還指「生命力」或「能量」。

三者是什麼關係呢？它們如何融合在一個概念中呢？

簡言之，萬物的「生命力」自始至終一直伴隨著萬物，「元」的三個內涵一下子全包涵進去了。

故此可以說，董仲舒的「元」就是這樣一個「始終存在的根本實存」。它的內涵遠較「純時間概念」或僅為「準則、法則」要複雜得多。「元」它來自「初始」但隨順萬物而至「終」，「始」不離「終」不棄，「元」才能固守一個「根本」的能量或生命力。因此，「元」兼攝「始」、「根本」或「生命力」、「始終」三義。

「元」貫通萬物的終始，又是以一個「根本」貫通萬物終始，太極也涵攝此兩義，二者非常近同。它們之間是什麼關係？

（二）「元」近同「太極」

在董仲舒的宇宙論中，與天地相終始的只有一個存在，即陰陽二氣。那麼，董仲舒的「元」是否與陰陽二氣究竟有關係呢？

國內一批學者認為董仲舒的「元」就是指「元氣」。

馮友蘭先生稱：「有一點是明確的，在董仲舒的體系中，『元』不可能是一種物質性的實體。即使把『元』解釋成『元氣』，而這個『元氣』也一定是具有意識和道德性質的東西。」（馮友蘭：《中國哲學史新編·中》，人民出版社 1998 年，第 75 頁。）馮友蘭沒有否認董著中「元」與「元氣」有可能的關係，但他本人偏向於「元」是一種精神性存在，或是神格化的「天」，或比「天」更根本。馮友蘭對董仲舒的體系有一個基本觀點：董的體系是個神學體系，物質之上有個更根本的精神，所以他說在董仲舒的「氣之上還有『天』主宰它」（馮友蘭：《三松堂全集》（第九卷），河南人民出版社，55 頁。）；「天」之上有可能是「元」的存在，比「天」更為根本、更為本源。

金春峰否定了馮先生「元」的純精神觀點，他認為董子的「元」只是純粹的物質：「『元』釋為『精神』，則『元』相當於老子的『道』。董仲舒的思想體系成了道生天地的《老子》式的客觀唯心主義，與董仲舒的思想體系不合。釋『元』為氣，則與義可通。」（金春峰：《漢代思想史》，中國社會科學出版社 2006 年，第 124 頁。）

臺灣學者徐復觀認為董仲舒的「元」就是「元氣」：「在仲舒心目中的元年的元，實際是視為元氣之元。所以才有『是故《春秋》之道，以元之深，正天之瑞』的話。」（徐復觀：《兩漢思想史》（第二卷），華東師範大學出版社 2001 年，第 219 頁）「天地之氣，合而為一，分為陰陽，判為四時，列為五行。」（《五行相生》）徐復觀注為：「氣在陰陽未分時是合二為一，亦稱為元氣。元氣分為陰陽，陰陽分為四時。」（《兩漢思想史》（第二卷），230 頁）徐把董仲舒的「元氣」解讀為陰陽未分的元氣。徐復觀顯然未能深入理解董仲舒所說的「合二為一」是在「天地之氣」的前提下，而陰陽未分的「元氣」則是產生了天地，兩者有根本的區別。

曾振宇、范學輝合著《天人衡宇》，以為董的「元」、「一」可互訓，並舉何休、徐彥疏解說為證：「變一為元，元者，氣也。無形以起，有形以分，造起天地，天地之始也。」（《公羊解詁》）「元為氣之始，如水之有泉，泉流之原。無形以起，有形以分，窺之不見，聽之不聞。有形與無形皆生乎元氣而

來，故言造起天地，天地之始也。」(《周易述‧卷二十二》) 曾、范二人也肯
定元氣就是創生天地的渾沌未分之氣 (參：曾振宇、范學輝：《天人衡中》，河
南大學出版社 1998 年，第 35～36 頁)。

　　上述幾個學者論斷有兩處值得注意：第一、不否認董仲舒的「元」就是
「元氣」；第二、認為董仲舒的「元氣」就是指陰陽未分之氣。這個看法在《春
秋繁露》中「似乎」可以找到部分依據：

　　　　故元者為萬物之本，而人之元在焉，安在乎？乃在乎天地之前，
　　故人雖生天氣，及奉天氣者，不得與天元、本天元命而共違其所為
　　也。(《玉英》或《重政》)

此段話很容易產生歧義，關鍵之點是如何對「天地之前」四個字進行解讀。
俞樾說「『乃在乎』三字，衍文也。『安在乎天地之前』，言不必在天地之前也。
《易》曰：『有天地然後有萬物。』聖人之言，未有言及天地之前者，有物混
成，先天地生，此老氏之旨，非聖人之言也。下文曰『故春正月者，承天地之
所為也，繼天之所為而終之也，其道相與共功持業，安容言乃天地之元？天
地之元，奚為於此。』此正申說『安在乎天地之前』之意，可證此三字是衍文
矣。」(鍾肇鵬主編：《春秋繁露校釋‧下》，石家莊：河北出版社，2005 年，
322～323 頁)

　　俞樾的減字法解讀遭到蘇輿的反對：「案何注言『天地之始』，即本此文，
三字非衍。所謂以元統天也。……人之性命，由天道變化而來，其神氣則根
極於元，溯厥胚胎固在天地先矣。」(《春秋繁露校釋‧下》，323 頁) 鍾肇鵬
認同蘇輿，認為：「董子以元在天地之前，正老子有物混成，先天地生之旨」
(同上，323 頁)。

　　按，「天地之前」從文字上最易被解讀為「天地未創生之前」，這樣一來，
「元」必是指渾沌未分的元氣。然而，遍查《春秋繁露》，未有一處提及「天
地創生」。從董仲舒的天人體系看，他的宇宙論最高概念也只是「天」，「道」
只是「天之道」：「故常一而不滅，天之道。」按照曾振宇、范學輝的解讀，董
仲舒的「元」與「一」可以互訓，「常一」就是「常元」。

　　那麼，這個「常一」、「常元」或「一」、「元」到底是什麼呢？董仲舒強調
天之道為「一」，但這個「一」不是指渾沌不分的元氣，而主要指陽氣。董仲
舒說：

　　　　「天之常道，相反之物也，不得兩起，故謂之一；一而不二者，

> 天之行也。陰與陽,相反之物也,故或出或入,或右或左,春俱南,
> 秋俱北,夏交於前,冬交於後,並行而不同路,交會而各代理,此
> 其文與!天之道,有一出一入,一休一伏,其度一也,然而不同意。」
> (《春秋繁露‧天道無二》)

此段董仲舒提到一個「常道」,顯然應該等同於「常一」或「常元」。這個「常道」或「常一」「常元」究竟是什麼特性呢?董仲舒說:「相反之物也,不得兩起,故謂之一。」後面他又解釋什麼叫「相反之物」的「兩起」:「陰與陽,相反之物也」,故此,「不得兩起」就是指陰陽的運行以其中一個為主宰,另一個附從,這是非常符合董仲舒的陰陽整體框架的。所以,董仲舒說的「天之常道」「故謂之一」是說天道以陰陽之行,陰陽發揮作用的時候卻並不是同時並起,不是同時發生作用──陽起則陰伏,陰起則陽伏,故起作用的始終只是一個陽或一個陰,這叫一道,叫「常道」,叫「常一」,叫「常元」。那麼這個「一」與「元」似乎既可以指「陽氣」,又可以指「陰氣」。

是不是這樣呢?

我們通觀董仲舒的陰陽學說,他又總是說,陽為主,陰為副,陽氣主萬物的生長,起根本作用;陰氣相副於陽氣,不起實際作用,故所謂的「一」道就是「陽」道,「常元」、「常一」就是指陽氣,「元」就是「陽」。

無論是陰陽交互起伏,還只是陽道發揮作用,都說明董仲舒體系裏沒有「天之上」、「天之外」的說法,更不要說有什麼天地創生之初了。《春秋繁露》與《天人三策》裏也從沒有談及「天之外」或「天之前」的情況。在董的著作中,論及天地時,有兩處提及「天地終始」,我們可以合理地推認為,「天地之前」就是指「天地之始」,此說可驗證於蘇輿、何允中二人的看法。但蘇輿把「天地之始」又看作「天地之先」,即「天地未生之初」則是不妥當的。在《春秋繁露》中,「天地終始」有一個基本意思,即一年四季的輪迴,「天地之始」於「孟春」,「天地之終」於「孟冬」,陽氣盛衰往復一週期叫「天地終始」:

> 故陽氣出於東北,入於西北,於發孟春,畢於孟冬,而物莫不
> 應是;陽始出,物亦始出;陽方盛,物亦方盛;陽初衰,物亦初衰;
> 物隨陽而出入,數隨陽而終始。(《春秋繁露‧陽尊陰卑》)

按,《說卦‧帝出乎震》:「艮,東北之卦也。萬物之所成終而成始也,故曰:成言乎艮。」「天地終始」於此可驗。具體說法雖然與董仲舒有點差異,但總體是一致的。而在另一處,董仲舒又說:

> 天之道，終而復始，故北方者，天之所終始也，陰陽之所合別
> 也。冬至之後，陰俯而西入，陽仰而東出，出入之處，常相反也，
> 多少調和之適，常相順也，有多而無溢，有少而無絕，春夏、陽多
> 而陰少，秋冬、陽少而陰多，多少無常，未嘗不分而相散也，以出
> 入相損益，以多少相漑濟也，多勝少者倍入，入者損一，而出者益
> 二。(《春秋繁露·陰陽終始》)

此處，董仲舒所謂的「天地終始」乃是從發生在「天地之間」入手，並沒有從「天地之外」或「天地之先」說的。北方為天地的終始，即冬至為「天地之始」也是「天地之終」，即天地的「開始」與「結束」都發生在同一個方位與時令。所謂天地的「開始」與天地的「結束」，是指天地生養萬物的開始與萬物生機的結束，故此，都以「冬至」這個具體的時令為結界。董仲舒前後說的方位雖然前後稍有點差異，但「天地終始」一義始終與一年的四季的不離不棄，發生在四季之中。天地「始於」東北的孟冬，還是始於「北方之中」的冬至，皆與陽氣的發動、萬物的生長、收藏關係密切。

董仲舒兩個「天地終始」的說法非常近同──「始」，萬物萌發，「終」，萬物閉合，一生一息，一張一闔。因此，「天地之前」絕不是指天地未生之初的鴻蒙初始、天地未判。俞樾熟知了董仲舒的天人體系，但他擅自改動原典的字數，顯得過於草率了，另外，他對「天地之前」的解讀也不恰當。蘇、鍾二人以老子解讀董仲舒，也極為不妥。

從另一個角度看，「元」若解讀為渾沌不分的「元氣」，就與董仲舒的「元猶原也，其義以隨天地終始也」一義相悖了。因為渾沌的元氣一旦化分為陰陽，那種元氣就不復存在陰陽二氣之中，自然不能「始終」相繫於陰陽而不離。此略如《莊子·應帝王》渾沌七竅開而「渾沌死」一義相近，七竅開後的渾沌已經不復存在了，自然不會與有七竅的「存在」相終始。「元」如果解讀為渾沌不分的元氣，那僅僅與「元」的「初始」一義相吻合，與「元」的「始終」之義相牴牾。

「元」既然不是渾沌不分的元氣，不是指「天地」未生「之前」的混沌狀況，那麼，「元」指什麼呢？

> 春秋何貴乎元而言之？元者，始也，言本正也；道，王道也；
> 王者，人之始也。王正，則元氣和順，風雨時，景星見，黃龍下；
> 王不正，則上變天，賊氣並見。(《王道》)

「元者，始也」至「王正，則元氣和順」，由此可判，元即「元氣」。董仲舒確實也講「元」為「元氣」。但「元氣和順」就意味著這種「元氣」是陰陽之氣，絕非陰陽未分的「渾沌元氣」。可以從「元氣」與「賊氣」對峙來進一步證明我的看法，董仲舒認為不得「元氣」則「賊氣」生。

那麼，什麼是「賊氣」？《淮南子・本經訓》有段話：

> 天地之合和，陰陽之陶化萬物，皆乘人氣者也。是故上下離心，氣乃上蒸，君臣不和，五穀不為。距日冬至四十六日，天含和而未降，地懷氣而未揚，陰陽儲與，呼吸浸潭，包裹風俗，斟酌萬殊，旁薄眾宜，以相嘔咐醞釀，而成育群生。是故春肅秋榮，冬雷夏霜，皆賊氣之所生。

「賊氣」乃是指陰陽失調之氣，如「春肅秋榮」、「冬雷夏霜」等陰陽反常的氣象。因此，與「賊氣」相反的「元氣」就應該是陰陽關係和諧正常之氣。陰陽是什麼關係才能叫陰陽的正常關係呢，這要從《春秋繁露》的董仲舒宇宙論體系來看。

在董的著作中，他一方面遵循《易傳》陰陽並舉的思路：「陰陽無所獨行，其始也不得專起，其終也不得分功，有所兼之義。」（《春秋繁露・基義》）另一方面，董仲舒為了更加強調「一元」之義，他對陰陽關係做了一個較大的調整——他把陽氣居於實位，陰氣居於虛位，四季更替主要是陽氣發生作用，陰氣因為是虛位，故只起一個輔助作用。譬如冬季，陽雖潛伏而陰居上位，似乎陽不用而陰用。實則，陰氣於「冬出守虛位於上者」，陰氣所謂「上」只是個虛位，並沒有發生實質性的作用。因此，「元」處於所謂的正位，即萬物的正常生長主要靠的是陽氣，陽氣正，則「一元」正，「一元」的實際內容或作用就落實在「陽氣」上。在董仲舒的陰陽體系裏，「元」的根本要義就是正陽之位，說道一個正「陽」，「陰」自然附隨之，因此說「元」主要指陽氣，陽氣得行其正位，陰氣自然不會背離本位。陽氣之行一旦失去正位，陰氣就會亂了次序，這才會出現「春肅秋榮」、「冬雷夏霜」等陰陽反常的氣象。董仲舒的「元」由為「始」而為正位，正位乃自上至下，正位從天地而言又是陽得正為始，元即與陽氣得正關係很密切了，乃是「陽」處正位。同時「元」又含終始義，則元不僅正陽之始、也正陽之終，終始陽得正位就是「元」。

董仲舒的「元」或「元氣」為「主陽」，也可從後學者得到驗證。在王充

的體系裏，有生命的物種皆由「元氣」化生而來：「萬物之生，皆稟元氣」（《論衡・言毒》）。又說：「陽氣導物而生，故謂之神。」（《論死》）「陽氣自出，物自生長」（《自然》）由此可見，王充的體系裏，「元氣」就其功用等同於「陽氣」。後代儒者也有直接說「元氣」為「陽氣」：「乾知大始」，《九家易》曰：「始為乾，稟元氣，萬物資始也。」（《周易集解・卷十三》）「乾元者，元氣也。」（《厚齋易學・卷五》）乾為陽，乾秉「元氣」，即證「元氣」為「陽氣」也。董仲舒的「元氣」雖不能直接地說就是「陽氣」，但從後世的傳承中，元氣的發展一路就是陽氣，實則由董仲舒的「元」而主陽開其端緒的。

三、小結

從上述分析可以看出，董仲舒的「太極」與「元」兩個概念內涵非常近同，有幾個方面原因：

一、「太極」與「元」都是與天地相終始，即伴隨四季變化從不離開；

二、「太極」與「元」都有不變的特性；

三、「太極」與「元」都是指陰陽二氣各正其位；

四、從董仲舒的天人體系來看，二者都主要與「陽」得正位有密切關係。

不過，「太極」與「元」既然是兩個不同的概念，兩者也稍有小的差異：

一、「元」更加偏於「開端」、「初始」，更加強調陰陽關係從「始端」得其「正」位，雖這個「始」也一直伴隨天地而至於「終」，既能「正」始，也能「正」終，「元」都是一以貫之，但「正始」的涵義較濃重。太極雖然「終始」不離，但不太強調「始」與「終」的區別，而比較偏於「中」，太極更強調「不偏不倚」、「不易不變」。

二、「元」的終始與「太極」的終始在方位與時節也稍有差異：「元「之「始端」指東北孟春，「太極」指北方冬至。

由此可以基本斷定，董仲舒的「太極」與「元」基本上大同小異，在絕大多數情況下可以交叉互攝，它們從不同的角度表達了董仲舒天人學術的核心精神。

董仲舒的學術雖然以「天」為最高概念，然而「天道之大者在陰陽。」（《漢書・董仲舒傳・天人三策》）在陰陽之間，「天使陽出布施於上而主歲功，使陰入伏於下而時出佐陽；陽不得陰之助，亦不能獨成歲。終陽以成歲為名，此天意也。」（同上）故此，天之道乃是陽主陰順，天之道即在「太極」或「元」

也。因此，董子的宇宙論核心內容都可以用「太極」或「元」來概述，它們恰好是天地陰陽秩序的準則與規範，但非西方哲學的純準則。

董仲舒通過「太極」或「元」的「陽主陰從」來貫徹儒家禮儀的尊卑法則，同時也證明了儒家「仁」的宇宙論來源，即所謂「陽氣仁而陰氣戾，陽氣寬而陰氣急，陽氣愛而陰氣惡，陽氣生而陰氣殺。」（《陽尊陰卑》）

董仲舒的「太極」與「元」的觀念不僅延續了《易傳》「天尊地卑，乾坤定矣也」的宇宙論架構，這兩個概念所具有的「正」陽的功能也可以說是從宇宙論上闡述了孔子的「正名」學術。班固評價董仲舒：

> 《春秋》謂一元之意，一者萬物之所從始也，元者辭之所謂大也。謂一為元者，視大始而欲正本也。《春秋》深探其本，而反自貴者始。故為人君者，正心以正朝廷，正朝廷以正百官，正百官以正萬民，正萬民以正四方。四方正，遠近莫敢不壹於正，而亡有邪氣奸其間者。（《漢書·董仲舒傳》）

「一元」有「大其始」之義，大，言其重視；始，言其初微。端正其開始微妙之萌芽，就是「一元」的本來目的。天正於春，人正於王，王正於心。董仲舒正是通過「太極」與「元」的概念，把《易傳》的宇宙論與孔子的《春秋》「正名」的思想貫通起來，形成一個完整的天人體系。

需要指出的是，董仲舒沒有在自己的著作中具體地把「太極」與「元」兩個概念合二為一，但我們透過對他整個體系的解讀，可以說他也主「太極元氣」的，只是這個「元氣」不是渾沌不分之氣，而是另有所指也。

第二節　典型的漢人太極元氣說——漢人第二種太極說

廣為後人熟知的漢人「太極元氣」說不是由《易傳》至漢人董仲舒一系產生的，而是肇始於《老子》與《易傳》的結合，《易傳》提供了「太極生兩儀」的模式，《老子》提供了化生天地的渾沌之「道」，這兩者的結合便使得「太極」被解讀為既非《老子》的「道」又實際近同於「道」的渾沌「元氣」，並由它化生出「兩儀」——天地。在戰國晚期的《鶡冠子》與《呂氏春秋》體系裏，最早作出了這樣的創造性結合，由此產生出最早的「太一」、「元氣」說，這才是漢人太極元氣說的來源。

一、漢人太極元氣說的淵源──《呂氏春秋》與《鶡冠子》

呂不韋的《呂氏春秋》一般被學界視為雜家的作品（可參馮友蘭的《中國哲學史新編》（上），人民出版社 1998 年），把它看作只是一部綜述先秦諸家觀點的綜合性的學術總結，認為《呂氏春秋》並無自己獨創的體系。很多學者認為，之所以如此，與《呂氏春秋》非一人專著，而與眾多學者集體創作有關。

然而，從思想史的角度看，《呂氏春秋》有自己一整套極具特色宇宙論框架，是對儒、道二家作綜合性的融合與創新。《呂氏》宇宙論體系的最高概念──「太一」說──表面上採取了《道德經》一套敘述模式：

> 「道也者，至精也，不可為形，不可為名，強為之名，謂之太
> 一。」（《仲夏紀·大樂》）

從「道」的命名，「強為之名」的說法，到「太一」的「不可為形，不可為名」的特徵看，都似《道德經》「視之不見名曰夷，聽之不聞名曰希，搏之不得名曰微」（《道德經·十四章》）的思路。不過，《呂氏春秋》還同時也採取《易傳》提法：

> 「太一出兩儀，兩儀出陰陽。」（同上）

顯然又是《易傳》「太極生兩儀，兩儀生四象」的框架。《呂氏春秋》這種思路顯然是想通過具體的「精氣」說來統攝《道德經》與《易傳》，把儒、道兩家宇宙論融為一爐，它顯然想從宇宙論上用《道德經》的「道」來吸收融攝《易傳》「太極兩儀」體系：一方面，把《道德經》的「道」具體化了──把無形之道變成無形之「精氣」；另一方面，又把《易傳》的「太極」實體化了──於《易傳》的「太極兩儀」又增加一「陰陽」，「兩儀」就被實體化為天地，由天地化生陰陽二氣，「太一」居天地之上，就成了具有生成的實體──精氣了。由於「精氣」遠在天地未分、陰陽二氣未分之前，此精氣實則等同於漢人的陰陽不分的渾沌「元氣」，而「太一」顯係化自「太極」。這就是一種實質性的「太極元氣」說法了。

作為戰國晚期的另一部著作──《鶡冠子》，其命途多舛，自唐人柳宗元對之提出質疑之後，一直被當作偽書而不被重視，直到 1973 年馬王堆漢墓帛書的發掘，才確證《鶡冠子》為晚周諸子之作。按李學勤的考證，鶡冠子活動時間約在公元前 310 年至公元前 260 年之間（參見李學勤的文章：《馬王堆帛書與〈鶡冠子〉》，《江漢考古》1983 年，第 3 期），比呂不韋稍早。還有的學

者有不同的意見。如，吳光推出鶡冠子的活動年代約前 300 年至前 220 年，成書於「戰國末期至秦楚之間」。丁原明將《鶡冠子》與《呂氏春秋》、《荀子》兩書作了詳細的比較，認為它們應屬於同期，《鶡冠子》或許更早。另外，國外漢學家葛瑞漢則認為《鶡冠子》為漢初著作。

我認為《鶡冠子》與《呂氏春秋》思想上有承繼，《呂氏》體系要成熟些，從義理的進化看，《呂氏春秋》似乎要晚些，故暫採李學勤一說。但這種義理進化的觀點絕不可視為當然如此的定論，因為學術史的複雜性遠超過我們邏輯所推測。譬如，任繼愈根據學術進化一點，就得出一個想法的觀點：《莊子》內七篇應該是莊子後學所作，因為他們來得晚，思想更為成熟。

還有一種可能，因為《鶡冠子》為個人著述，限於個人的眼界，鶡冠子本人所見不廣，不如呂不韋的門人，應屬自然。呂不韋則可集眾多資源綜合當時各家之說，故《呂氏春秋》思想較先進、構架較整肅也屬正常。

從思想內容來看，《鶡冠子》一書只提到「天用四時，地用五行」（《王鈇》），沒有對五行與四時的搭配作更深入的發揮。《呂氏春秋》較《鶡冠子》要增益了許多，它詳盡地討論了四時與五行的搭配（可參徐復觀的《兩漢思想史》（第二卷），華東師範大學出版社，2001 年第一版，230 頁）。僅此而言，《鶡冠子》雖與《呂氏春秋》為同時期作品，就思想上的成熟性程度而言，《鶡冠子》似乎應該略早一些，《呂氏春秋》似乎晚點。故此，似乎可以說，《鶡冠子》至《呂氏春秋》應該有個思想上的先後承繼關係。當然，這只是邏輯上的推測，不能成為事實的依據，更不能下定論。因為從古代極為不發達的信息情況看，鶡冠子寫書的時期有可能完全不知道《呂氏春秋》的存在，或者他居處偏僻，也沒有更多的廣聞與相應的學界交接。譬如，同處一個時期的孟子與莊子，這兩個人終其一生都相互毫不瞭解，都不知道彼此的存在。史實的複雜性遠超過邏輯的推衍。

再次，從《鶡冠子》宇宙論體系看，它非常類似《呂氏春秋》。其云：「精微者天地之始也」，又說：「故天地成於元氣，萬物乘於天地，神聖乘於道德，以究其理。」（《泰錄》）相互參證，很容易得出一個基本結論：「元氣」就是「精微者」，即產生天地的「道」。此也可證實《呂氏春秋》中的具體「精氣」特性的「太一」就是「元氣」。鶡冠子又說：「神化者，定天地，豫四時，拔陰陽，移寒暑，正流並生，萬物無害，萬類成全，名尸氣皇。」（《度萬》）「天者，神也；地者，形也。」（同上）「氣由神生，道由神成。」（同上）故知，

「神化」只是天之作用，天的作用產生了氣。這樣，《鶡冠子》的宇宙論構架，概況而言，即為：元氣——天地——陰陽二氣，與《呂氏春秋》結構完全相同，但表達不及《呂氏》整肅，從義理上似也說明《鶡冠子》成書在先。自然，也不能定論。

　　《鶡冠子》、《呂氏春秋》都設定一個在天地之先的精氣或元氣，與《道德經》的渾沌體繫屬於一系，但它們宇宙論的架構又明顯模仿《易傳》「太極生兩儀」的乾坤體系，這使得它們都在天地之先設立一個太極元氣說，為漢人的宇宙論開了學術之先。

二、《淮南子》的渾沌之氣與太極的關係

　　在西漢中期，直接紹述《鶡冠子》、《呂氏春秋》渾沌體系的乃為《淮南子》。然而，《淮南子》的宇宙論又有自己的獨創性，這種獨創性使得《淮南子》與《鶡冠子》、《呂氏春秋》在太極觀上差距甚大，甚至根本不同。由於《淮南子》不是一人所作，是各團隊的作品，觀點之分歧不協到處都存在，反映在宇宙論上，《淮南子》明顯有兩個生成次序。

1. 《天文訓》的宇宙生元氣

　　　　天墜未形，馮馮翼翼，洞洞灟灟，故曰太昭。道始生虛霩，虛霩生宇宙，宇宙生氣。氣有涯垠，清陽者薄靡而為天，重濁者凝滯而為地。清妙之合專易，重濁之凝竭難，故天先成而地後定。天地之襲精為陰陽，陰陽之專精為四時，四時之散精為萬物。（《淮南子‧天文訓》）

　　　　古未有天地之時，惟象無形，窈窈冥冥，芒芠漠閔，澒濛鴻洞，莫知其門。有二神混生，經天營地，孔乎莫知其所終極，滔乎莫知其所止息，於是乃別為陰陽，離為八極，剛柔相成，萬物乃形，煩氣為蟲，精氣為人。是故精神，天之有也；而骨骸者，地之有也。（《精神訓》）

粗疏地看，《精神訓》從天地之始說起，《天文訓》則追溯到天地未始之前，二說似有很大差異。細繹其文，《精神訓》的「古未有天地之時，惟象無形，窈窈冥冥，芒芠漠閔，澒濛鴻洞，莫知其門。」乃是天地未形成之前的情況。《天文訓》的「天墜未形，馮馮翼翼，洞洞灟灟，故曰太昭。道始生虛霩，虛霩生宇宙，宇宙生氣」也是天地未形成之前的階段。兩者近似。

　　因為《天文訓》的「道始生虛霩」一段文字之前又有「天墜未形，馮馮翼翼，洞洞灟灟，故曰太昭」，很容易引起誤解。清人王念孫以為「太昭」為「泰始」之誤：「書傳無言天地未形曰太昭者，馮翼洞灟，亦非昭明之貌。」（轉引自趙宗乙《淮南子譯注》（上），黑龍江人民出版社，2004年第2版，第99頁）王念孫的意思是「昭」為可見的，「昭明」不能形容「馮馮翼翼，洞洞灟灟」諸貌。天地未形，光明未現，哪裏有可見之「昭明」乎？用辭甚為不妥。《易·乾鑿度》上有：「泰始者，形之始也。」王念孫據此說：「道始於虛霩，當作『泰始生虛霩』，即承上文『泰始』而言。後人以《莊子》言道先天地生，故改『泰始生虛霩』為『道始於虛霩』，而不知與『故曰泰始』句不相承也。《御覽》引此作『道始於虛霩』，『太』字已誤作『道』，而『生』字不誤。」（同上）

　　王念孫從上下文相承解讀「虛霩」為「泰始」，其意可取，但率意亂改文字，則不可取信也。「太昭」二字的命名可能有可商量處，但對宇宙生成秩序並無大礙。按照《淮南子》的意思，「太昭」（泰始）可涵括「虛霩」、「宇宙」、「氣」三階段，乃是無形之初、有形之始，混沌不可分之象，為天地未生之前。三階段合而言之，可總名為「太昭」；分而言之，則有「虛霩」、「宇宙」、「氣」三段演化過程，《淮南子》所說並無什麼不妥當，名詞之異而已。

　　故可判知，「太昭」（泰始）之狀即指「道始生虛霩，虛霩生宇宙，宇宙生氣」，宇宙的這一階段總體而言是「馮馮翼翼，洞洞灟灟」，如細分，則有「虛霩」、「宇宙」、「氣」三階段。《精神訓》言其大體，《天文訓》又細加分疏，所謂的「馮馮翼翼，洞洞灟灟」之狀就是《精神訓》中的「窈窈冥冥，芒芠漠閔」，二說並無悖逆。

　　「宇宙生氣」，《太平御覽》作「宇宙生元氣」，王念孫《雜志》也云：「此當云『宇宙生元氣』。」（同上）按，「宇宙元氣」下文有：

　　　　氣有涯垠，清陽者薄靡而為天，重濁者凝滯而為地。清妙之合
　　專易，重濁之凝竭難，故天先成而地後定。天地之襲精為陰陽，陰
　　陽之專精為四時，四時之散精為萬物。（《淮南子·天文訓》）

「氣有涯垠」之上有「虛霩」、「宇宙」兩個階段，從「氣有涯垠」之下看，其生成程序又細分為：元氣生陰陽；陰陽化而分離之後先生天、後生地；天地形成之後，又生陰陽；陰陽生四時；四時生萬物。其中，有兩個「陰陽」相互重合了，陰陽生了天地，天地又生了陰陽了。不過總體秩序清晰可見：陰陽之氣乃是天地合精而為陰陽，故「宇宙生氣」的「氣」在陰陽之氣之上，解讀

為「元氣」於理也無牴牾。

　　《淮南子》把《道德經》恍惚之道細分為「虛霩」、「宇宙」、「元氣」三階段，在「元氣」之下又細分成若干次序。「元氣」為形始之初，是「虛霩」、「宇宙」之下的第三階段，由純粹的時空（宇宙）生出元氣，故此，在《淮南子》的架構中不是最高概念。《鶡冠子》、《呂氏春秋》則不同，「元氣」或類似「元氣」的「太一」則為第一概念。故可以說，《淮南子》的宇宙論不是元氣創生說，而是《道德經》宇宙論的進一步細化，「虛霩」、「宇宙」相當於老子的無形無相之「道」，「元氣」相當於「道生一」的「一」。相反，《鶡冠子》、《呂氏春秋》則近似漢代的元氣說。

　　「氣」或「元氣」既不是《天文訓》的第一概念，那麼《天文訓》的「氣」或「元氣」與「太極」是什麼關係？

　　　夫陽燧取火於日，方諸取露於月，天地之間，巧歷不能舉其數，
　　手徵忽怳，不能覽其光，然以掌握之中，引類於太極之上，而水火
　　可立致者，陰陽同氣相動也。（《淮南子·覽冥訓》）

高繡注：「太極，天地始形之時也。上，猶初也。」（《淮南鴻烈解·卷五》）按照《天文訓》的生成次序，則太極相當於元氣這個階段。《莊子·大宗師》：

　　　「夫道，有情有信，無為無形；可傳而不可受，可得而不可見；
　　自本自根，未有天地，自古以固存；神鬼神帝，生天生地；在太極
　　之先而不為高，在六極之下而不為深，先天地生而不為久，長於上
　　古而不為老。」（《大宗師》）

對照高繡的「太極，天地始形之時也。上，猶初也。」《大宗師》的「太極之先」就非常近似「太極之上」了。莊子的「太極」大概指為無形的「道」之下的最大的有形者，是被生成出來的次一級存在。

　　俞樾《平議》有一段對「太極之上」的解讀：

　　　《周易·繫辭傳》：「易有太極」，《釋文》曰：「太極，天也。」
　　然而，「太極之上」，言天地之上也。上文曰「夫陽燧取火於日，方
　　諸取露於月」，此云取類於太極之上，而水火可立致，即以取火於
　　日，取露於月而言。日月麗於天，故曰「太極之上」也。注以為天
　　地始形之初，則與上義不相屬矣。（轉引自趙宗乙《淮南子譯注》（上），
　　黑龍江人民出版社，2004 年第 2 版，第 292～293 頁）

俞樾也指「太極」為有形之大者，但訓「太極」為「天」，其義未穩。按，馬

融以為「太極」即「北辰」,「太極之上」有可能指「北辰之上」雖然無法確證,但無論如何,引述《釋文》「太極,天也」肯定不太穩妥。

上述可明,在《淮南子》體系裏,「太極」是更次一級的概念,乃是「太昭」之下的有形大物,較之《天文訓》中的「氣」(元氣)為更低一級。《淮南子‧天文訓》宇宙生成論次序為:

虛霸——宇宙——氣(元氣或太極)——天地——陰陽——四時

「太極」在《天文訓》的體系中,次之又次,不能等同於渾沌未開的「道」。所以「太極元氣」一說在《淮南子‧天文訓》那裡不是宇宙初始的開端。

2. 《俶真訓》的元氣論

除了《天文訓》中宇宙生元氣的宇宙論,在《淮南子‧俶真訓》卻是另一種宇宙論,《俶真訓》雖未明確說太極元氣,但太極元氣恰好構成其宇宙論的開端。它的言說模式是模仿老莊的,它顯示了《淮南子》另一種宇宙生成論模式:

> 有始者,有未始有有始者,有未始有夫未始有有始者。有有者,有無者,有未始有有無者,有未始有夫未始有有無者。所謂有始者:繁憤未發,萌兆牙,未有形垺垠堮,無無蝡蝡,將欲生興,而未成物類,有未始有有始者:天氣始下,地氣始上,陰陽錯合,相與優游,競暢於宇宙之間,被德含和,繽紛蘢蓯,欲與物接而未成兆朕。有未始有夫未始有有始者:天含和而未降,地懷氣而未揚,虛無寂寞,蕭條霄霏,無有彷彿,氣遂而大通冥冥者也。(《淮南子‧俶真訓》)

> 有有者:言萬物摻落,根莖枝葉,青蔥苓蘢,萑薈炫煌,蠉飛蝡動,蚑行噲息,可切循耀把握而有數量。有無者:視之不見其形,聽之不聞其聲,捫之不可得也,望之不可極也,儲與扈冶,浩浩瀚瀚,不可隱儀揆度而通光耀者。有未始有有無者:包裹天地,陶冶萬物,大通混冥,深閎廣大,不可為外,析豪剖芒,不可為內,無環堵之宇,而生有無之根。有未始有夫未始有有無者:天地未剖,陰陽未判,四時未分,萬物未生,汪然平靜,寂然清澄,莫見其形。若光耀之間於無有,退而自失也,曰:予能有無,而未能無無也。及其為無無,至妙何從及此哉!(《淮南子‧俶真訓》)

「有始者,有未始有有始者,有未始有夫未始有有始者。」這段類似繞口令的文字,刻意模仿莊子,目的是消解無限往上追溯的企圖——即使無限追下

去，還會遇到同樣的問題：「開始」的前面還有一個「開始」，不如從「有始者」截斷紛爭。下面一段就直接解讀了「有未始有夫未始有有始者」到底是什麼狀態——「有未始有夫未始有有無者：天地未剖，陰陽未判，四時未分，萬物未生，汪然平靜，寂然清澄，莫見其形。」「天地未剖，陰陽未判」就是「元氣」。「汪然平靜，寂然清澄，莫見其形」很似張載的「太和」狀態。《俶真訓》的「有始者」就是元氣階段，略如《天文訓》中的「宇宙生氣」、《精神訓》中的「芒芠漠閔」。

《俶真訓》作者顯然不同與《天文訓》，《俶真訓》的宇宙論只從元氣開始。

三、《乾鑿度》的太極與元氣的關係

《淮南子·俶真訓》的元氣論繼承了《鶡冠子》與《呂氏春秋》的宇宙論，《天文訓》卻置「虛霩」、「宇宙」於「元氣」之上，超出了《鶡冠子》與《呂氏春秋》的宇宙論框架，「太極」在其宇宙生成次序中被置於第三等級。西漢後期，道家與儒家進一步深入融合，《周易·易緯》的宇宙觀應運而生，《淮南子·天文訓》的宇宙架構成了《易緯》所要傚仿的基本範式。

《周易·易緯》的現存書目，今天僅存《乾鑿度》、《乾坤鑿度》、《稽覽圖》、《辨終備》、《通卦驗》、《乾元序制記》、《是類謀》、《坤靈圖》等八類，其宇宙論部分主要集中在《乾鑿度》與《乾坤鑿度》兩篇當中。《乾鑿度》有鄭玄注，為歷來研究者所尊信。《乾坤鑿度》的真實性則甚為可疑，《四庫提要》館臣認為：《隋唐志》、《崇文總目》皆未收錄《乾坤鑿度》，晁公武疑為宋人依託，胡應麟以為元包洞極之流的偽作，且經文駁雜、真偽難辨：

> 「臣等謹按，《乾坤鑿度》二卷隋唐志、崇文總目皆未著錄，至宋元祐間始出，紹興續書目有蒼頡注《鑿度》二卷，後以鄭氏所注《乾鑿度》有別本單行，故亦稱此本為《乾坤鑿度》。程龍謂隋焚讖緯，無復全書。今行於世惟《乾坤二鑿度》者是也。其書分上下文，各為一篇；上篇論四門、四正，取象取物，以至卦爻、著防之數；下篇謂坤有十性，而推及於蕩配、陵配，又雜引《萬形經》、《地形經》、《制靈經》、《著成經》、《含靈孕》諸緯，文詞多聱牙，不易曉故。晁公武疑為宋人依託胡應麟，亦以為元包洞極之流，而胡一桂則謂漢去古未遠，尚有祖述，有裨易教。評騭紛然，真偽莫辨。」

我們先看一下《乾坤鑿度》的宇宙論，有趣的是，它與宋儒的本體論非常近似，其云：

> 太易始著，太極成；太極成，乾坤行。（《乾坤鑿度・卷上》）
>
> 天性情地，曲巧未盡，大道各不知其自性，乾坤既行，太極大成。（同上）

「太易始著，太極成」，確切含義不詳。從「著」、「成」關係看，「太易」、「太極」應為同一事物的兩個先後過程。「太易始著」，「著」字耐人尋味。可以粗略地說，「太易」始成有物，不管這樣的「物」類似《道德經》的有無混成的「道」，還是其他具體的物，都可以說為「著」，「著」為顯露之義也。可能相當於《天文訓》的「元氣」開始生成的階段；太極即已成，相當於《天文訓》元氣生成圓滿的階段，它們之間一起而並起，為同一個東西，沒有嚴格的時間先後，最多只能說一個是始端，一個是終端。

鄭玄在此條下有一條注。這條注很可疑，真假難辨，有可能是後人從《乾鑿度》中挪移過來的：

> 太易，天地未分，乾坤不形也。太易，無也。太極，有也。太易從無入有，聖人知太易有理未形，故曰太易。（《乾坤鑿度・卷上》）

鄭玄的注解與《乾坤鑿度》的文本有較大差異，這就是一個非常可疑的地方，是鄭玄注釋錯了，還是別人把鄭玄在別處的注釋轉移過來的。可惜今天的鄭玄注留下來很少，很難考證。

從文本上看，「太易」與「太極」都是有物形成的兩個不同階段，只是始端與終端的差異。鄭玄的解讀則完全不同了，注入了新的意思。「太易，天地未分，乾坤不形也。」這個不難理解，天地未生之前的「元氣」也是如此。但鄭玄緊接著又說「太易，無也。太極，有也。」「太易」與「太極」就被斷然地截成兩段，與「太易始著，太極成」精神不一致。鄭玄又怕人理解錯了，接著又說「太易有理未形，故曰太易。」對照朱熹的天理：「天理只是一個淨闊的世界。」幾乎一致。顯然我們不會誤讀鄭玄，「太易」就是絕對之「無」，為形而上之「理」。

如果按照鄭玄的解讀，那麼「太易」就成了「有理未形」，就與《周易・乾鑿度》「太易」乃「未見氣」不一致。《乾鑿度》雖然說「未見氣」，但並不認同「太易」就是「理」，而是把「太易」相當於「泰始、太初、太素」三階段，二說顯然不諧。「太易」所謂「無」，乃類似宋儒的太極之理，非獨立一無

之本體。鄭玄「太易有理未形」極似於朱熹的「無形而有理」。《乾鑿度》說「乾坤既行，太極大成」，太極似是與乾坤並行而渾成，與「太極成，乾坤行」意無二致。「太極大成」下面鄭玄注為：「太極者，物象與天同極」，鄭玄也以為「太極」不離天地而獨存，也是宋儒思想的先導。

鄭玄的解讀的解讀《乾坤鑿度》的嗎？或者，鄭玄本來是注解《乾鑿度》的，後人把鄭玄注挪移到《乾坤鑿度》。

如果說，「太易始著，太極成；太極成，乾坤行。」這一條的解讀是有問題可以討論的，鄭玄的注解未必可作依據。我們看「天性情地，曲巧未盡，大道各不知其自性，乾坤既行，太極大成。」這一條，明顯類似宋儒的性命學術，不似鄭玄之前的說法。《乾坤鑿度》雖也有「太易、太初、泰始、太素」等語，但似是雜抄《周易·乾鑿度》而糅雜後人的觀點。

因此，本文論述《易緯》宇宙論時，為穩妥計，姑不採《乾坤鑿度》二篇。

《周易·乾鑿度》云：

> 故曰有太易，有太初，有泰始，有太素也。太易者，未見氣也。太初者，氣之始也。泰始者，形之始也；太素者，質之始也。（鄭玄注：「太易之始，漠然無氣可見者；太初者，氣寒溫始生也；泰始者，有兆始萌也；太素者，質始形也。諸所為物皆成苞裹，元未分別。」）氣、形、質具而未離，故曰渾淪。渾淪者言萬物相渾成而未相離。（鄭玄注：「此極說太素渾淪。今人言質，率爾有能散之意。」視之不見，聽之不聞，循之不得，故曰易也。易無形畔。鄭玄注：「此又說上古太易之時，始有聲氣曰坪，尚未有聲氣惡有形兆乎？又重明之《禮記·夏小正》：『十二月，雉始乳也。』」）易變而為一，一變而為七，七變而為九。九者，氣變之究也，乃復變而為一；一者，形變之始。清輕者上為天，濁重者下為地。（鄭玄注：「易，太易也。太易變而為一，謂變為太初也。一變而為七，謂變為泰始也。七變而為九，謂變為太素也。乃復變為一，一變誤耳，當為二，二變而為六，六變而為八，則與上七九意相協。不言如是者，謂足相推明耳。九言氣變之究也，二言形之始，亦足以發之耳。又言乃復之一，易之變一也。太易之變，不惟是而已。乃復變而為二，亦謂變而為太初。二變為六，亦謂變而為泰始也。六變為八，亦謂變而為太素也。九，陽數也，言氣變之終。二，陰數也，言形變之始。則氣與形相隨此也。初，

泰始之六，見其先後耳。《繫辭》「天一、地二、天三、地四、天五、地六、天七、地八、天九、地十」。奇者為陽，偶者為陰。奇者得陽而合，偶者得陰而居。言數相偶乃為道也。孔子於易繫著此天地之數，下乃言子曰：「明天地之道」，本此者也。一變而為七，是今陽爻之象。七變而為九，是今陽爻之變。二變而為六，是今陰爻之變。六變而為八，是今陰爻之象。七在南方，象火。九在西方，象金。六在北方，象水。八在東方，象木。自太易至太素，氣也形也既成，四象爻備，於是清輕上而為天，重濁下而為地，於是而開合也。天地之與乾坤，氣形之與質本，同時如表裏耳，以有形生於無形，問此時之言斯為之也。」）物有始，有壯，有究，故三畫而成乾。

鄭玄在注解《乾鑿度》的時候，夾雜了很多漢易的象數學，但總體仍然可以清楚地看出一個趨勢，即，他把老子的渾沌體系與漢易進行合流，由此來解讀《乾鑿度》，這也符合《乾鑿度》本身的特徵。《乾鑿度》宇宙論次序為：太易——泰始、太初、太素——天地。《淮南子》宇宙論次序為：虛霩——宇宙——氣（元氣）——天（太極）地。比較兩家，《乾鑿度》顯然來自《淮南子》而有所改易。

就兩家相同點來說，有兩個方面：

一、《淮南子》在「氣」（元氣）之前有個絕對的虛無，《乾鑿度》於「泰始」的氣之前也有一個不見氣的「太易」。

二、《淮南子》的「氣」（元氣）乃渾沌未分之狀，《乾鑿度》的「泰始、太初、太素」三階段也屬渾沌未分的階段。

就二者的相同處，它們屬於同構的宇宙論，前後相襲承是明顯的。

就兩者不同點來看，也有二個方面：

一、《乾鑿度》「太易」未見氣，略如《淮南子》「虛霩、宇宙」二階段。相較而言，《乾鑿度》簡潔而合理，無氣無物的狀況，只一個「未見氣」即可。《淮南子》卻虛構出「虛霩」、「宇宙」兩階段。以意推測，《淮南子》講的「虛霩」似乎是大小不確定的空間與不確定的時間，「宇宙」是確定了的較為規整的空間與較為規整的時間，但總體來說，二者皆為絕對的虛空，略嫌繁瑣。

二、《乾鑿度》「泰始，太初、太素」三階段略如《淮南子》「氣」（或元氣）一階段，都屬於渾沌未分的天地之前的狀態。《乾鑿度》把原初的渾沌之氣細分為氣、形、質三階段。三者之間皆有一個逐漸具體的遞進關係，氣初

凝聚為大的外形，大的外形再凝聚為有質地的形體。好比畫畫一樣，一張白紙雖一無所有，但確定了要畫的東西大的範圍，所謂的「氣」的階段；之後便在紙上勾畫形體，所謂「形」的階段；再深入勾畫形體的具體質地或質感，所謂「質」的階段，《乾鑿度》的作者大概也如此構思的。又較《淮南子》為優。

從不同處可見，《乾鑿度》顯然發展了《淮南子》的宇宙論，刪汰其不必要之重贅，而細化《淮南子》的疏略處，屬於黃老宇宙論一部分，雖然打著《周易》的名號。

由此兩點可見，《易緯》的《乾鑿度》宇宙論因襲《淮南子》並有所發展。

《乾鑿度》既然在宇宙論上不是因襲《易傳》架構，那麼「太極」在這個改造後的黃老宇宙論體系中處於什麼位置呢？

> 易始於太極，太極分而為二，天地有春秋冬夏之節，故生四時，四時各有陰陽剛柔之分，故生八卦。八卦成列，天地之道立，雷風水火山澤之象定矣。（《周易乾鑿度》卷上）

參照《乾鑿度》「太易——泰始——太初——太素——天地」這個架構，它說的「易始於太極」一定是個生成論體系。鄭玄於下面有個注：「氣象未分之時，天地之所始也。」所謂「氣象未分」，即象中含氣，氣中含象，象未能真正突出自己，當屬「泰始、太初、太素」三階段。參照比較，那麼，「太極」顯然涵括「泰始、太初、太素」，是否涵括「太易」，無法確證。細繹其理，太極分而為二，則渾沌鑿開，太極當為渾沌未分之狀。「太易」未見氣，無形無物，無物渾成，不可為渾沌，故「太易」當在「太極」之上。

從《周易・乾鑿度》始，「太極」乃變為渾沌未分之氣、形、質的合一，故鄭玄注「易有太極」為：「極中之道，淳和未分之氣也。」（《增補鄭氏周易・卷下》）不過即使是《周易・乾鑿度》也未有明確地提出「太極元氣」一說，只不過從其義理中可以發揮出來而已。

從今天有史可考的文獻資料看，最早正式提出「太極元氣」這個說法的是東漢班固。

> 太極元氣，函三為一。極，中也。元，始也。行於十二辰，始動於子。（《漢書・律曆志》）

此處「元氣」不知何指？「太極」既是「中」，則應沿襲董仲舒「天地之中」的看法，那麼「元氣」一說是不是也是因襲董仲舒的舊說呢？班固編輯的《白虎通義》，其中的「天地」篇有：

　　　　始起之天，始起先有「太初」，後有「泰始」，形兆既成，名曰
　　　「太素」。混沌相連，視之不見，聽之不聞，然後剖判清濁。既分，
　　　精出曜布，度物施生。精者為三光，號者為五行。行生情，情生汁
　　　中，汁中生神明，神明生道德，道德生文章。故《乾鑿度》云：「太
　　　初者，氣之始也。泰始者，形兆之始也；太素者，質之始也。陽唱
　　　陰和，男行婦隨也。」（《白虎通義‧天地》）

這段文字的個別地方頗令人費思，如「行生情，情生汁中，汁中生神明」，「汁」
是否指陰陽未分之狀？但總體的宇宙生成秩序還是清楚的：《白虎通義》天地
初始也有三個階段「太初」、「泰始」、「太素」，顯然非常認同《乾鑿度》的宇
宙觀，雖未提到「太易」，但細細考究其「始起之天」似乎暗示著「泰始」之
前還有一個存在。與《律曆志》相比附，則《律曆志》中的「太極元氣」即指
「太初、泰始、太素」，乃指渾沌「元氣」未分的三個狀態。「函三為一」的
「三」即可以解讀為「天、地、人」三才，也可以是「泰始、太初、太素」，
但不包括「太易」。從此可以推知，《乾鑿度》中的「太極」也不包括「太易」。
班固離西漢晚期的《乾鑿度》創作時代不遠，其說可信度較高。

結語

　　漢人的宇宙論有兩類：天人體系與渾沌體系，導致其太極說、元氣說也
分別有兩類，分屬兩類不同的宇宙觀。這兩類太極與元氣說雖是一先一後，
但平行展開，不是由一個發展成另一個，它們分別屬於不同的傳承系統。

　　董仲舒的「太極」說在整體上可能延續《易傳》，「太極」乃是天地之「中」，
「中」的具體涵義是陰陽定位而主陽，與「元氣」一致，只是「太極」偏重於
「中」，「元」偏重於「始」。董子雖未連接「太極」與「元氣」兩概念，但董
著中「太極」與「元氣」有很多可交叉處，可以說是後漢「太極元氣」說的先
導，所不同的是無論「太極」概念還是「元氣」概念，它們內涵與後漢「太極
元氣」說有根本差異。

　　《淮南子》宇宙論屬於渾沌體系，《俶真訓》繼承了《鶡冠子》、《呂氏春
秋》的「元氣」說，《天文訓》則在「元氣」之上增加一個絕對虛無的「虛霩」、
「宇宙」，導致「絕對的無」產生「元氣」、天地，為《乾鑿度》「太易」生「太
極」說預設了框架。

　　《周易・乾鑿度》因襲《老子》、《鶡冠子》、《呂氏春秋》、《淮南子》的體系，「太極」等同於「元氣」，「元氣」乃是一渾沌未分之氣。但在《乾鑿度》中，「太極」並非是最高概念，其上還有一個「未見氣」的「太易」。「未見氣」的「太易」如何可以生成渾沌的「太極」？這個宇宙論的困難留給了鄭玄，漢學向玄學的過渡正是鄭玄從對《乾鑿度》太極觀的顛覆性的詮釋開始的。

第三章　鄭玄的太極觀向王弼的過渡

　　兩漢的宇宙論大致有兩個基本模式：董仲舒、王充的乾坤架構及《淮南子》、《乾鑿度》的渾沌體系。董仲舒的天人之說延續了《易傳》系統，其最高的諸概念，如「元」、「太極」、「氣」均沒有超越過「天」而獨立存在。從乾坤架構的這個基本層面上來說，董仲舒宇宙論並無革新性的創獲，雖然董仲舒也融攝了陰陽、五行、方位等元素，實際上與《易傳》已經大大不同。後漢學者王充以實體性的天地為框架來建構他的宇宙論，與董仲舒雖有很大的差異，但也在整體上沒有溢出《易傳》的基本架構。

　　西漢中期出現的《淮南子》與末期出現的《乾鑿度》代表漢代宇宙論的另一體系。《淮南子》的「氣」與《乾鑿度》的「氣、形、質」三態渾沌實質都等同於陰陽未分的「元氣」，在《乾鑿度》的體系裏又明確地說「太極」就是「氣、形、質」的渾一，因而《乾鑿度》體系裏包容有超越天地、獨立於天地之前的「太極元氣」一說。但「太極元氣」無論在《淮南子》還是《乾鑿度》那裡都不是後人所說的最高的宇宙論概念，從這個意義上嚴格地講，以「太極元氣」為第一本源的宇宙論，在兩漢學者那裡尚沒有真正產生。

　　董仲舒沒有正式在自己的體系中提出「太極元氣」說，就此方面，董的學術在漢人宇宙學對後世的影響當中不及《淮南子》與《乾鑿度》。這也許因為《淮南子》與《乾鑿度》在繼承先秦渾沌體系之外，另具有漢人宇宙學的自己特色：他們都在「渾沌」之前提出存在一個絕對的虛無：《淮南子》稱之為「虛霩」、「宇宙」，《乾鑿度》稱之為「太易」。由此，二者皆突破了先秦《道德經》、《鶡冠子》、《呂氏春秋》一脈相傳的渾沌宇宙論體系。《淮南子》、《乾鑿度》這一系宇宙學從班固的《白虎通義》一直延續到鄭康成的易學中，而

並沒有顯示衰落的跡象。然而令人困惑不解的是，王弼的《周易注》一經風行，「虛霩」、「太易」的宇宙論突然被掃地出門，一蹶不振，從此不再成為學術的中心話題。

第一節　《乾鑿度》體系的內在困難與鄭康成的創造性解釋

《淮南子》、《乾鑿度》體系的沒落根源，從大的學術方向來看，「宇宙生元氣」、「太易不見氣」那種汗漫、謬悠的宇宙說與漢末興起的古文經學嚴謹的考證學風迥然有別。避開古文經學的具體思想不談，即使是漢末的形名之學或者黃老之學，它們都有一個共同的旨歸：尚簡務實，反對虛妄無據。漢人宇宙論中的陰陽、五行之說是可以在日夜交替的、四季季輪迴中與百姓日用生活中得到經驗證明的。然而，陰陽二氣之上的渾沌不分的「元氣」說就已脫離的經驗基礎，更不要說「元氣」之上有一個獨立的絕對虛無的「太易」了。因此說，與漢末學術風尚的格格不入是《淮南子》、《乾鑿度》宇宙學不容於當世的一個重要的學術環境方面的原因。

更為主要的是，《乾鑿度》的宇宙論學術本身就有一個難以克制的致命弱點：它設置了一個自我顛覆的「太易」概念。「太易」乃是「未見氣」，為絕對之虛無；「太易」之下，才漸次有「太初、泰始、太素」三個演化階段，三者都為渾沌未分之氣、形、質的合一，是「存有」世界的開始。

那麼，有一個問題就顯得非常之突出：絕對的「太易之無」是如何生成「渾沌之有」的？它們之間是究竟如何完成跨越式跳躍的？

在《道德經》那裡，「道」雖別名為「無」，「無」卻非絕對的「無」，是狀無而有，是一種渾沌狀態的「有」，因為「其中有精」、「其中有信」（《道德經·二十一》），繩繩可查，所以這樣的似無卻有的「道」才可以分裂為天地萬物。故此，「道」之於「萬物」的跨越仍然是渾沌之「有」向具體之「有」的漸次過渡，由微至顯的過程，由渾沌而至條理的過程。就後一點來說，《道德經》的「道」譬如一屋子凌亂的家具，而《道德經》的「萬物」譬如收拾整理後的屋裏家具，「道」至「萬物」的過渡乃是「無序」至「有序」，如同凌亂之家具變成整齊之家具，二者之間過渡很自然。然而，「太易」則不同，它乃是絕對之「無」，可以說其中無精、其中無信，絕非渾沌之有。絕對的「無」又如何

產生渾沌之「有」呢？這就如同空無一物的屋裏如何收拾成有家具的整齊屋子，這是不可能的。

《易緯》體系內的這個自我矛盾幾乎無法克服。後來，鄭玄對此有個意味深遠的創造性解釋，他提出了一個內生的「忽然而自生」的理念：

> 元氣之所本始，六易既自寂然無物矣，焉能生此太初哉？則太初者，亦忽然而自生。

「六易」即太易，太易為寂然無物，絕對之虛無，故不能生育萬物。那麼渾沌之「太初」雖然屬於「太易」下面的，卻不能是「太易」所生的。同時，「太初」也不能是另有所生，否則也會有一個生成的序列，「太初」總會指向另一個與「太易」一樣的絕對虛無，於事無補。所以，「太初」只能為自己生成自己。但問題又來了，自己生成自己，也不能「太初」先有一部分，再有先頭的部分生成後來的其他部分。因為先有那個部分也一定有個母體在前，這樣，還是進入「無生有」的套路之中，「太易」生「太初」還是成問題。故此，「太初」只能是「忽然而自生。」（按，含，不可知其所從來），一下子完整地突然出現，沒有漸次的過程。

「太初」完整地、突然地、一下子出現，這是非常奇怪的生成模式。嚴格地說，講「生成」是錯誤的，因為它拒絕了時間地參與，因為拒絕了生成過程，也等於拒絕了空間的參與，而生成是發生在特定時空中的。我們理性的分析無法在這裡發揮任何作用，因為理性無法知道「忽然而自生」究竟發生了什麼，無定量去考察，無邏輯去分析。

「太初」闢空中突然出現，沒有徵兆，沒有過程，它不是一個生成過程，只能說它的出現是另類事物。

鄭玄通過太初「忽然而自生」，跳過了「太易」生「太初」的理論困境。有「忽然」二字罩著，鄭玄也就不需要解釋什麼叫「忽然而自生」，這個理論非常奇怪，一經產生就不需要任何說明。「忽然而自生」同時也就從生成論上把「太易」真正虛化了：「太易」成了這個宇宙生成序列當中不起任何作用的存在。太易——太初——的宇宙論體系在「生成」這層意義上也隨之瓦解。絕對虛無的觀念也出現在《子夏易》中：「其一不用者，太極也。故可名之，謂之太極。夫有生於無，無者未見氣也，不可用也，故置之也。」（《卷七》）《子夏易》雖然混同「太極」、「太易」之別，「未見氣」乃指「太易」，非指太極之渾沌，但它也明確地說「不見氣」乃「不可用」。

　　對「太初」的「忽然而自生」這個觀念，鄭玄提出之後就沒有進一步發揮與闡釋，在其整體思想體系裏地位非常不起眼，不易為學者所發現。其後，王弼寫作《周易注》時卻給予最大程度的關注，並成為玄學本體論的中心理念，以致影響整個玄學，成為玄學的核心觀念，為玄學的倡導個人自由之風奠定了理論依據。

　　鄭玄虛化了「太易」生成功能之後，但並沒有徹底消解掉「太易」的功用。「太易」既然在生成上無法起任何作用，那它又將發揮什麼作用呢？作為絕對的虛無，「太易」到底是獨立存在的「無」，還是非獨立存在的「無」呢？如果「太易」不能獨立存在，此一無所有的虛空概念又有什麼存在意義呢？凡此種種皆是鄭玄進一步要面臨的難題。

　　關於「太易」在生成上不起任何作用，其實在《周易‧乾鑿度》中已經有微妙的暗示：

> 易始於太極，太極分而為二，天地有春、秋、冬、夏之節，故生四時；四時各有陰陽、剛柔之分，故生八卦。八卦成列，天地之道立，雷、風、水、火、山、澤之象定矣。

鄭玄說：「氣、形、質具而未離，故曰渾淪。渾淪者言萬物相渾成而未相離。視之不見，聽之不聞，循之不得，故曰易也。」故此可判，《乾鑿度》說的「易始於太極」的「易」乃是從「泰始」階段開始的，其中的「太極」乃指「太初、泰始、太素」的氣、形、質渾沌不分的階段。「易」與「太極」相容，從「太易」、「泰始」階段演化看，應該不包括「太易」。《乾鑿度》已經非常清楚地把存有的變化落實到「太極」的起始階段，宇宙生成與「太易」沒有關係。既然「太易」沒有擔任生成功能，鄭玄就很自然地把「太極」（太初）的來源看成是「忽然而自生」。

　　《乾鑿度》在生成上虛置「太易」，又保留「太易」的最高名目，那麼「太易」究竟發揮什麼作用呢，它是什麼樣的「無」？

　　鄭玄注「易無體」云：

> 道，無方也，陰陽則有方矣。道，無體也，陰陽則有體矣。無方，故妙物而為神；無體，故用數而為易。有方，則上下位焉；有體，則大小形焉，是物而已。然所謂道者未嘗離物，而物無乎非道，則道非即陰陽，非離陰陽，而萬物之所由者，一陰一陽而已。彼師

天而無地，師陰而無陽者，皆萬物之所不由也。〔註1〕（鄭玄《繫辭
上》注）

鄭玄注解《乾鑿度》「太易、泰始」時，他會尊重《乾鑿度》的生成次序，較
嚴格地把「太易」與「太極」兩個概念區別開來。然而在別的地方，鄭玄則比
較隨意地把「太易」與「太極」說成是一個東西：「渾淪者言萬物相渾成而未
相離。視之不見，聽之不聞，循之不得，故曰易也，易無形畔。」鄭玄注「此
明太易無形之時，虛豁寂寞，不可以視、聽、尋，《繫辭》曰：『易無體』，此
之謂也。」（《周易·乾鑿度》卷上）《乾鑿度》所言的渾沌乃指「泰始、太初、
太素」氣、形、質三者渾然為一，氣、形、質皆為初始，未能分離獨立，故
視、聽、循皆不得也，此為「太極」階段而非「太易」。鄭玄則直接把「太易」、
「太極」混而為一，不作區別，這是非常值得玩味的。參酌鄭玄《繫辭注》的
道「無方」、「無體」，再比較他在《乾鑿度》注中用「太易」解讀「易無體」，
則可判：《乾鑿度》中的「太易」概念在鄭玄那裡已經完成了一個觀念的轉換：
即從宇宙生成論路子轉入本體論路子。

　　夫易者，用數而非數也。變動不居，超然於形器之外，以此盡
其性，則極高明矣。故聖人所以崇德，以此通於事，則功蓋天下矣。
故聖人所以廣業。（《繫辭上》注）

　　道有出乎無方者，不可以方求，故上下則無常。有入乎不測者，
不可以體居，故剛柔則相易。陽上而陰下為有常矣，乾剛而坤柔為
不可易矣。然且無常而相易，則事之有典，體之有要者，豈足以喻
於易之道哉。一闔一闢，往來無窮，「唯變所適」而已，故曰「上下
無常，剛柔相易，不可為典要，唯變所適。」《傳》曰：「用之彌滿
六虛，則六虛者，豈特六爻之位哉。」此《易》之所以無乎不在也，
故曰仰而視之在乎上，附而窺之在乎下。典，猶冊之有典；要，猶
體之有要。典要者，道也。既有典常，辭也。（同上）

「道」或「太易」，鄭玄都是通用的。道非方非體，方為空間、處所，體為具
體事物。道出於方、入於方，出於體、入於體。故「道」或「太易」在方為方，
在體為體。在上為上，在下為下，彌滿六虛，唯變所適，無處不在，而所在皆
無也。無者，非它也，無體也。無體者，無獨立之自體也，就是說「道」或

<hr />

〔註1〕凡引鄭玄繫辭注之文，均來自林忠軍教授《周易鄭氏注通釋》（載《周易鄭氏
　　　學闡微》，上海，上海古籍出版社，2005年）。

「太易」本身沒有獨立之本體,只是順隨萬物,以萬物之體為體。「太易」因為非獨立本體,故能隨萬物之變而順其變,所變者非道變,而是物變而道隨順之。所以說,「太易」或道之為無,乃是不變,因不變故能隨物而萬變。「太易」因其虛而不變,也因其虛而萬變。

鄭玄通過兩個步驟完成兩種體系範式的轉換:首先消解「太易」的生成功能,虛化它在宇宙生成上的作用。「太易」如能在生成上不起任何作用,除非它本身就是「無」。復次,「無」如果成獨立之「虛無」,那還是若同《淮南子》的「虛霩」、「宇宙」的真實空間,無法真正的消解。故必須要通過第二步來消解獨立虛無的特性。即,通過「太易」與「太極」兩個概念的互換通用,把「太易」的「虛無」變成「非離陰陽」的本體,「太極」也相應地從《乾鑿度》的「氣、形、質」的渾沌不分而變成形而上的虛無之道。「太易」不離「太極」,又等同與「太極」。「太極」乃是氣、形、質三位一體,而又具有「太易」之虛無,則「太易」也不得離氣、形、質而獨存。「太易」一下子就變成了太極了,「太極」又兼具「元氣」與「虛無」兩種特性。

鄭玄的思想正處於二者的轉型之中,他注解《乾鑿度》時遵循宇宙生成論路子,把「太極」解釋為氣、形、質的渾一,也即所謂的「淳和未分之氣」。然而,當他解釋「易無體」的觀念及作為生成體系的「太易」與「泰始」如何轉換的時候,他不得不遵循本體論路子。虛化「太易」的存有性質,即虛化「太極」的「元氣」特性,更傾向於《乾鑿度》的乾坤體系。所以鄭玄作為漢學的集大成者,一直處於矛盾之中,搖擺於兩個體系而不能斷然抉擇,這是博學者的通病。

第二節　鄭學與王弼之間的過渡——荊州學派的反鄭學

皮錫瑞在《經學歷史》說到漢末官學的衰落與鄭康成民間經學的興起,感歎木鐸行教、蘭陵傳經、鄭君之盛都不能補救王朝的衰落,學與政非同一軌道:

> 經學盛於漢,漢亡而經學衰。桓、靈之間,黨禍兩見,志士仁人,多填牢戶,文人學士,亦扞文網;固已士氣頹喪而儒風寂寥矣。
> 鄭君康成,以博聞強記之才,兼高節卓行之美,著書滿家,從學盈

> 萬。當時莫不仰望，稱伊、雒以東，淮、漢以北，康成一人而已。
> 咸言先儒多闕，鄭氏道備。自來經師未有若鄭君之盛者也。然而木
> 鐸行教，卒入河海而逃；蘭陵傳經，無救焚坑之禍；鄭學雖盛，而
> 漢學終衰。（《經學歷史·五》）

《經學歷史》這段文字，區別「鄭」、「漢」之學，雖囿於門戶之見，卻用意深遠。他所言「漢學」乃特指依託於劉氏政權、列於官學的今文經學，故此，「漢學」之終衰乃特指今文經學的衰落，而不能概指整個漢學的衰落，因為漢學中的民間一支——鄭學恰好興盛起來。

余敦康在《漢宋易學解讀》一書中依照於皮錫瑞的觀點進行發揮：「從思想史的角度來看，所謂『鄭學雖盛而漢學終衰』，這種轉變的意義，只是標誌著自漢武帝以來陰陽術數與經義相結合的時代思潮至鄭玄而終結。鄭學的經學，可以說是舊的時代思潮的掘墓人，卻不能算作新的時代思潮的催生婆」（《漢宋易學解讀》，北京：華夏出版社，2006年，79頁。）按，皮錫瑞本人是今文學家，認為今文經學才是經學的正統，故此他未把鄭玄列入正統的漢學家。鄭玄一面擊敗了今文學家何休，使得今文經學一蹶不振，一面在自己的學術中古今文混雜，使得今文與古文不加區別，皆能通貫之，獨樹一幟，以一己之力籠罩整個漢學的光輝。加之漢末「士氣頹喪而儒風寂寥」，漢學之衰也必在清理之中了。從這兩個方面考量，皮氏才認為「漢學中衰」。但余敦康認為鄭玄只是漢學的掘墓人，沒有新思想的貢獻，卻有失公允。

王國維於《漢魏博士考》一文中提到因政局混亂而導致的教育失序的局面，為今文的官學的衰落提供了另一條考量的線索：

> 「古文學之立於學官，蓋在黃初之際。自董卓之亂，京洛為墟。
> 獻帝託命曹氏，未遑庠序之事，博士失其官守，垂三十年。今文學
> 日微，而民間古文之學乃日興月盛……而漢家四百年學官，今文之
> 統已為古文家取而代之矣。」（王國維：《觀堂集林·卷四》，北京：中
> 華書局，1984年。）

因中央政權的失控，導致國家層面的教育系統的失序與放失，今文經學藉以籠絡人才的手段就此丟失。從前由國家權力支撐的、帶著濃重天人感應的今文經學就此衰落下去，由此導致依靠民間教育而得以傳播的地方古文經學興盛起來。

在上述三方面原因的基礎上，有兩股地方經學就借勢興起：

一、有著深厚古文背景的鄭學在「伊、雒以東，淮、漢以北」強勢登場。鄭康成通過一己之力，遍注群經而奠定在經學史上空前的地位，鄭學開始興起。

二、從劉歆時代就一直受到打壓的古文經學此時乘機依附於家族與地方勢力，開始走向全面復興之路，並以荊州學派為代表。

因此，皮錫瑞所謂的漢代專門之學的衰亡可詮釋為漢學方向發生了改變：由統一的官方今文經學退讓於兩股地方古文經學。如陳寅恪所言：「蓋自漢代學校制度廢弛博士傳授之風息止以後，學術中心移於家族，而家族復限於地域，故魏晉南北朝之學術示教皆與家族地域兩點不可分離。」（陳寅恪：《陳寅恪先生全集·隋唐制度淵源略論稿》，里仁書局，臺北，1979 年）然而，較有趣的是，獲益於同一原因的兩股「與家族地域」分不開的地方經學在其後的發展中相互碰撞並互為敵意。

荊州學派為何動搖不了鄭學的根基

荊州學派以古今文嚴格區分為其學派立足之根基，鄭玄乃是模糊古今文之界，力圖古今文打通，荊州學派以此與鄭學如同水火。

然而，非常耐人尋味的是：荊州學派自王粲、宋忠等對鄭學局部發難，至王肅展開全面圍剿，前赴後繼，投入的學者群體龐大，但皆未能成功掃蕩或削弱鄭學。逮至王弼一出，僅注《周易》一經，鄭學即退守於北，至唐之後乃至廢棄。可謂一人之力可以抵擋一個學派的功勞，令人納罕。

那麼，荊州學派為何全力絞殺鄭學而未能成功，原因何在？

我們看看兩者的區別。

嚴格地說，沒有一個統一的荊州學派。其實，王肅在嚴格意義上還不能算荊州學派，但王肅與荊州學派有一個共同點很明顯：他們都是繼承馬融、賈逵等為學風格，古今文區別甚嚴，恪守漢經師家法，是一批章句學者，沒有建立起自己的學術體系。

鄭玄雖名為古文家，也是一個章句學大家，但鄭玄匯通古今文，並有一套今文詮釋體系，鄭玄在注解《乾鑿度》的時候，建構出一套獨特的宇宙觀，這是王肅們沒有夢見的。

可以想見，當荊州學派王肅們反對鄭玄的時候，手裏拿不出像樣的武器，不能對鄭學構成實質性傷害。一個沒有體系建構的章句學者想要從純粹訓詁上擊敗一個有體系建構的學者，切入點就比較困難。《四庫》館臣比較了林希

逸與郭象兩人的《莊子注》，有一段話頗耐尋味，可以借鑒：

> 「今案郭象之注，標意旨於町畦之外，希逸乃以章句求之，所見頗陋。即王、呂二注，亦非希逸之所及。遽相詆斥，殊不自量。」

相比較而言，荊州學者可謂「町畦之陋」，徒以章句求之，「所見頗陋」，以此「遽相詆斥」鄭學，「殊不自量」也。唐人另一個章句大家李鼎祚也是個「町畦」之例，他在著《周易集解》，本欲抱著「刊輔嗣之野文，補康成之逸象」的野心，融攝兩者的長處。然而，他在解讀「大衍之數」的時候，卻只會襲用王弼之說，鸚鵡學舌，渾然不知輔嗣精魂在於此，也可謂章句家見解的「町畦之陋」也。

除此之外，更為重要的兩點尚需強調：

一、宋忠、王肅等即便從純粹訓詁上反鄭學，也難能撼動鄭玄。鄭注較王肅之注更近古可信。王肅凡立一義皆刻意與鄭康成對立，鄭用古文，王便用今文，鄭用今文，王便用古文，已屬意氣行事，為學求真之心不存。

二、王肅不混雜今古文，未窺伺到鄭玄體系的弊端，更沒有繼續鄭玄的問題，乘其隙而掩襲之。所以，荊州學派、王肅等皆不能識透鄭玄的問題，更不能應付之。宋忠、王肅等反鄭玄而又恰好與鄭並列同行，又有多處交叉融合在一起，更非以後來者居上的態度對待之、超越之。

鄭玄兼通今文經學，無疑是其屹立不倒的原因。

漢代的今文經學一直以揭示五經中「微言大義」為目的，但今文學家又並不依照訓詁的辦法彙通聖人的奧義，而是先別立一解釋體系，用此體系來詮釋經文。這個獨立的詮釋體系逐漸發展而成一專門的學問，漢人稱之為「緯學」。在今文家那裡，緯學擔當瞭解經的唯一法門，緯學的位置逐漸抬升而成了秘經。楊侃稱：「緯書之類，謂之秘經。圖讖之類，謂之內學。河洛之書，謂之靈篇。」（《四庫提要·經部六》）。之後，緯學由經學的注疏角色一躍而婢女扶正了。漢學者都認為經典的奧義不在經文中而在此秘經中，好比學生考試，試卷的內容不在書本上，而在各類參考題中。由此，緯學變為「內學」，經學反成了「外學」。

按，「內學」一詞最早出現在《後漢書·方術列傳》：

> 「漢自武帝頗好方術，天下懷協道藝之士，莫不負策抵掌，順風而屆焉。後王莽矯用符命，及光武尤信讖言，士之赴趣時宜者，皆騁馳穿鑿，爭談之也。故王梁、孫咸，名應圖籙，越登槐鼎之任；

鄭興、賈逵，以附同稱顯；恒譚、尹敏，以乖忤淪敗。自是習為內

學，尚奇文，貴異數，不乏於時矣。」

「內學」本指方術、圖讖之類，此時便由外變內，升格成正果。按照皮錫瑞的
說法就是：

「五經之義，皆以讖決。賈逵以此與《左氏》，曹褒以此定漢禮。

於是五經為外學，七緯為內學，遂成一代風氣。」(《經學歷史·四》)

因此，今文經學家那裡都有一套「緯學」的詮釋學，他們的學術根底只在體
系上面，不管這個體系與儒家經典差距多大，但其「微言大義」必有其師徒
代代相傳的來源，非徒事空談也。馬融、宋忠諸儒雖也詳悉今文，但不屑於
與今文學家為伍，更不解此中深層涵義，故此，他們皆未建立一套解釋體系，
而徒以訓詁解讀今文緯學，離今文的精神相悖甚遠。

鄭玄打通古今文，並非簡單地熟通今文、古文的文意，也非在注經中簡
單地雜用古今文，如王肅。如果是前者，鄭玄與馬融、賈逵、宋忠皆無不同。
如果是後者，只要從鄭注中清除今文的成分，問題即告解決，無需別立新意
與鄭較高下。

鄭玄獨特之「打通」古今文，已暗示學術的潮流的趨向：乃是另立一體
系之學，以便繼承《易傳》詮釋經典的風格。鄭玄易學體系頗雜，有創新，如
提出「本無」觀點及「忽然而自生」，但尚不能成為統攝一貫的完整學術體系。
針對此弊，繼承鄭學者應既別立一貫的體系之學，以對應鄭玄的駁雜。《四庫
提要》云：「考玄初從第五元先受京氏《易》，又從馬融受費氏《易》，故其學
出入於兩家。然要其大旨，費義居多，實為傳《易》之正脈。」也僅為現象之
觀，未深味鄭學要旨何在。

鄭玄作為一個今古文集大成者，在訓詁與體系建構都有建樹。他的訓詁
滲透一成體系之今文詮釋學。同時，作為一古文名世的大學者，鄭玄又以古
文的嚴謹來部分地修正今文體系的汗漫不經。如他以《易傳》「易無體」修正
《乾鑿度》的宇宙論，把漢代宇宙論引向「元氣」說，但同時又為本體論開闢
了新途，其學術的博大在於此，其矛盾與不徹底也在於此。

荊州學派與王肅等一直在訓詁上欲搬倒鄭學，然而無論是刻意與鄭玄唱
反調，還是遍注群經，還是注意訓詁更簡潔、重義理，還是嚴格古今文界限，
皆未能從根基上搖動鄭學。因此僅從訓詁反鄭行不通，必須另闢蹊徑，從鄭
學體系矛盾處入手，破除其一，餘皆潰散。

第三節　王弼繼承荊州學派而反鄭玄

荊州學派折戈沉沙之際，正是王弼崛起之時，兩個時代的學術開始接班了。

嚴格地說，王弼並不能算是荊州學派的後繼者，但他深受荊州學派的影響，做的也是與荊州學派一樣的事情。但王弼有自立之學，以之區別於荊州學派。但王弼無意插柳柳成蔭，並且最終完成了荊州學派想完成卻沒有完成的事來看，就此而言，王弼算是接著荊州派的。

王弼如何把荊州學派完成不了的事情完成了？秘密何在？

與荊州學派做法完全不同的是，王弼既沒有遍注群經，也未試圖在訓詁上與鄭玄一較高下。王弼僅從《周易》一經入手，深入到鄭學的體系中，因襲鄭學體系之善而革除其弊，全從鄭玄舊體系內部因革損益，由此而更進，新陳代謝，一舉掃蕩漢人象數學才能順理而成章。

王弼在一經上損益鄭學的詮釋體系，革除鄭玄體系中宇宙論成分，張大鄭學潛藏的本體論，由此在根本上動搖鄭學，致使鄭學在東晉南學這一片疆土日漸被排擠，至唐之後乃至不傳。

《四庫》館臣感歎漢學之衰，有一段話提到王弼亂漢學的評價，說：

> 六經定於孔子，毀於秦，傳於漢，漢學之亡久矣，獨詩禮二經猶存。毛、鄭兩家《春秋》為杜氏所亂，《尚書》為偽孔氏所亂，《易經》為王氏所亂。杜氏雖有更定，大較同於賈服，偽孔氏則雜採馬王之說。漢學雖亡，而未盡亡也。惟王輔嗣以假象說《易》，根本黃老，而漢經師之義蕩然無復有存者矣。故宋人趙紫芝有詩云：「輔嗣易行無漢學，暉詩變有唐風。」蓋實錄也。

此段評議對王弼與鄭玄都有點有失公正：忽視了鄭玄，誤解了王弼。四庫館臣認為王弼「假象說《易》」，根本精神來自黃老之學，算是對漢學的徹底反動。館臣們未能瞭解到王弼易學的核心觀念直接來自鄭玄，至於鄭玄是否受到黃老影響，則別為一事。無論如何，王弼代替鄭玄，反映了兩代學術的鼎革之變，異軍突起，可謂「忽然而自生」也。

這裡有一個問題：如果僅僅是另立一套解釋體系與鄭玄對峙，還不足以替代鄭的詮釋學。因為不相干的兩個體系完全具有並行不悖的可能，沒有交叉就沒有傷害。王弼走得恰好不是這條道，正因為他沒有另立一全新的體系，而是簡化鄭玄體系並向鄭體系的某一方向而推波助瀾，發揮到至極，從而掙

脫鄭學之母體而宣告獨立，算是內部造反吧，印證了冷子興說的一句話：「百足之蟲死而不僵」。若是從內部鬧起，未有能扛著的。王弼代替鄭玄恰好是這個道理。

王弼建立新體系、反鄭玄得以成功，雖然從一經入手，但全部火力集中於對「太極」一概念體系的系統性發揮，並一以貫之，由此而建立一套系統之本體學，可謂舉重若輕也。

王弼革除鄭玄的元氣說、沿襲鄭的本體無

鄭學圍繞著「太極」概念其實有兩個體系：元氣宇宙學與虛無本體說。兩種說法有明顯相互牴觸，而且它們在鄭玄的學術當中明顯地有從「元氣」說偏向本體論傾向，這已經顯示了漢學向玄學的過渡的跡象。可以說，王弼只是出一把小力，微微地吹了一陣小風，推波助瀾，順勢把鄭玄的本體觀念發揮到徹底的地步而已，王弼就輕鬆地完成了對鄭學的完勝。

《乾鑿度》繼承《淮南子》的宇宙生成論體系，也設置了一個絕對虛無的生成之母——「太易」。這個「太易」在生成次序上還在渾沌元氣的「太極」之上。因為「太易」具有「未見氣」的特性，也就是「太易」不是元氣，也沒有陰陽二氣，什麼都沒有，一無所有的存在，其實就是一種「純無」。絕非《道德經》那種無象而有精的「渾沌之無」，老子的「無」是有物質存在的，只是看不到、摸不到而已，超出感官、思辨的範圍，不是絕對的「虛無」。

因此，在《乾鑿度》的體系中，從「太易」至「太極」的生成連續之路就被「純無」所截斷了，絕對的「無」是生成不了混沌之有的，這樣《乾鑿度》體系的生成矛盾就暴露無遺了。鄭玄有見於此，對渾沌「太極」的生成之母不得不另做創新的詮釋，他只能設定「太極」的生成具有某種特殊性，但絕不能由絕對無的「太易」生成來的。「太極」之上有了不生成的「太易」，那「太極」的出現只能是自力更生靠自己了。故此，「太極」本身的出現，只能是「忽然而自生」，既無其始，也無其母，太極乃為一獨立自生的自立自為的本體。而且太極本身的自生，也不是個漸次的過程，無剎那間隔的突然出現、突然完成。「忽然而自生」也是一個不可思議的存在，不能算是現象的存在，因為現象存在是在感覺理性內的。這本身就為王弼的玄學之玄開了一個端口。

這樣，「太易」便從「太易——太極」的《乾鑿度》生成次序的怪圈中跳了出來，「太易」不再承擔任何生成之用，而成為無用的「純無」。這大概是從大衍之數的不用的「一」獲得的靈感與啟發。

　　鄭玄大概是清醒地看到《乾鑿度》的矛盾，他在別的地方又把「太易」與「太極」等同，使「太易」作為虛無也發揮作用——把無用的太易從「生成之母」變成「不生成之體」，「太易」從生成論往本體論上滑去。《易傳》「易無體」的「無」被鄭玄注解為「太易」，「太易」又等同於渾淪之太極。《易傳》的「太極」就與《乾鑿度》的「太易」、「太極」等同了。

　　鄭玄雖恢復了「太易」在本體論上的作用，然而，他因此犯了一個更為致命的錯誤：《易傳》是乾坤體系，而《乾鑿度》則是沿著《老子》、《鶡冠子》、《呂氏春秋》、《淮南子》的渾沌體系過來的，兩種體系本來就難以調和。如果接受了渾沌體系，則勢必有一個先於天地陰陽的「元氣」說，而如果接受了《易傳》體系，則必須解除「元氣」說。因為渾沌是原始不分之氣，勉強可說其「無方無體」，但絕不可說「元氣」既分化為陰陽之後，「元氣」尚順隨萬物並且「未嘗離物」，這是說不通的，因為「元氣」已經解體。也不可說元氣「非離陰陽」，如此則成了陽氣中有元氣，陰氣中有元氣，就混亂不堪。故此《易傳》的體系不能容納元氣說，《易傳》的「易無體」很容易把陰陽之上的「元氣」瓦解掉了。用「無」解讀《易傳》的「無體」，「無」必須是「絕對虛無」，是本體之無，本身不能是個物事，此「絕對虛無」又必為「性無」，而非「元氣」無形之無或獨立之無。所以，鄭玄注解「易無體」，實際上，也同時消解了「元氣」，把「元氣」從宇宙論中清除出去了，只是鄭玄沒有意識到這點。

　　孔穎達的《周易正義》也沿襲此弊，從中我們可以從更清楚地看到鄭玄的矛盾。孔穎達雖然採王弼說，但在體系上完全踩著鄭康成的舊軌，孔疏兼採元氣說與虛無說，於二者之間稍作調整，可惜未能識透二說本不可相容：

　　　「一陰一陽之謂道」者，一謂無也，無陰無陽乃謂之道。一得謂無者，無是虛無，虛無是太虛，不可分別，唯一而已，故以一為無也。若其有境，則彼此相形，有二有三，不得為一，故在陰之時而不見為陰之功，在陽之時而不見為陽之力。自然而有陰陽，自然無所營為，此則道之謂也。故以言之為道，以數言之謂之一，以體言之謂之無，以物得開通謂之道，以微妙不測謂之神，以應機變化謂之易，總而言之，皆虛無之謂也。（《周易注疏·卷十一》）

　　　言夫無不可以無明，必因於有者，言虛無之體處處皆虛，何可以無說之，明其虛無也。若欲明虛無之理，必因於有物之境，可以

知本虛無。（同上）

孔穎達用「無」解釋「一」，又把「虛無」解釋為「太虛」之「不可分別」。按，《莊子・知北遊》：「不遊乎太虛。」《關尹子・五鑒》：「猶如太虛，於至無中，變成一氣，於一氣中，變成萬物，而彼一氣，不名太虛。」故知先秦的典籍中「太虛」乃是氣之淵聚處，如張載的氣之本體，則「無」又是元氣。孔穎達說「虛無之體處處皆虛」、「必因於有物之境，可以知本虛無」，又以本體論虛無來論述，否則不會「因於有物之境」，這就是說「虛無」在有物中存在，並且是借寓於物之中而不能獨立存在。孔穎達不能清楚瞭解「元氣之為無」與「本體之為無」的二者分界，完全襲承了鄭康成的矛盾。孔穎達乃是個純粹的章句學者，根本不解此處弊端。

王弼則不然，他力圖建立一思想體系，掩襲鄭學之弊而革新之：王弼參酌《易傳》的本體論，沿襲鄭學本體之無，消除鄭宇宙「元氣」說，簡潔並化解鄭學的體系矛盾，一舉取代鄭氏易學。

因為消除鄭玄中《乾鑿度》的宇宙論，使得王弼的易學體系比較忠實於《易傳》，他很清楚地意識到渾沌體系不可能與《易傳》的體系相融。

> 「神無方而易無體，一陰一陽之謂道」。王注：「自此以上皆言神之所為也。方體者，皆繫乎形器者也。神則陰陽不測，易則唯變所適，不可以一方一體明。道者何？無之稱也。無不通也，無不由也，況之曰道，寂然無體，不可為象，必有之用極而無之功顯，故至乎神無方而易無體而道可見矣。故窮變以盡神，因神以明道，陰陽雖殊，無一以待之，在陰為無陰，陰以之生，在陽為無陽，陽以之成。故曰一陰一陽也。」〔註2〕

王弼之所以能順著鄭玄的本體論走下去，因為他抓住了鄭玄易學體系中兩個核心觀念──「忽然而自生」與「無」，洞悉二者的關係，一舉革除鄭玄的混亂。

在鄭玄對《乾鑿度》宇宙學的詮釋體系裏，「忽然而自生」與「無」是兩個獨立的觀念：一個屬於「太極」，一個屬於「太易」。「太易」因為「不見氣」故為「無」，生成上全無作用。太極因為「忽然而自生」，並具有生成功能，與「太易」不相關。「太極」乃「忽然而自生」，非無也，；「太易」為「無」，非「太極」，二者並行不相混雜，在理論上可以不交叉。只是鄭玄常常混淆了兩

〔註2〕凡《周易正義》的文字，本處所引於王弼與韓伯康所注不加區分。

者的界限，有時把「太易」說成是「太極」。

在鄭玄《易傳》本體論詮釋體系裏，「忽然而自生」與「無」變成了源自同一本體：太易作為絕對的「無」，又變得非獨立的虛無，成了「太極」的本性。即在「太極」中，「太易」、「太極」合而為一，「太易」為「太極」之本性。「忽然而自生」其本根之性乃是自體之「無」。

為什麼這麼說呢？為什麼說太極的本性為「無」，而不是「有」呢？

因為，如果太極的本性是「有」，那麼，太極就有一個先於它之前的母體，太極本身勢必有形體，生成過程勢必由小及大，有個生成次序。「忽然而自生」乃是完全沒有次序，沒有一個先太極而存在的母體。因此，「忽然而自生」在本質上也沒有生成，不是一個生成的存在，只是從來如此，無所謂從何處來，忽然而「來」時便如此，未有漸成次序。太極只能是從「無」中「忽然而自生」，絕不能從「有」中「忽然而自生」。太極也非由「無」凝聚而忽生此「太極」。故此，「無」非在太極之外，「無」便是太極本性，形容太極「忽然而自生」的無因緣、無母體、無跡象可尋，不可名狀，故名為「無」。

因此，我們得出一個結論：本體之「無」的具體內涵就是──「忽然而自生」。

王弼繼承了鄭玄本體論學術，因此也繼承並發展了鄭玄本體論兩個核心概念──「忽然而自生」與「無」。從王弼對鄭玄「忽然而自生」的觀念發揮過程中，可以更加清晰地看到此觀念會直接導致「本無」說。

鄭玄那裡，「太極」乃是自己的依據、自己的本根，這就是本體觀念。至王弼，又擴大了「忽然而自生」的範圍，推至到兩儀、萬物，明確地解讀「忽然而自生」為「獨化」。

> 原夫兩儀之運、萬物之動豈有使之然哉？莫不**獨化**於大虛欻爾而自造矣。造之非我，理自玄應，化之無主，數自冥運。故不知所以然而況之神。是以明兩儀以太極為始，言變化而稱極乎神也。夫唯知天之所為者，窮理、體化、坐忘、遺照、至虛而善應，則以道為稱，不思而玄覽，則以神為名。蓋資道而同乎道，由神而冥於神也。（《周易注疏·卷十一》）

「欻爾」者，「忽然」也。「欻爾而自造」即鄭玄的「忽然而自生」。「莫不獨化於大虛欻爾而自造矣。」就是對「獨化」的解讀，「欻爾而自造」就是「獨化」。兩儀、萬物皆非化生於一個獨立母體，乃「獨化於大虛欻爾而自造矣。」「大

虛欻爾而自造」尚遺留著鄭玄「太初」「忽然而自生」的痕跡。但此處「大虛」又不類同於鄭玄的「太初」（太極），鄭玄指一獨立渾沌之體自生自成，王弼指萬物各自的不可名的自身根源，此大虛即兩儀、萬物自己的大虛，不出兩儀萬物自身之外。故此，「大虛」，即王弼的本體「無」，「無」非一個獨立母體，而是萬物自己的根性，萬物自化因不知其所以然，故名為「大虛」。王弼更清楚地把「忽然而自生」的觀念簡化為「獨化」，又把「獨化」推至到兩儀萬物，而不言及渾沌或元氣，同時指出獨化就是獨化於自己的「無」（大虛）。本無論與獨化論緊密聯繫起來。在王弼那裡，幾乎全部廢除了生成的次序，不僅太極自生沒有生成次序，宇宙中每一個物都沒有自己的生成之母，都是「獨化」於自己的無。

從這點講，王弼徹底的「獨化」論對儒家的價值觀念衝擊相當之大，既然萬物都是獨化而成，則母與子、父與子的因果親緣的連接就被無情地打斷，不知其母，不知其父，是每個個體的宿命，也是它不需要為任何它物的存在擔當負責的依據。一旦這樣的價值觀被撕裂之後，魏晉「越名教而任自然」就變得順理成章了。

結語

漢學向玄學的過渡其研究材料太多蕪雜，如普遍開花，四面出擊，很容易陷入進去，尋不著頭緒。通過太極概念入手，我發現從鄭玄到王弼的易學轉變是個簡單的抓手處。鄭學如何從如日中天的經學地位解體，王弼又如何異軍突起，學界從來沒有很好地梳理過，這就是為我提供了一個研究的起點。

這個起點如何切入進去，問題仍然非常大，問題特別多。如果從鄭玄龐大經學入手，你會陷入他遍注群經的巨大困難中，難以找到問題的端緒。但如果你轉換思維，從結果入手，即從王弼入手，思路就非常清晰了，問題也變得簡單了。

王弼的玄學就是一個研究切入點。玄學作為一種思想體系，必有生發的源頭，不會突然而生。王弼既然是革除漢學之弊而建立自己的思想體系，那麼，他在革除的過程一定獲得巨大的思想資源。

王弼玄學的思路從哪裏來的？他的思想資源從何獲得？我的結論是，他只能從另一個相當博大的體系中過來，否則不可能出現「輔嗣易行無漢學，暉詩變有唐風」那種天翻地覆的局面。通盤考究漢學，漢學的兩大派別——

今文經學與古文經學——今文經學善於發明微言大義,古文經學可謂死守善道。王弼的玄學也是善於發明形而上之道,故此,他的玄學必從今文經學入手,革其弊而繼承之。考究今文經學,其到後漢的影響,其最大的經典已經不是漢初的《春秋》,而是《周易》了。恰好王弼最經典的解經有兩本,其中之一就是《王弼周易注》,這給了我找到了聯繫漢學到玄學過渡的基本切入點。

這樣,本文就最後落點於《周易》,王弼注《周易》便是我觀察的角度。從王弼的易學到鄭玄的易學,擴展之,到漢人的易緯,便是我行文的前後思路。

在易學這個龐大體系中,如果不抓住一個主旋律,那也是瞎子摸象,無有抓手。我的思路就是從本課題的核心概念入手——太極。《周易》中對王弼玄學最有影響的恰好又是「太極」概念,這真是上天給我的莫大恩賜。我從這個小小的點出發,上下求索,最後找到漢學到玄學過渡的清晰點,我自認為這個工作是開創性的,前人從未做過,而我摸索到了。

第四節　鄭玄、王弼的太極與莊子的關係

兩漢的國家統治學術是從黃老開始的,漢人的思想界緊隨其後,也是以黃老學術為開端,整個漢學,包括儒家的經學在內,也深受黃老思想的影響。但「黃老」二字並不意味著只有「黃帝」與「老子」的兩家學問,「黃」指代法、儒多家綜合性的治世之術,「老」主要代表道家、五行家的宇宙論與道家、儒家等修身之術,因此黃老的實際內涵遠超出它的名字所包含的東西。譬如,代表漢人的黃老集大成著作——《淮南子》就在許多方面還顯示了莊子之學的痕跡,較之《道德經》,《莊子》對《淮南子》甚至影響更大,忽視這一點就會產生對漢學的很大誤解,從而對鄭玄至王弼的太極觀產生誤讀:

> 有始者,有未始有有始者,有未始有夫未始有有始者;有有者,有無者,有未始有有無者,有未始有夫未始有有無者。(《淮南子·俶真訓》)

> 「太清問於無窮曰:「子知道乎?」無窮曰:「吾弗知也。」又問於無為曰:「子知道乎?」無為曰:「吾知道。」「子知道,亦有數乎?」無為曰:「吾知道有數。」曰:「其數奈何?」無為曰:「吾知

道之可以弱，可以強；可以柔，可以剛；可以陰，可以陽；可以窈，可以明；可以包裹天地，可以應待無方。此吾所以知道之數也。」（《淮南子‧道應訓》）

田駢以道術說齊王，王應之曰：「寡人所有，齊國也。道術難以除患，願聞國之政。」田駢對曰：「臣之言無政，而可以為政。譬之若林木無材而可以為材。願王察其所謂，而自取齊國之政焉己。雖無除其患害，天地之間，六合之內，可陶冶而變化也。齊國之政，何足問哉！」此老聃之所謂「無狀之狀，無物之象」者也。若王之所問者，齊也。田駢所稱者，材也。材不及林，林不及雨，雨不及陰陽，陰陽不及和，和不及道。（《淮南子‧道應訓》）

顏回謂仲尼曰：「回益矣。」仲尼曰：「何謂也？」曰：「回忘禮樂矣。」仲尼曰：「可矣，猶未也。」異日復見，曰：「回益矣。」仲尼曰：「何謂也？」曰：「回忘仁義矣。」仲尼曰：「可矣，猶未也。」異日復見，曰：「回坐忘矣。」仲尼遽然曰：「何謂坐忘？」顏回曰：「墮支體。黜聰明，離形去知，洞於化通，是謂坐忘。」仲尼曰：「洞則無善也，化則無常矣。而夫子薦賢，丘請從之後。」故老子曰：「載營魄抱一，能無離乎？專氣至柔，能如嬰幾乎？」（《淮南子‧道應訓》）

《淮南子》上面的這些都是文風、對話設置、用語都在刻意模仿《莊子》。這種情況在《淮南子》裏隨處可見，舉不勝舉。徐復觀在《兩漢思想史》也有類似的論斷。因此，可以說，漢代的黃老學術，裏面隱藏著《莊子》的思想與思維方式是毋庸置疑的，漢代學者深受《莊子》影響，這種影響發展到後期就越來越大，他們解讀《道德經》也都是以莊子的角度去觀察的。

因此，不難解釋一個現象，如果說，玄學的獨化思想產生出逍遙自由的思想有莊子的絕大的影子，那麼從漢學一開始，莊子就發生了影響，莊子學術一開始就扎根於漢代黃老學術之中，這就是整個漢學的一個基因。

一、鄭玄的太極觀與莊子的關係

金春峰先生在《漢代思想史》緒論裏有一段總結性的話來論述鄭玄與王弼的過渡：

到鄭玄注《乾鑿度》時，則系統地引進老子的自生，自彰，自

通，從無入有，以無為本的思想，使易學思想發生了根本變化。從
而引老注易，在經學內部實現儒道融合，奠定了道理與基礎。以後
王弼的易學，不過是鄭玄思想與這一方向的進一步發展而已。（金春
峰：《漢代思想史》，北京，中國社會科學出版社，2006，第 10 頁。）
按照金春峰的看法，鄭玄到王弼皆只受到老子的影響。我認為，整個漢學受
到老學的影響是毋庸懷疑的。漢人的宇宙論，從《淮南子》到《乾鑿度》都見
老學的深刻痕跡，鄭玄也不例外。然而，我們不能說漢人的學問只受老子一
人的影響，而完全排除了莊子。我們不要忘了，莊子與老子在很多情況下都
是講同一套語言，思想雖近同，但思維方式卻有很大的不同，且側重點也非
常之不同。另外，莊子對老子思想碎片的深化卻不能說簡單地從老子那裡就
可以直接獲得的。老、莊的區別正是漢學向玄學過渡的關鍵，鄭玄也講老子
的語言，但最為核心的部分，如「忽然而自生」及「太極」與「太易」雖都混
同為「無」，語言類同老子，精神內核卻是莊子。

　　鄭玄正是汲取莊子的「自本自根」的思想，漢學才開始向玄學過渡。

　　金春峰認為：鄭玄系統地引進老子的「自生，自彰、自通，從無入有，以
無為本的思想」，王弼則是鄭玄的進一步發展。「忽然而自生」是鄭玄太極觀
向王弼本無思想過渡的最為重要觀念，這個觀念到底來自老子，還是來自從
老子那裡革新過的莊子思想呢？〔註 3〕我們可以考察一下《道德經》中「自
生」、「自彰」等與「自」有關的觀念。

　　鄭玄注《乾鑿度》也大量使用了「自」的觀念：

　　　　「效易無為，故天下之性莫不自得也。」（《周易乾鑿度·卷上》）

　　　　「此皆言易道無為，故天地萬物各得以自通也。」（同上）

　　　　「天確爾至誠，故物得以自動；寂然皆專密，故物得以自專也。」
（同上）

　　　　「萬物是八卦之象，定其位，則不遷其性，不淫其德矣。故各
得自成者也。」（同上）
鄭玄確實好用「自得」、「自得」、「自專」、「自成」之類的概念，此難道一定是
「系統地引進老子」的明證？我們比較一下老子中的「自」。《道德經》言「自」

〔註 3〕我不想否認漢學有老子的影響，我只是想證明，漢學雖然受老子的影響，但
　　　　要嚴格地區分具體思想到底屬於老子的還是屬於遞轉一義的莊子的。

處有三十二處，去除重複與「自然」、「自古」、「自謂」等語尚有二十五處：

> 天地所以能長且久者，以其不自生，故能長久。(《七章》)

> 富貴而驕，自遺其咎。(《九章》)

> 不自見，故明；不自是，故彰；不自伐，故有功；不自矜，故能長。(《二十二章》)

> 自見者不明，自是者不彰。自伐者無功，自矜者不長。(《二十四》)

> 侯王若能守之，萬物將自賓。天地相合以降甘露，民莫之令而自均焉。(《三十二章》)

> 知人者智也，自知者明也。勝人者有力也，自勝者強也。(《三十三章》)

> 道恒無名，侯王若能守之，萬物將自化。化而欲作，吾將鎮之以無名之樸。鎮之以無名之樸，夫亦將不欲。不欲以靜，天下將自正。(《三十七章》)

> 我無為而民自化；我好靜而民自正；我無事而民自富；我欲不欲而民自樸。」(《五十七章》)

> 是以聖人自知而不自見也，自愛而不自貴也。(《七十二章》)

> 不言而善應，不召而自來。(《七十三章》)

詳加比較上述二十五處《道德經》中「自」之含義，約有兩類：一、反對萬物「自為」：天地「不自生」故能長生，人「不自見」故能明。二、認同萬物的「自為」、「自化」、人的「自知」。表面上看前後牴牾，但它裏面有個內核一貫的精神，即萬物與人在順應道的前提下，可「自為」；反之，逆道而行，「自為」反成自伐。那麼道在萬物所「自」中究竟發揮什麼作用，道與萬物（人）之「自為」有何關聯？《道德經》一書，關於道與萬物（人）的關係，有幾種基本含義：

第一、道獨立於天地萬物之上、之外。

第二、天地萬物與人都得仿傚道，以期與道合一。

第三、天地萬物與人皆是道裂變的結果，都是失去完整的道而後的產物。

道與萬物是母子關係，始終分析為二物，道完整而萬物僅為道之碎片。

從這個角度看，老子上述兩個「自」本質含義是順從、傚仿外面的道，而非效

法「自己」內部的道，因為萬物本身沒有完整的道，故也必向外尋求完整的道。老子的個別表述中，有「道」在萬物之中的涵義：「昔之得一者，天得一以清，地得一以寧，神得一以靈，谷得一以盈，萬物得一以生，侯王得一以為天下正。」（《三十九章》）即是如此，也非不可置疑：「得」一字顯係從外「得」之；其次，尚不知是「得」的是「完整」的道，還是「部分」的道。無論對老子思想的個別處作何處解讀，但有一點不容懷疑，老子整個體系是自上而下的生成論，道與萬物之間有一層層嚴格的次序：「道生一，一生二，二生三，三生萬物」（《四十二章》）。因此，萬物順從自己內在的道——不是老子非常注重的核心觀念。老子的「自生」、「自得」等含義主要不是從萬物內部獲取，而是由外在的相仿而逐漸轉向內向的「自為」，方可言自生、自得，這一層的「轉化」極為重要，因為萬物在「存在」上多了一個獨立之道，萬物的生成必須由這個道層層分裂而至，萬物最後也要回歸到道的母體源頭。

所以，在《道德經》的話語中，萬物「自為」的話語還有一個在外的、在上的、在先的渾沌存在，籠罩著一切。

鄭玄的「忽然而自生」消解了「太極」有個生成之母，使得「太極」根植於自身、本於自己，雖然類似於老子的道，但因鄭玄的「太極」其上還有一個「太易」，這就與老子有根本不同。鄭玄的「太極」的自本自根自生，就不需要從外轉向內，沒有老子的轉一層意思。因此，不能簡單地把鄭玄的「自生」、「自通」等觀念歸結為直接來自《道德經》。

莊子與老子一個最大的不同就是：莊子把「道」從高高在外在上的位置收縮到萬物自身內部，萬物順由自己內部的道而獲得其逍遙本性：

> 「夫吹萬不同，而使其自己也，咸其自取，怒者其誰邪？」（《莊子‧齊物論》）

莊子否定有一個高高在上的造物者，否定一個外在的發動者。也就是說，莊子否定了一個系列關聯的因果連接，把因果成因的鏈條截斷了，為萬物純粹的「自本自根」的理論打下了基礎。萬物「咸其自取」，取各自內在的「道」。

我們再分析一下老子的「小國寡民」。「小國寡民」雖然極大地限制了人類文明的干涉，但還有一點外在文明的資助，還懂一點「結繩記事」，有一個大的文明在前頭制約著，兩者之間還存在著因果關係。莊子就不同，他徹底地把個體的存在與人類文明截斷了。莊子說：「夫至德之世，同與禽獸居，族與萬物並。惡乎知君子小人哉！同乎無知，其德不離；同乎無欲，是謂素樸。」

(《莊子‧馬蹄》)個體存在與人類的文明的因果關係全部被斬斷,一絲一毫也不留下,為莊子的「飽食而遨遊,泛若不繫之舟」(《列禦寇》)的大自由提供理論基礎。

因此,在莊子那裡,道所以在萬物與人各自的內部,乃是因為「天地與我並生,而萬物與我為一。」(《齊物論》)我在萬物之中,萬物也在我之中,我與萬物不分內外彼此,互不隔限,相互之間也沒有因果關係。「魚相忘於江湖」,每條魚都是獨立的,與其他魚沒有因果生物鏈的關係。萬物都是獨立、獨生、獨存,沒有一個依附的母體存在。由此而推之,道與我也不分內外彼此,故順從道即順從於我的自性,我與道也沒有因果關係。

郭象說:「未生而得生,得生之難,而猶上不資於無,下不待於知,突然而自得此生矣。」(《莊子注‧卷一》)即本於「忽然而自生」。「未生而得生」,所謂的「未生」就是指沒有生成之母的生,由此而得生。所以這個物的生成上沒有「母體」,下也不會有自己的「子」。郭象的思想乃是宛轉地從鄭玄、王弼中過來,鄭玄又從莊子處獲得靈感。

二、王弼的太極觀與莊子的關係

王弼的太極觀主要來自鄭玄,鄭玄的太極觀與莊子關係密切,同時說明王弼與莊子的關係。但鄭玄關於太極的涵義文字太少,故需要從王弼處進一步深入證明。

(一)

王弼現存的最重要著作有兩種:《周易注》與《老子注》。從現象上看,王弼用「無」來解釋太極,似是以《老》解《易》。金春峰說鄭玄系統地用老子思想解讀《易緯》,王弼又順著鄭玄而來的,等於說王弼的思想來自老子。這個觀點更早的是來自馮友蘭與湯用彤。湯用彤說:「王弼注《老》而闡貴無之學,向、郭釋《莊》而有崇有之論。」(湯用彤:《湯用彤全集》第四卷,石家莊,河北人民出版社,2000年)在湯的敘述下,王弼與向、郭之學一老一莊,疆界分明。湯的學生江子離也說:「湯先生說『王弼用言意之辨以達到本體論』,他的思想源自老子。」(按:言意之辨來自莊子、周易,老子雖提到「無名」,但王弼的言意之辨與老子無涉,王弼的本體論即使來自言意之辨,也不可說來自老子。此為多人所論及,不在本文考察範圍內——江子離,魏晉玄學中的「有」「無」之辯——讀《湯用彤全集》,北京大學學報,2001年

第 2 期）馮友蘭說法更為明確：「照這裡所說的，何晏王弼也祖述老莊，這是不確切的。他們二人並不講《莊子》，嵇康、阮籍才開始講《莊子》。」（馮友蘭：《中國哲學史新編》三十八章，北京，人民出版社，2001 年版）

　　湯、馮論斷與「何晏、王弼等祖述老莊」的傳統說法有異，值得商榷。陳寅恪給馮著寫審查已存此疑：「因今日所得見之古代材料，或散佚而僅存，或晦澀而難解，非經過解釋及排比之程序，絕無哲學史之可言。然若加以聯貫綜合之搜集及統系條理之整理，則著者有意無意之間，往往依其身所遭際之時代，所居處之環境，所薰染之學說，以推測解釋古人之意志。由此之故，今日之談中國古代哲學者，大抵即談其今日自身之哲學者也。所著之中國哲學史者，即其今日自身之哲學史者也。其言論愈有條理統系，則去古人學說之真相愈遠。」（陳寅恪：《金明館叢稿一編》，三聯書店，2001 年，第 279～280 頁。）

　　何晏、王弼雖未注《莊子》，然王弼思想中莊子痕跡甚為明顯，「不講莊子」究竟何指？馮先生說「莊之所以為莊者，突出地表現於《逍遙遊》和《齊物論》兩篇之中。」（馮友蘭：《三松堂全集》第八卷，河南人民出版社，2001 年，345 頁）馮氏認為，兩篇文章相較，「《齊物論》更能表現莊周哲學的特點。」，「不講莊子」是否是指何、王二人不祖述齊物思想？方勇《莊學史略》論王弼言意之辨與《莊子》關係，未涉及《齊物論》。陳少明《〈齊物論〉及其影響》述齊物的影響，只提及嵇、阮二人，也未及輔嗣。方、陳二人的觀點代表著現代學者的普遍看法，也見湯、馮論斷對後學的深遠影響。

（二）王弼本無來自莊子

　　王弼學術受老子影響是無可懷疑的，王弼注《老》中就有大量幾乎復述老子的原意，但王弼所以是王弼，其核心觀念「本無」說與老子的「無」卻有重大區別，此不可不辨。

　　《道德經》的「無」作為最高本源來看，有兩個重要意思：

　　一、天地萬物的生成本源之「無」，乃是「道」的同實異名。老子說：「無名，天地之始也；有名，萬物之母也。」（《一章》）「無」產生了天地，是天地的生成之母。

　　二、物物之間的空間部分也叫「無」：「三十輻共一轂，當其無，有車之用也。埏埴以為器，當其無，有器之用。鑿戶牖以為室，當其無，有室之用。故有之以為利，無之以為用。」（《十一章》）「無」也是一物，與實體對應的空

間，或者說也是一種實體，為器中空虛，或器物之間的空虛。

此兩種「無」都把「無」作為獨立一物來與萬物對待。作為生成之母的「無」，在時間上先於萬物，成為獨立之物；作為實體的空虛的「無」，與物是並行存在。王弼《老子注》中「無」複雜多義，有明顯取自《道德經》的。如王弼注《十一章》：

> 「無謂空虛，轂中空虛，車得其行輿中空虛，人能載其上也。器中空虛，故得有所盛受。……言虛空者乃可用盛受萬物，故曰虛無能制有形。道者，空也。」

王弼也有襲用《道德經》原話而略加敷衍，很難確斷其具體含義：

> 「無名天地之始，有名萬物之母」王弼注曰：「凡有皆始於無，故未形無名之時則為萬物之始。及其有形有名之時，則長之、育之、亭之、毒之為其母也。言道以無形無名始成萬物，以始以成而不知其所以，玄之又玄也。」（《道德經‧一章》王弼注）

此處的「無」究竟是《道德經》眾有之外的本源之無，還是王弼的本體之無，不太容易判斷。如從「及其有形有名之時」看，應該有老子宇宙論的生成次序之義。

然而，王弼注「太極」與「大衍之數」，雖也借用《道德經》「無」的用語，但意思很明確，皆不用《道德經》上述兩種「無」之義，不再受老子約束：

> 「其用四十有九。」王弼注曰：演天地之數，所賴者五十也；其用四十有九，則其一不用也，不用而用以之通，非數而數以之成，斯易之太極也。（《周易注疏‧卷十一》）

《道德經》雖有「有之以為利，無之以為用。」（《十一章》）然而聯繫上文「三十輻共一轂，當其無有，車之用。埏埴以為器，當其無有，器之用。鑿戶牖以為室，當其無有，室之用。」（同上）則「無之以為用」的「無」乃指與形器之「有」相對的「空虛」，與「有」不能構成本末關係。因此「不用而用以之通」應取自《莊子》「為是不用而寓諸庸，此之謂以明。」（《齊物論》）由此可斷，王弼雖注《道德經》而「闡貴無」之義，所闡之「無」與《道德經》不相類同。王弼注《老》不是漢人的章句注疏，非是以《老》注《老》，而是資取於《道德經》文本來闡發自己業已成系統的「本無」思想，即以一套獨立的思想體系來注解《道德經》。

《晉書》云：「何晏、王弼等祖述老莊。」（《晉書·卷四十三》）老莊並舉，不加分別。朱熹也云：「至王弼用老莊解。」（《朱子語類·卷六十六》）然而，王弼的「本無」既非「祖述」《道德經》，只能取自《莊子》。

那麼《莊子》究竟什麼觀念可以導致本體論思想並深刻地影響著王弼的本無觀呢？

> 天門者，無有也，萬物出乎無有。有不能以有為有，必出乎無有，而無有一無有。（《庚桑楚》）

莊子這段話非常有意思，它闡述了一個非生成之母的「本無」的存在。「天門者，無有也」，這句話很容易使人想到老子的「玄牝之門」萬物都是從「玄牝之門」產生出來的。似乎與《道德經》生成論沒有什麼區別。

是否如此呢？

莊子接著說：「萬物出乎無有」，故此，「無有」為萬物的本源。那麼，「無有」是否是一個類同老子的獨立渾成之道呢？

下文又說：「無有一無有」，按照前面的意思，如果「無有」就是老子的道，是生成之母。那麼莊子跟著就否定，沒有這樣一個「無有」，沒有一個叫「無有」的獨立本源——「無有一無有」。此用法為《道德經》所無。

《道德經》中「無有」二字一共出現了三次，皆為合成詞：「當其無有」（《十一章》）、「盜賊無有」（《十九章》）、「無有入於無間」（《四十二章》），皆不作獨立本源解。「無有」作本源概念首先出現在先秦的道家作品——郭簡的《恒先》篇——「恒先無有」：

> 恒先無有，樸、清、虛。樸，大樸；清，太清；虛，太虛。自厭不自物，「域」作。有「域」焉有「氣」，有「氣」焉有「有」，有「有」焉有「始」，有「始」焉有「往者」。未有天地，未有作行、出生，虛清為一，若寂水，夢夢清同，而未或明、未或滋生。氣是自生，恒莫生氣。氣是自生自作。恒氣之生，不獨有與也，「域」恒焉，生「域」者同焉。混混不寧，求其所生。異生異，歸生歸，違生非，非生違，依生依，求欲自復，復生之。「生」行，濁氣生地，清氣生天。氣信神哉，云云相生，信盈天地。同出而異性，因生其所欲。業業天地，紛紛而復其所欲；明明天行，唯復以不廢，知幾而亡思不天。

《恒先》的「恒」一般都解讀為「道」。「無有」解讀為「道」的一種存在，即

大樸、大清、太虛，三者為「無有」。有這個「無有」之後，產生了空間，為「域」，有「域」的空間，再產生「氣」。故此，「無有」相當於《淮南子》的「虛霩」。整個架構相當於《淮南子》的「道始生虛霩，虛霩生宇宙，宇宙生氣」，根本不是一種本體論的模式，而是渾沌的生成論。

因此，先秦道家體系內部，也只是到了《莊子》，才明確地說「無有」之本源又非獨立存在──「無有一無有」，此即為王弼之「無」所本。

莊子認同一本源的存在──「無有」，又通過「無有一無有」來消解掉作為生成本源的實體存在，這個為《道德經》所不具備的獨特的本體觀念是從《莊子》什麼思想中衍生出來的呢？

《莊子》三十三篇，外篇雜篇共二十六篇，一般研究者不認為未必出自莊子本人之手，不代表莊子最高思想境界。《莊子》內七篇就成了莊子本人思想的資源。內七篇中又以「齊物論」最能集中反映莊子的核心思想：

> 南郭子綦隱机而坐，仰天而噓，荅焉似喪其耦。顏成子游立侍乎前，曰：「何居乎？形固可使如槁木，而心固可使如死灰乎？今之隱机者，非昔之隱机者也。」子綦曰：「偃，不亦善乎，而問之也？今者吾喪我，汝知之乎？女聞人籟，而未聞地籟，女聞地籟而未聞天籟夫！」子游曰：「敢問其方。」子綦曰：「夫大塊噫氣，其名為風，是唯無作，作則萬竅怒呺，而獨不聞之翏翏乎？山林之畏佳，大木百圍之竅穴，似鼻，似口，似耳，似枅，似圈，似臼，似洼者，似污者。激者，謞者，叱者，吸者，叫者，譹者，宎者，咬者，前者唱于而隨者唱喁。泠風則小和，飄風則大和，厲風濟則眾竅為虛。而獨不見之調調之刁刁乎？」子游曰：「地籟則眾竅是已，人籟則比竹是已，敢問天籟。」子綦曰：「夫吹萬不同，而使其自己也，咸其自取，怒者其誰邪？」

這段話莊子比較了「人籟」、「地籟」、「天籟」的三者不同，三者產生的機制也不同。人籟的比竹、地籟的眾竅都有天然的「不齊」的原因。它們之所以不齊，有兩個原因：首先，有一個向外的比較之心觀物（即「物觀」）角度，同時還有一個獨立的於人籟、地籟的鼓動的「怒者」。兩者分裂了人籟、地籟與「怒者」，也分裂了不同的人籟與地籟，導致了萬物皆不齊，產生了相互比較的人籟與地籟。然而，如果是從萬物自己的內部觀物（即，「道觀」），消解一個獨立的「怒者」，萬物無不齊同。這就是所謂的天籟──「夫吹萬不同，而

使其自己也，咸其自取，怒者其誰邪？」萬物自取，也不知道一個獨立的怒者。

　　莊子承認一個「吹萬不同」的各異世界，但他又消解了一個外在鼓動「吹萬」的「怒者」，把「怒者」的外在動因內化成了萬物自身的存在：萬物都有各自的「怒者」，都是從各自「怒者」那裡獲取自己的獨特聲音。那麼，獨立的「怒者」其存在的依據就自動消失掉了。而人籟、地籟都有一個外在的「怒者」去鼓舞眾竅發出各種聲音，「怒者」在人籟、地籟那裡都是獨立存在。天籟不同，它是讓眾竅自己擁有自己的「怒者」，消解了獨立的外在「怒者」。萬物在各自的「怒者」的鼓吹下吹響自己的聲音，各種「怒者」彼此之間獨立，誰也不關心誰的存在——所謂「怒者其誰邪？」對於各自封閉的眾竅已經沒有意義，因為其他的「怒者」並不會幫助自己的「竅」發出聲音。

　　由此，莊子消解了獨立於萬物的「怒者」，把一層封頂的「獨立」天花板拆除掉了，之後，房子裏的所有家具從此必須從自己身上尋找各自的「天花板」，尋找各自遮風擋雨的「自身天花板」，外在的天花板不復存在。同樣如此，如果這個統一的外在「怒者」在「吹萬」之後仍然確實存在於萬物之中，那麼萬物的聲響必然不是來自於內的，不會是自取的、自主的、自由的，而是要近同「怒者」自己的聲響，萬物就失去「自己」而趨向於一個外在的「怒者」。此猶如莊子所說的「魚」在「江湖」中而忘掉彼此。魚處於「江湖」之中，獲得了自己，故能忘記「相與處於陸」的「不自由」的彼此。魚一旦獲得了自己，不僅忘記彼此，也意味著忘記了「江湖」。魚只有「處於陸」時才能清晰地感知環境的對峙存在。對峙的環境一旦消失，魚對「江湖」的存在就可以忘記。這類似海德格爾的「在者」處於「在」的「境」中，而忘記「在者」自身及「周圍環境」的存在。

　　莊子的「忘記」不僅是個認知論的「忘記」，也是個存在論的「忽視」。它不僅指認知上的對「江湖」的忘記，而實際上等同於「江湖」在「存在」上並「不存在」。「不存在」並不是指「江湖」不存在，而是指「江湖」不能獨立於個體的「魚」而存在。「江湖」如附著每條「魚」一身的「存在」，如此才可以真正在「認知」上「忘記」。從道的層面上看，莊子的「認知論」始終與「存在論」融為一體，認知的「忘」顯示了存在的「一體」，「江湖」與個體的魚「一體」而存在，就會自動忘記「江湖」的獨立存在。「忘」就意味著道的存在的真實性，與個體渾然為一體。

從道的層面上，「江湖」與「魚」的存在不可分析為二，「道」不得離開萬物而獨立存在，「怒者」不得離具體每一個「竅」而獨立存在，竅者自怒也。即，不存在一個獨立之「道」役使萬物，萬物自役也，眾竅自怒也。莊子特喜歡講「混同於道」，他實際想表達的東西，就是否定老子那種「獨立而不改、周行而不殆」的外在的「道」。

「道與萬物本為一體」的思想被莊子發揮到極致，出離於萬物並非道，道就是萬物存在的「自己」，萬物之所以可以自取、自主，不能說取自「道」，而只能說取自萬物之自己。這樣，莊子通過「認知論」與「存在論」的合一（如果可以這樣說的話）就取消了老子獨立存在的道，把「道」內化於萬物的自本自根，這樣，得「道」的人就可以渾然忘記天地。

那麼，在《齊物論》上，莊子又如何具體地消解一個獨立的本源之道而使得萬物可以自己、自取呢？

1. 橫向上的物的對峙

《齊物論》消解一切對待的思維，取消了物我、生死、是非、彼此的區別，與老子有根本的差別。《道德經》雖然最終追求「道」的渾沌不分的境界，但在實際經驗取向上，還特別重視「物」世界內事物的對峙相生，在《道德經》中篇幅很大，位置醒目。老子在第一章講完「道」的無名世界，第二章跟著就講「物」的對峙世界：

> 「天下皆知美之為美，斯惡已；皆知善之為善，斯不善已。故有無相生，難易相成，長短相形，高下相傾，音聲相和，前後相隨。」（《二章》）

老子認同對峙的一般事實，並在對峙事物的比較中取法「柔弱勝剛強」，形成其獨特的處陰守雌的處世態度，等於向經驗世界作出了讓步。老子的理想世界的「小國寡民」與莊子的理想世界的「至德之世」恰好是兩者的區別的微妙處：莊子絲毫沒有給經驗世界留下任何退步，而老子卻給經驗時間留有餘地。

莊子比較徹底，他一面說：「彼出於是，是亦因彼。」（《齊物論》）「彼」與「是」相因而生，似乎與老子的對峙世界沒有什麼差別。然而，莊子進一步發揮說：「是亦彼也，彼亦是也。彼亦一是非，此亦一是非。果且有彼是乎哉？果且無彼是乎哉？彼是莫得其偶，謂之道樞。」（同上）莊子從「彼」、「是」相因關係反而得出一個結論：「彼」也為「是」，「是」也為「彼」，「彼」與「是」

並非對立之「偶」，「彼」與「是」皆獨立而自成自足，不因「是」而有「彼」，不因「彼」而有「是」，「彼」中自有「彼」、「是」二者，「是」中也有「彼」、「是」二者。通俗地說，「彼」與「是」都是自給自足的世界，不需要對峙存在，徹底消解了老子的對峙存在。

所以，從「道樞」的自足眼光看，萬物自性皆全，混同為一。老子的「道」通過「樸散為器」而分裂為萬物，「道」與「物」之間有一條巨大的鴻溝難以逾越。在老子看來，每一物都不能自足自全，不能自足的物之間形成對待相生的狀態，它們之間既是彼此限制也是彼此互補。所以，老子需要一個大全的、獨立的道為分裂的萬物作根源。朱熹評莊子說：「莊子卻將許多道理掀翻說，不拘繩墨。」(《朱子語類·卷一百二十五》)老子尚規守世俗的對峙習見，莊子連對峙也全皆掀翻，萬物皆內在於自己的「一」，而非有一個無名無形的「一」在萬物之外。所以，莊子才進一步說道「在屎溺」，而非「屎溺」分有一個部分的「道」，或「屎溺」之外有一個獨立之道，每一物因「道」即在自身之中而自足自全。

莊子取消對峙，把物之全性、足性還原給物，物物既是自足，故皆可自內而不向外的自己、自取。這樣，老子那種「物」世界一切向外的對峙相生之特性則自行消解。

莊子可謂是解構了老子，從道源上給萬物以自足，讓道消解在萬物之中而不能獨立存在。隨著「對峙」被解構，一切經驗的物世界也在莊子那裡也解構了。老子體系中晦澀老辣的「陰謀論」在莊子那裡就蕩然無存、煙消雲散。

2. 縱向上道的生成

《道德經》從橫向方面強調萬物之間的對峙；在縱向方面，老子還強調有一個「獨立不改」之「道」，它通過有步驟的分裂而顯現為天地萬物。「道」與萬物就形成了物態的不同以及時間先後的差異，由此而形成生成次序的對峙：「道」儼然為恍惚之大物的存在，並通過「樸散為器」的分裂過程逐漸展開——「道生一，一生二，二生三，三生萬物。」(《四十二章》)這種階次的生成拉開了萬物與道的差異。同時，「道」至萬物與萬物至萬物都有一個階次差別，這才有了「人法地，地法天，天法道，道法自然」等天然階次，形成底層向高層的存在一級級地向外效法。因是故，「道」根本不可能在萬物之中存在，萬物要通過一個生滅次序才能「復歸」於一個「獨立而不改」、「周行而不

怠」的道，人也只有通過「吾以觀復」的行為才能傚仿「道」。

　　莊子從橫向上齊同萬物，消解萬物的對峙，又進一步推論出萬物內在於自身的「一」或「道」，一舉「掀翻」老子的對峙思維：萬物都是化生於自己的內在的「一」，物物因齊同自己的「一」而無對峙。莊子又在時間的縱向方面成功地取消了老子獨立的生成本源，萬物之外的道、道與萬物的時間次序皆不復存在：

> 　　有始也者，有未始有始也者，有未始有夫未始有始也者。有有也者，有無也者，有未始有無也者，有未始有夫未始有無也者。俄而有無矣，而未知有無之果孰有孰無也。俄而有無矣，而未知有無之果孰有孰無也。今我則已有謂矣，而未知吾所謂之其果有謂乎，其果無謂乎？天下莫大於秋豪之末，而大山為小；莫壽於殤子，而彭祖為天。天地與我並生，而萬物與我為一。既已為一矣，且得有言乎？既已謂之一矣，且得無言乎？一與言為二，二與一為三。自此以往，巧歷不能得，而況其凡乎！故自無適有以至於三，而況自有適有乎！（《齊物論》）

《道德經》沒有消解萬物之間的對峙，從經驗層面比較重視萬物的相生、相隨、相形，老子由此必然產生「道、器」之別的觀念，有道、器之別的觀念，就會進一步產生道、器之間的時間演化次序，又進而有萬物之間生成次序。莊子做的顛覆工作，就是取消了事物的對峙關係，從物之間對立的特性關係上取消的。

　　在莊子看來，道作為一個大物的存在，它的所謂的物性可以歸結為「無」；物的本性就不同，可以稱之為「有」。「有」與「無」卻不是對峙關係，因為「無」就在「有」中存在。因此，道之為「無」不外於萬物之為獨立之「有」。如此，「道」與「物」也可相互取消其獨立性。道、物齊同為一，道、物之間也不存在有時間上的先後次序。進一步推論，物與物之間也「齊同」，則也不存在「此物」與「彼物」先後的生成次序。這樣，道與萬物不再有生成的次序差別，也就是，不再認同「自無適有」。推之，萬物之間也沒有一個時間上的先後次序，也不認同「自有適有」。「無」與「有」的生成之鏈斷了，「有」與「有」的生成之鏈也斷了，萬物各自「獨化」的觀念自然便有了。

　　萬物既然沒有一個獨立其外的化生之源，也沒有物物之間的生成關係，那麼萬物從何而來？莊子提出「自本自根」來取代老子獨立本源的空缺所遺

留下的生成論缺憾：

> 夫道，有情有信，無為無形；可傳而不可受，可得而不可見；
> 自本自根，未有天地，自古以固存；神鬼神帝，生天生地；在太極
> 之先而不為高，在六極之下而不為深，先天地生而不為久，長於上
> 古而不為老。（《大宗師》）

老子獨立之道的理論有一個困難：道既是無形無象，又如何分裂為有形有象？老子只有「樸散為器」與「道生一」等含渾的說法，而始終未能解決此難題。朱熹看到這個弊端，回應弟子謙之「老之說為無」時說：「道家說半截有，半截無，已前都是無，如今眼下卻是有，故謂之無。」（《朱子語類·一百二十六·釋氏》）。「半截無」怎麼轉化為「半截有」，在老子那裡就是個非常困難的坎陷，難以逾越。老子雖然講「道」的世界是無對待的，但他特別強調「物世界」的對峙，並利用對峙為自己的「柔弱勝剛強」的思想服務，他選擇了對峙的「柔弱」、「退讓」、「雌伏」、「貞靜」、「嬰兒之未孩」的一方，以此戰勝另一方，而不是像莊子一樣通過外不待物的方式泯滅雙方的存在。老子這個根本的思維方式導致他體系中「有」、「無」形成對峙，「無」不能貫通「有」而成為純粹的本體，「無」只可作本源的生成之母。所以，在老子那裡始終有無形與有形上下兩截之弊。

莊子的體系非常徹底，他用「自本自根」解決了老子的難題，雖然「自本自根」可以從老子「獨立而不改，周行而不怠」的「道」的邏輯中裏推衍出來，但老子因為有兩截思維，就妨礙他進一步發揮。莊子則從萬物身上用力，對老子最犯難的「物的對峙世界」進行自我消解，「自本自根」就被引進了萬物之中。萬物在生成上為「自本自根」，既無其上的生成之道，也無其上的生成之母，萬物在本性上自足，無待於外。萬物的生、長、成、衰都是「自根」、「自性」、「自為」，這本身就是萬物的「道」，這就消解了老子的道器上下、有無兩截之弊。

關於什麼叫「自本自根」，郭象有個注解：「明無不待有而無也。」（《莊子注·卷三》）「待」為對待，即「無」不是「有」的對待物，「無」與「有」不是兩個不同的東西，「有」之自性便是「無」。「夫無也，豈能生神哉？不神鬼帝而鬼帝自神，斯乃不神之神也。不生天地而天地自生，斯乃不生之生也。故夫神之果不足以神，而不神則神矣。功何足有。事何足恃哉。」（同上）鬼帝乃自神，天地乃自生，這就把老子獨立之「無」轉化成「有」之自神自生的

本體。郭象注「在太極之上不為高，在六極之下不為深」：

> 言道之無所不在也。故在高為無高，在深為無深，在久為無久，在老為無老，無所不在而所在皆無也。且上下無不格者，不得以高卑稱也。內外無不至者，不得以表裏名也。與化俱移者，不得言久也。終始常無者，不可謂老也。（同上）

「道」在高處為何不為「高」？在深處為何不為「深」？在久處為何不為「久」？在老處為何不為「老」？因為「道」不是獨立存在的，故此在高處，道的高是物的高，不見乎道；在深處，是物的深，不見乎道；在久處是物的久，不見乎道；在老處是物的老，亦不見乎道也。道無處不在，所在之處又只見物的杵在，道則泯然無形跡可尋，所以道沒有所謂的對峙世界的「高、深、久、老」。道還高給高之物，還深給深之物，還久給久之物，還老給老之物。道剝離一切所有物的特性，順隨萬物而不有自己。

「高、深、久、老」諸多特性都是物物相互比較的外在差異，乃《道德經》的習常思維。「道」既消除高下、深淺、久暫、老少之別，與《道德經》慣常的思維迥異了。道所謂的「無處不在」，不可理解為道「至大至廣」而無處不在，如此，道便有「大」、「廣」之性，仍然是對待思維。道「無處不在」即是道根於任何一物之中，物物皆含有一自全之道，故此，才可以講「道」無處不在也。道「無所不在而所在皆無也」，道在高隨高，在深隨深，在久隨久，在老隨老，道順隨萬物且不得有自立之性，故道在深而非有深性，所謂「無深」；在久而非有久性，所謂「無久」；在老而非有老性，所謂「無老」。道之性即無也，故道「無所不在而所在皆無也」。

道無自性，以萬物之性為性，本來屬於老子應有的思想。但老子一談到道與物，就分成兩截；一談到物與物，就分成對峙，所以無法充分發揮出來。老子的渾沌生成論在整體架構上無法包容莊子本體論的思想，這就是老莊的分歧點。

郭象觀點雖源自莊子，但實際上，還有一個中間的過渡，郭象的莊子學其實是直接紹續王弼的莊子學而進一步發揮的。我們看看王弼注「人法地，地法天，天法道，道法自然」，比較郭象上面的說法，會發現言說方式都非常相似：

> 法謂法則也。人不違地，乃得全安，法地也。地不違天，乃得全載，法天也。天不違道，乃得全覆，法道也。道不違自然，乃得

其性。法自然者，在方而法方，在圓而法圓，於自然無所違也。自
然者，無稱之言，窮極之辭也。用智不及無知，而形魄不及精象，
精象不及無形，有儀不及無儀，故轉相法也。道順自然，天故資焉。
天法於道，地故則焉。地法於天，人故象焉。所以為主，其一之者
主也。（樓宇烈《老子道德經注校釋·二十五章》，北京：中華書局，2008）

比較一下《道德經》：「人法地，地法天，天法道，道法自然。」（《二十五章》）
王弼順著「道法自然」開始說自己的思想。前三者是萬物都在效法道，最後
一個轉折，道也在效法自然。什麼叫自然，解讀就不同了。王弼的解釋就
是，道效法萬物就是自然，所以王弼說：「法自然者，在方而法方，在圓而
法圓，於自然無所違也。自然者，無稱之言，窮極之辭也。」道在方的地方，
它就效法方，道便成為方的，但自己又不是方。道在圓的地方，道就效法圓
的，道便變成圓，但道又不是圓的。道的這個特性叫做「於自然無所違也」。
什麼意思？不是萬物不違背道的特性，而是道不違背萬物的特性，萬物是
圓的，道跟著就是圓的，萬物是方的，道跟著就是方的，道全方位地跟進萬
物，沒有自己的獨立的特性。道即所謂的「在方為無方，在圓為無圓」，道
只是順隨方、圓之性，無獨立自性，故道既無方性、也無圓性。在方的地方
不得違背方，在圓的地方不得違背圓，無條件服從萬物之性。道所以不得違
方、違圓的原因，因為道性本為無，故道在方宛然似方，在圓道宛然似圓，
實則道非方非圓，道性只是「無」，道在方、在圓道也是「無」。

　　郭象顯然是跟著王弼之後的，言辭方式都在亦步亦趨地模仿王弼。

　　王弼、郭象都消解了「道」作為「生成之母」的獨立特性，挺立了「道」
之「本無」的特性。湯用彤先生所謂的消解現象之性而以本體為真實之性，
是不甚妥當的，兩者迥然有別。郭象因襲王弼也稍有不同。道「在高為無高，
在深為無深」，道「無」自己本性即「效法」萬物之性。推而廣之，道在天地
則效法天地，在萬物則效法萬物，萬物之性即道之性，道之自性泯滅在萬物
之中了。道的獨立特性被完全虛無化了，與老子的實體化的、獨立的渾沌之
道差異甚大。

　　「自本自根」看起來類似生成論，「本」與「根」都與生長的本源、能量、
動力有關，與中國文化整體的「生生」品質撇不開關係。然而，在莊子那裡，
萬物之上的獨立之道被消解了，一物之上也沒有另一個作為生成之母的「物」
的存在，生成的獨立外源被「本根」思維消解了。莊子的「齊物論」不追溯

「道」作為「一物」是如何化生萬物的，雖然在《莊子》外篇上也夾雜類似老子的生成次序，如《天地篇》講：「泰初有無，無有無名，一之所起，有一而未形。物得以生，謂之德；未形者有分，且然無間，謂之命；留動而生物，物成生理，謂之形；形體保神，各有儀則，謂之性。性修反德，德至同於初。」但基本與內七篇的精神不類，不在我們考察範圍。莊子所以為莊子，還是回到他的自本自根「本體論」之道。

莊周消解「道」作為一「獨立不改」的外物，也消解其漸次化生萬物的模式，老子的「道生一，一生二，二生三，三生萬物」的生成模式在莊子這裡就沒有存在的理由了。同時，莊子進一步把這個邏輯推廣開來，也消解了物物之間先後的生成次序。王弼從莊周「自本自根」的思想演化為「獨化論」（雖然路徑是從鄭玄那裡經過的），從獨化思想推演出他的本無論。

> 原夫兩儀之運、萬物之動豈有使之然哉？莫不獨化於大虛欻爾而自造矣。造之非我，理自玄應，化之無主，數自冥運。故不知所以然而況之神。是以明兩儀以太極為始，言變化而稱極乎神也。夫唯知天之所為者，窮理、體化、坐忘、遺照、至虛而善應，則以道為稱，不思而玄覽，則以神為名。蓋資道而同乎道，由神而冥於神也。（《周易注疏·卷十一》）

「兩儀之運、萬物之動」皆無一獨立外物使之然，二者的「運」與「動」本於自身，兩儀之上並無生成之母，萬物之上也無兩儀。由此推之，太極之上也無生成之母，太極也不在任何物之上，非任何物的生成之母。因此，太極也不是獨立於兩儀、萬物之外一物，太極與兩儀、萬物本為一體，兩儀、萬物皆有各自的太極。兩儀、萬物的根就是太極，兩儀、萬物自根於太極、自本於太極，太極就是兩儀、萬物的自本自根、萬物自造的內在之源。「故不知所以然而況之神。是以明兩儀以太極為始，言變化而稱極乎神也。」大虛就是太極，太極就是大虛。太極乃大虛之別稱，大虛即無，非別有一個陰陽未分、無形無象、含氣之大虛。大虛所謂的「無」，即所謂「在方而法方，在圓而法圓，於自然無所違也。」因此，太極只是一個虛化的本體，非實有、不能獨立存在。太極既然不是一個獨立的本體，其所謂「兩儀以太極為始」，只是太極為兩儀的自本自根而已，太極作為形而上的本體，「理」所謂「在先」、「為始」，而不是一物與另一物的時間先後。「兩儀之運、萬物之動」「不知所以然」，兩儀萬物「始」於自身的自本自根而不可知，此之謂神。王弼消除了兩儀與萬

物的生成次序，甚而也消除了兩儀、萬物與太極的次序。他的邏輯是本於莊子的「自本自根」，以此消解老子生成次序說。

《莊子》一書裏沒有「獨化」、「造之非我」、「化之無主」等話語，這些都是王弼從《莊子》「自本自根」、「咸其自取」等說法中進行創造性轉化而獲得的，雖言辭小異，卻能見思想觀念潛移默化的變遷。王弼提煉了莊子的「自本自根」，擴展為一系統的表述，成為一代思想的先驅。

作為一種思想體系，「獨化」思想非常奇特，它有所謂的自本自根的「生成」面貌，卻完全排斥生成次序。然而，如果沒有生成次序，「生成說」就不可成立，只有形式存在之價值。

因此，「獨化論」雖貌似生成說，但其架構實乃為一本體論，只是因襲有生成的外貌，姑且我命名為「生成本體論」。

結語

夏、商、周三代，天地是萬物的生成之母，天與地相較，天尤其處於至高無上的神聖地位。在天之上，無有更為根本者，三代之人也不會對「天之上」或「天之外」的存在作更深遠的追溯，由天人相通所建構的巫術神學體系也不需要這樣的探求。孔子作的《十翼》就沿襲這個古老的傳統，大大淡化天的神格色彩，突顯天地生育的自然仁愛，孔子大贊乾德化育之功能：「大哉乾乎！剛健中正，純粹精也。」並給予乾坤的整個生成過程體系化，形成「太極兩儀八卦」的宇宙架構。

逮至周幽王被殺，鼎革之變，王室東遷，周的統治力逐漸衰微下去，至春秋晚期，禮崩樂壞，隨著周對諸侯管控能力下降，各種疑天、質天的理論順勢流行起來。正是在這個背景下，逐漸累積了對天地零零碎碎的質疑開始形成系統性的思想體系，這就是《道德經》產生的根源。

為了重建一種更加權威的永恆存在母體，《道德經》著手在天地之上、之外追溯一個更高、更久遠的獨立生成之母，它的無形無象成為一切超穩定的源泉，並由此建立一級級效法的森嚴的秩序，保證天地有持久的道的源泉。老子用了「反者道之動」的思維所建構的渾沌的存在，其本性的無形無象但又確乎「有精有信」在時間上超越了天地，也成了天地萬物之母。

由《道德經》所建立的渾沌體系，到戰國晚期，被《鶡冠子》、《呂氏春

秋》所繼承，它們又把「道」進行具體化的界定，轉化為可名、可言的「元氣」或「太一」，完成了與儒家《易傳》體系的對接、貫通。從渾沌之性的角度看，「元氣」或「太一」與《道德經》的「道」區別不甚大，也是無形無象的存在，只不過可名可言。當然，我們也可以說老子的「道」也是可名的，「道」不是名字嗎？或「強為之名曰大」，再不如就乾脆成了人人可以遵循的「路」，「字之曰道」。

戰國晚期的思想對漢初的《淮南子》影響很大，《淮南子》中的「天文訓」「精神訓」等等也建構一個渾沌體系，只是《天文訓》走得更遠。《天文訓》試圖在渾沌元氣之上增加更高的生成之母：渾沌雖然說是無形無象，但它仍然屬於「存有」的範圍，「天文訓」要提出比它更根本的存在，它建構了一個「絕對的無」。並且這種「絕對的無」是可以生育的母體。於是，《淮南子》明確地描述了絕對的無到渾沌實體（渾沌的無）的演化過程——「虛霩——宇宙——涯垠——氣」。

這個「無生有」的生成次序在漢代學者那裡持續了幾百年，直到鄭玄注《乾鑿度》的時候，才發現要從「絕對的無」生育「渾沌之有」的困難，其邏輯難以克服。鄭玄認為「不見氣」的絕對的無根本不能擔當生成太極渾沌的任務。這樣，就形成一個困境：渾沌本身既然是「存有」的極限，它不能由另一個在它之上的存在產生，也不能由太易的「絕對的無」生成。那麼，這個極限的渾沌存有——太極元氣——又是怎麼生成的呢？

從生成的角度看，在渾沌的太極的「前面」或「上面」既不能是「無」，也不能是「有」，然而它又是個「生成物」。那麼，它的「上面」或「前面」是什麼？如果「上面」或「前面」皆是一種「有」的另一種說法，那就會形成一系列的前推，沒完沒了。作為存有的極限的渾沌，它的「前面」、「上面」的「有」不能再出現、不能再被運用，那麼，沒有之前、也沒有之上的「太極」又是怎麼出現的？

這個兩難之境一定深深困擾了博學而深思的鄭玄，在現有的渾沌體系的各類思想資源中，根本找不到任何的解決辦法。他只能另闢蹊徑——在生成論外圍尋找思想突破資源。於是莊子的「自本自根」的本體觀念就跳入了他思想的域口。鄭玄便說渾沌的太極沒有外在是生成之源，它是「自生自成」的，而且是非常奇特的「忽然而自生」。因為如果簡單地說「自生自成」，一定有一個漸次的過程，由小變大，由微至著。那麼，就會又陷入一個圈套之中，

微小的太極從哪裏來的？因此，太極的生成沒有過程，只能是「忽然」。也就是說，「太極」自身的形成沒有一個母體，也沒有過程、次序，也不存在時間。「忽然」出現，無預演、無漸次、無消息，本來如此，如如而來，似乎不生也不滅。

「無」沒有生殖資料，不能成為「有」的母體。「有的極限」也不可能是另一個「有」，因為已成「極限」。「極限之有」或最根源的「有」只能是自生自成，自生又沒有過程，只能是「忽然而自生」。既然沒有一切的過程，那麼，「極限之有」一開始就是完備自足，無一絲少欠。

鄭玄的宇宙論就有了兩階次的生成模式：a、「元氣」之下的萬物有生成次序；b、「元氣」本身為「忽然而自生」，沒有生成次序。如果，把天地萬物的次序生成貫徹到極限，必然追溯到極限存有的「元氣」之前還有一個絕對的虛空，同時，一旦逆溯到這階段，也不得不止步不前，理性告訴我們，絕對的無不能生成渾沌之有。如此一來，又不得返回到存有的極限——「元氣」——本身上，只能得出一個結論：元氣本身就只能是「忽然而自生」，沒有母體，沒有過程。如果順著元氣的生成樣式進一步發揮，把它運用到所有的萬物，則形成一套獨化論體系，而鄭玄還沒有走到這一步，之後，王弼完成了最後階段。

由此可見，鄭玄的兩個生成範式是一個邏輯推衍過程，從一個過程可以導致另一個過程，而發展至「獨化論」，那所有的生成過程也就會自動終止，元氣之上沒有造物主，物之上也不會有造物主。物物之間沒有了生成關聯，也就沒有了其他的關聯，因為物內在的「玄無」成了物自足的根本，萬物就變成各自孤獨而自足的存在。

「忽然而自生」轉變成「獨化」。萬物獨而生，獨而化，獨而亡，萬物皆獨化於各自的玄冥，從黑暗中來又回到黑暗中去，沒有德性之光，沒有生養之恩，沒有代代相續的文化傳承。這樣的觀念發揮到人倫價值層面上，就形成對儒家的秩序性世界的嚴重挑戰，儒家孝悌的生成因果鏈就被斬斷，生生相連的親親之仁失去了理論的支撐，由此而建立的「君君、臣臣、父父、子子」的人倫秩序也變得毫無意義。隨著儒家的人倫秩序世界的遭到徹底的顛覆，漢學開始向玄學過渡了，通透曠達的魏晉風度拉開序幕。

第四章　周敦頤「太極」說的三個基本含義

《四庫提要》稱:「經稟聖裁,垂型萬世,刪定之旨,如日中天,無所容其讚述。所論次者,詁經之說而已。自漢京以後垂二千年,儒者沿波,學凡六變。其初專門授受,遞稟師承,非惟詁訓相傳,莫敢同異,即篇章字句,亦恪守所聞,其學篤實謹嚴,及其弊也拘。王弼、王肅,稍持異議,流風所扇,或信或疑,越孔、賈、啖、趙,以及北宋孫復、劉敞等,各自論說,不相統攝,及其弊也雜。」

按照這個說法,宋學初創階段,如孫復、劉敞等因襲漢唐舊經學,雜糅王弼、鄭玄、漢遺存的象數學等多家觀點,未有自家面貌,故有「其弊也雜」的缺憾(特指宋代儒家學術,不包括其他學術),但也算是自漢京以後「詁經」的儒者沿波的「六變」之一,隸屬於傳統經學的一個組成部分。經學、宋學之間的關係,略如佛家所說的「海水」與「眾漚」的關係,不可以把它們離析為二。宋學之有所創獲也不過為詁經「眾漚」之變,仍屬於經學「海水」的大體系之內。因此,經學的內部延革、變遷在根本的面貌上塑造了宋學,這是考察宋學的一個基本前提。不似後代學者把經學與宋學截然分開,把宋儒的義理派從經學史中掃地出門,矯枉可謂過正。

《提要》又說:「洛閩繼起,道學大昌,擺落漢唐,獨研義理,凡經師舊說,俱排斥以為不足信,其學務別是非,及其弊也悍。」《提要》所謂的「六變」,往上溯及北宋的孫復、劉敞等,往下延伸至洛閩程朱,中間遺缺周敦頤、邵雍等。故此,可以判知,在《四庫》館臣們看來,「擺脫漢唐」的分界線當

始自洛閩程朱之學，二程之前的宋學開創者，包括周敦頤、邵雍、張載等並未完全擺脫漢唐經學的影響。此是考察宋學的第二個基本前提。

復次，我們應該知道的是，自韓愈、李翱師徒首倡道統、開創儒家心性之學之後，始有宋儒之學的挺立，沒有韓愈、李翱的新經學，宋儒不得為宋儒也。此是考察宋學的第三個前提。

上述三個前提合而為一：無論是漢唐舊學還是韓、李新學皆深刻地影響了宋儒，故此，本文在考察周敦頤的太極說之前，必先考察隋唐的兩種經學。

第一節　周敦頤「太極」說的經學背景

一、隋唐經學的太極觀

宋代之前的經學有兩種範式：一、漢唐的章句注疏，即《四庫提要》所說的：「其初專門授受，遞稟師承，非惟詁訓相傳，莫敢同異，即篇章字句，亦恪守所聞，其學篤實謹嚴。」二、王弼的玄理入經。王弼的《周易》經學用一套玄學理論去注經，開創了後世經學中義理派先河。

嚴格地說，隋唐經學雖是疏漢人的注，但在思想內容上不能完全為漢學系統所籠罩。因隋唐經學深受南學影響，與嚴格的漢人經學已形成迥異的風格。東晉以降，經學的南北之分已甚為明顯。《北史列傳·儒林上》稱：「漢世，鄭玄並為眾經注解，服虔、何休，各有所說。玄《易》、《詩》、《書》、《禮》、《論語》、《孝經》，虔《左氏春秋》，休《公羊傳》，大行於河北。王肅《易》，亦間行焉。晉世，杜預注《左氏》。預玄孫坦，坦弟驥，於宋朝並為青州刺史，傳其家業，故齊地多習之。」由此形成北方齊地的經學特徵，較為恪守古文經學的家法。而以東晉政權為中心的南方經學則又是另一番面貌，其傳承體系也頗不同，主要以玄學家王弼為旗手，其他諸家為輔，而服虔、何休、王肅等純粹古文經學經不被看重：「江左，《周易》則王輔嗣，《尚書》則孔安國，《左傳》則杜元凱；河、洛，《左傳》則服子慎，《尚書》、《周易》則鄭康成；《詩》則並主於毛公，《禮》則同遵於鄭氏。」《北史》總結南北經學的特徵，說：「南人約簡，得其英華；北學深蕪，窮其枝葉。」作於唐代的《北史》的基本態度代表了隋唐人經學風尚的改變，他們對玄學義理之風表現了強烈的嗜好，隋唐儒者已不喜漢人「窮其枝葉」的注疏學風。《隋書·經籍志》云：「梁、陳鄭玄、王弼二注列於國學，齊代唯傳鄭義。至隋，王注盛行，鄭學浸

微，今殆絕矣。」北學也因此漸漸不傳。隋唐經學受玄風影響而趨「南學」之「約簡」，多近義理，大倡玄風，已不類漢學。清人皮錫瑞說：「皇侃之《論語義疏》，名物制度，略而弗講，多以老、莊之旨，發為駢儷之文，與漢人說經相去懸絕。」（《經學歷史·經學分立時代》）然而孔穎達卻稱揚皇注，以為熊安生「釋經唯聚難義，此正所謂北學深蕪者。又以皇雖章句詳正，微稍繁廣；以熊比皇，皇氏勝矣。」（同上）《五經正義》正是在這個基調上展開的。作為群經之首的易學，唐人主要採用王弼〔註1〕，以「無」來解讀「太極」：

> 是故易有太極，是生兩儀。《注》：「夫有必始於無，故太極生兩儀也。太極者，無稱之稱，不可得而名，取有之所極，況之大極者也。」（《周易注疏·卷十一》）

> 大衍之數五十，其用四十有九。《注》：「王弼曰：『演天地之數，所賴者五十也。其用四十有九，則其一不用也。不用而用以之通，非數而數以之成，斯易之太極也。四十有九，數之極也。夫無不可以無明，必因於有。』」（同上）

「無」雖為「有」之本，也並非「元氣」之無形無狀之謂，而是指「兩儀」自本自根、獨化於自己的根源——「無」。「無」本根於「有」，「有」之所立之本，究其極而渾渾而不可名，故而說「不可得而名」，猶如老氏之「道」，強字為「太極」也。太極雖強字為「無」，然也非獨立於「有」之外的「無」，乃「有」之自本自根，故「太極」必寓託於「有」而顯示自身。

唐人李鼎祚作《周易集解》，卦辭、爻辭注多用虞翻，間也雜採鄭玄、崔憬、干寶等，極少採用王弼注，其序言更是明言對王攻伐：「刊輔嗣之野文，補康成之逸象」。然而，「大衍之數」的注解，李卻沒有採漢人的舊說，而直接沿襲王弼的「野文」：

> 捨一不用者，以象太極，虛而不用也。且天地各得其數以守其位，故太一亦為一數，而守其位也。王輔嗣云：「演天地之數所賴者五十，其用四十有九，其一不用也，不用而用以之通，非數而數以之成，即易之太極也。」（《周易注疏·卷十四》）

〔註1〕《周易正義·序》云：「漢理珠囊，重興儒雅。其傳易者，西都則有丁孟京田，東都則有荀劉馬鄭，大體更相祖述，非有絕倫；唯魏世王輔嗣之注獨冠古今。所以江左諸儒，並傳其學，河北學者，罕能及之。」另外，本書把王弼注與韓伯康注並稱為王注，不加區別。

李鼎祚此注所引恰好是王弼玄學最精要處，李力圖刊汰輔嗣之野文，卻對王學的核心精神未能通透，確實有點滑稽。

王輔嗣南學玄風雖籠罩隋唐經學，但漢人舊學之餘暉依在，也仍未盡皆消散也。唐人的易學一面採用輔嗣的玄解；另一面，漢人龔傳已久「太極元氣」說也普遍地被唐代學者傳承了下來：

> 時太極運乎三辰，轉寒暑而下馳；有歸於無分，盛復於衰；猶昧爽之必莫，又安得而怨諮。（《劉賓客文集·卷一·傷往賦》）

「太極運乎三辰」，劉賓客應當採用馬融「太極北辰」之說：北辰星居眾星之中，釋放「元氣」，與太極元氣說本出一源。

> 元氣者，天地之始，萬物之祖，王政之大端也。（《陳拾遺集·卷九》）

陳子昂的元氣說，顯然採用了陰陽未分之說與「大中」說：「天地之始」為陰陽未分；「王政之大端」為「大中」說，為《春秋》「正元」之謂。

> 白日何短短，百年苦易滿，蒼穹浩茫茫，萬劫太極長。（《李太白文集·卷四·短歌行》）

> 誠知通有日，太極浩無涯，布卦求无妄，祈天願孔皆。（《元氏長慶集·卷十一》）

> 本始之茫誕者傳焉，鴻靈幽紛曷可言焉，曶黑晰，眇往來屯屯虺昧革化，惟元氣存而何為焉，合焉者三一以統同……（《柳河東集·卷十四》）

李白的太極說乍看雖不十分的明確，但細考其「蒼穹浩茫茫，萬劫太極長」，與元氣說關係顯然。「萬劫」，為天地輪迴的劫難次數。「太極長」，天地毀滅，回歸元氣，唯有太極不滅，所以太極長久永存。顯然與元氣說關係最大。我們再對照白居易「太極浩無涯」與柳宗元的「鴻靈幽紛」、「眇往來屯屯」，李白的太極還是指未分之元氣。

然而，唐代學者的一般看法也算是唐代正統經學的另一個側面的反映。孔穎達主編的官方《五經正義》就雜採多家疏注，對於「太極」的解讀，不獨襲用王輔嗣的「本無說」，同時也兼採漢人的「元氣說」。孔穎達公然地把《易傳》太極體系與老子渾沌體系合二為一，在他看來，儒道合流為天經地義，毋庸置疑，這是初唐的學者追隨李家王朝的普遍現象：

> 太極謂天地未分之前元氣混而為一，即是太初、太一也。故老

子云:「道生一」即此太極是也。又謂混元既分,即有天地,故曰太
極生兩儀即老子云一生二也。(《周易注疏‧卷十一》)

太極為元氣,為一、為道、為太一、為太初,不加任何區別。「太極生兩儀」
直接說成是「一生二」,無需證明。

邢璹《周易略例序》也是《道德經》與《周易》合流:

原夫兩儀未位,神用藏於視聽,一氣化矣。

「兩儀未位」,即天、地(兩儀也)不在自己的位置上,也就是說天地未分,
渾然一氣。所謂「一氣化矣」,就是指「元氣」。「神用藏於視聽」即是老子的
「視之不見名曰夷」、「其中有精」、「其中有信」,兩儀萬物皆不可見也。邢璹
顯係合用《易傳》與老子,一定主張太極元氣說。

李鼎祚《周易集解》也採用「元氣」與「太極」的合流:

序曰:元氣氤氳,三才成象,神功淡洽,八索成形。(《原序》)

三才、八索是屬於《周易》系統,元氣為黃老系統。推之,李鼎祚也必是主張
太極元氣說。

唐人繼承了王弼的太極觀、也繼承了漢人元氣說,王弼本無說卻否定元
氣說,那麼唐人又是如何調和「無」與「元氣」二者的關係?我們看孔穎達是
如何論述的:

一陰一陽之謂道者。一謂無也,無陰無陽乃謂之道,一得謂無
者。無是虛無,虛無是太虛,不可分別,唯一而已,故以一為無也。
若其有境,則彼此相形,有二有三,不得為一,故在陰之時而不見
為陰之功,在陽之時而不見為陽之力。自然而有陰陽,自然無所營
為。此則道之謂也。故以言之為道,以數言之謂之一,以體言之謂
之無,以物得開通謂之道,以微妙不測謂之神,以應機變化謂之易,
總而言之皆虛無之謂也。(《周易注疏‧卷十一》)

孔穎達的解釋方式非常有趣,糅雜了《易傳》太極兩儀、王弼的本無、老子道
化次序、漢人的元氣說。「一陰一陽」的「一」被解讀為形而上的本源存在。
「一」既可以為「無」,也是「道」。又用《道德經》物世界的對待思維解讀
「若其有境」必然分裂為二、三,把老子「道生一,一生二,二生三」與《易
傳》「太極生兩儀,兩儀生四象」混而為一。「一」既然是「無」,而「無」又
是「太虛」,「太虛」原本是「元氣」,這樣,無與元氣就勾連在一起了:「無是
虛無,虛無是太虛,不可分別,唯一而已,故以一為無也。」「虛無」與「元

氣」本為一物,「元氣」就其無形無相而為「虛無」。

孔穎達注「神無方而易無體」,沿襲鄭玄的本體之無的說法:「神則寂然虛無,陰陽深遠不可求測,是無一方可明也。易則隨物改變,應變而往,無一體可定也。」此時的「虛無」又非元氣之無形無象,而是一種本無的觀念。可見,孔穎達保留了兩種說法,生吞活套,並未真正融合王弼之無與漢人的元氣說。有時,「無」被孔穎達解讀成「元氣」之無象而已;有時,「無」又成為本體的「本無」。對於元氣之為「無」與萬物自根於自己之「無」,孔穎達似並未有深刻的領會並加以區別。

對此,清代學者閻若璩看的比較清楚,他批孔疏云:「大抵孔穎達纂經翼傳不為無功,而第曲狗一說莫敢他從。如《毛詩》、《戴記》則惟鄭義之是從,至於《尚書》則又黜鄭而從孔是,皆唐人萃章句為義疏、欲定為一是者之弊也。噫!孰知此一是者竟未嘗是也哉。」(《尚書古文疏證·卷一》)一面稱讚孔穎達補翼經傳之功,一面批其循規蹈矩,無有獨立之思考,只能萃集前人章句為義疏,而無一以貫之的精神灌注其中。

碎義難逃是章句之學的宿命。唐人正統經學沒有一以貫之的思想,這導致唐人無法融攝漢人元氣說與王弼的虛無說為一,《五經正義》雜糅諸家而頗顯「無統」也屬正常。

二、韓愈、李翱的新經學傳統

在漢人與王弼的傳統之外,唐人又開創一個新的經學傳統,即韓愈道統說與李翱復性說。唐人正統經學不避老子,代表官方的《五經正義》視儒、道相合為當然。從學統上,此既是漢學的影響,也是王弼玄學的繼續;在政統上,是李唐政權偏愛道家。除了上文我們講的李鼎祚、邢璹等都如此之外,陸德明《經典釋文》也把老莊著作與儒家經典並列互釋。

陸德明的《周易注疏》云:「『道生一』,即此太極是也。」又說「原夫易理難窮,雖復玄之又玄,至於垂範作則,便是有而教有,若論住內、住外之空、就能、就所之說,斯乃義涉於釋氏,非為教於孔門也。」(《周易注疏》序)陸德明把「太極」與「道」並為一物、「易理」與玄學視為一體,區別「住內住外」、「就能就所」與儒家劃然之界限,顯而易見,陸德明闢佛氏明顯,而視儒道為一家也。

中唐之後,韓愈、李翱可算是異軍突起,一反唐初學者的主張。韓、李

崇儒，大辟佛老。韓愈申明其道為：「博愛之謂仁，行而宜之之謂義。由是而之焉之謂道。足乎己無待於外之謂德……是故以之為己，則順而祥；以之為人，則愛而公；以之為心，則和而平；以之為天下國家，無所處而不當。是故生則得其情，死則盡其常。效焉而天神假，廟焉而人鬼饗。」（韓愈《原道》）又補充說：「斯吾所謂道也，非向所謂老與佛之道也」（同上），是孔門之道也。故自「軻之死，不得其傳焉。」（同上）尊崇孟子，闢荀子、楊雄之說：「荀與揚也，擇焉而不精，語焉而不詳。」其他，如佛老之學、漢唐傳統儒家經學一道皆棄絕之。不過，韓愈作為經學新傳統的初創者，闢荀學、闢佛老、尊道統功勞確實不小，可惜尚未建立一系統的宇宙論與思想體系，對儒家形上學與宇宙論沒有響應的關注。

　　韓愈的學生李翱就不同了，他的《復性說》雖篇幅短小，但已經建立了系統的思想觀點。李翱為了應對佛性說的進逼，大力發揚孟子心性之學，並以儒家的性善論為學術最高之道，為宋儒豎起一個學術思想的方向標。黃百家說：「孔孟之後，漢儒止有傳經之學，性道微言之絕久矣。」（《宋元學案》卷十一）李翱恰好第一個填補了這個空白：

> 人之所以為聖人者性也，人之所以惑其性者情也。喜怒哀懼愛惡欲，七者皆情之所為也。情既昏，性斯匿矣。非性之過也，七者循環而交來，故性不能充也。水之渾也，其流不清，火之煙也，其光不明，非水火清明之過，沙不渾，流斯清矣，煙不鬱，光斯明矣。情不作，性斯充矣，性與情不相無也。（《李文公集・復性說》）

> 故聖人者，人之先覺者也。覺則明，否則惑，惑則昏，明與昏謂之不同。明與昏性本無有，則同與不同二皆離矣。夫明者所以對昏，昏既滅，則明亦不立矣。是故誠者，聖人性之也，寂然不動，廣大清明，照乎天地，感而遂通天下之故，行止語默，無不處於極也。復其性者賢人，循之而不已者也，不已則能歸其源矣。（《李文公集・復性說》）

韓愈張其反佛老大旗，以道與仁義為武器，尚未涉及宇宙論與本體論的話題。李翱追隨自己的老師，進一步以「心性」作為武器，提出「情不作性斯充」、「復其性」，來回應孟子「求其放心」，重建儒家心性學術，但沒有思及宇宙論、本體論。所以，李翱雖談心性，但沒有把太極與心性勾連起來，但為宋儒做了根本性的鋪墊。不過，李翱把「心性」與「天道」勾連在一起，人慾息、善性

復，則天道流行，盡天道就是盡心性，二者一而二、二而一，不可分析破判：

> 道者至誠而不息者也，至誠而不息則虛，虛而不息則明，明而
> 不息則照天地而無遺，非他也，此盡性命之道也。」

在《易傳》體系裏，「一陰一陽之謂道」與「太極生兩儀」是一體的。故此，李翱雖沒有直接談心性與太極的關係，但其體系中隱含著「太極」為「性」的觀點，因為「天道」就是「太極」。

韓愈談到儒家最高道體，李翱則具體把最高道體歸結為「性」，雖然在他們的著作中都未涉及「太極」一概念，未把「太極」與「性」直接連接起來，但其理論的潛含的天道與性的觀點由宋儒發掘出來並發揚光大，演化成「太極為性」的關係。

第二節　周敦頤的太極的三個含義

宋儒之所以稱之為新儒家，其卓然而獨立的學問是從「人性論」發軔出來的。漢初的董仲舒也講三品人性說，但總體來說，人性說不是漢唐經學家關心的議題。自韓愈張揚孟軻，李翱提出復性說，之後，人性的話題才正式進入儒家核心視域中。漢唐儒與宋儒最大的分界線恰好就是人性論的話題。宋代儒者正是崇揚性善說，以此與漢唐儒劃分了思想史的界限。宋儒之所以被稱為「新儒家」與他們對人性論的重視分不開。

在宇宙論上，漢唐經學往宋學的過渡，也從太極元氣說往太極天理說逐漸傾斜。因此，宋學的整個面貌有一個從宇宙生成論逐漸向性善論過渡、融合的特徵。宋學在其草創之初用「元氣」、「性」的合一之說來超越王弼的本無說，由此來抵制佛道的「虛無」觀點，然並未完全擺脫佛道的影響。這樣，宋學在其開創之初，宋儒特喜歡的話題——「太極說」——也就深受漢儒、王弼、李翱的影響：太極之為元氣、之為無、之為「性」，都可以體現在宋儒的太極觀裏。這三種來自不同體系的太極內涵的碰撞、對峙、融合就構成了宋學創建者「太極說」的基本構成基因。

一、太極為元氣

（一）周敦頤的「太極」本為渾沌不分的「元氣」

漢中期出現的《周易・乾鑿度》把漢初的《淮南子・天文訓》中的「氣」

或「元氣」的階段又細分為三個階段——泰始、太初、太素，它們分別代表氣、形、質三者之初始，就氣、形、質皆未成形又混而為一的狀態來說，又可名為「渾沌」，太極即渾沌不分之元氣也。粗略地說，氣、形、質的混一不分即為元氣。《淮南子‧精神訓》與《俶真訓》都把類似「元氣」狀態視為天地起始階段，但影響不大。太極作為渾沌不分的「元氣」在《乾鑿度》體系裏並非最高生成之源，其上還有一個「不見氣」的「太易」。然而，經鄭玄詮釋之後，「太易」乃為「不見氣」的絕對虛無，在生成論上被虛設、閒置，不發生任何作用。故太極元氣說漸漸成為漢人氣論的最高概念了。「太極元氣」說從魏晉之北學而延至隋唐經學，漸而薰染宋儒，使得宋學的初創者皆以「太極元氣」說為宇宙論初始生成之源。周敦頤的《太極圖說》也是以「太極」為其宇宙論體系之中心：

　　　　無極而太極。太極動而生陽，動極而靜，靜而生陰。靜極復動。

　　一動一靜，互為其根。分陰分陽，兩儀立焉。（《周元公集‧卷一》）

嚴格地說，《易傳》的兩儀、四象僅僅是卦象系統，六十四卦也非實指天地萬物，也實指不過來。太極、兩儀、四象、八卦、六十四卦乃是爻卦之象的層層推演，絕非宇宙生成論的物物生成秩序。文王拘羑里演六十四卦，就是爻卦象的推演過程，不可能文王推演出宇宙生成次序。復次，從《易傳》的乾坤架構的體系來看，也不能包容一個在天地之外獨立不改的生成母體。《繫辭》中說：「天地設位，而『易』行乎其中矣。」又說：「『易』與天地準，故能彌綸天地之道。」都把形而上的「太極」限定在天地之間，為天地自身之道，而不能成為一獨立存在。然而，兩漢之際，隨著老子的渾沌生成、《淮南子》的宇宙論發生的深刻影響，到了東漢時期，學者們已普遍接受這樣一個觀點：「太極」與「元氣」視為一物，「太極生兩儀」就成了元氣化生天地。這個宇宙論基本結論一直影響到宋代，兩宋大多數學者皆有這樣的觀點，從宋學初創者到邵雍、周敦頤、張載、蘇東坡等等都是如此。周敦頤說：「分陰分陽，兩儀立焉。」「分陰分陽」就是「元氣」分化為陰氣與陽氣，由一個渾沌之物分離出來，自然可以往上推到「太極元氣」，這就是現成的漢人的宇宙論，未經任何改動。所以，從這裡可以判斷，周敦頤講的「太極」就是未分化的原始之氣，即「元氣」。

　　《太極圖說》的「太極動而生陽，動極而靜，靜而生陰。」本來就是一個漢人太極元氣宇宙論，毋庸置疑。朱熹出來之後，做了根本的改造，就完全

變了。朱熹的體系是從二程的本體論的天理出來，並以此來解讀解周敦頤的
「太極」觀，這一解讀事情不是變簡單了，而是變複雜了，因為他要顛覆重
來。朱熹基本看法是，「太極」的「動」就是「天理」的「動」，而「天理」的
「動」又不是一個「對象」在「動」，只是「天理」有「動之理」；推之，「太
極」的「靜」就是「天理之靜」，「天理之靜」也不是「天理」為一「物事」的
「靜」，而是「天理」有「靜的道理」。再由「動的道理」與「靜的道理」產生
了陽氣與陰氣。一個非物的「道理」生成具體的物，這種解讀讓《太極圖說》
變得晦澀難懂。

　　自從朱熹解讀「無極而太極」為「無形而有理」，儒者內部的聚訟就從未
中斷。究其產生之原因，概言之有二：第一、周敦頤《太極圖說》的文字過於
簡略，語焉不詳，給具體的解讀帶來了麻煩。第二、周敦頤另一部著作——
《通書》的篇幅也短促，給後人的理解也會帶來不小的障礙。「太極」於《圖
說》凡四見，《通書》僅兩見，都未有確解。從現有的記載看，與周敦頤同時
期的學者尚未發現任何文獻把太極解為天理。宋初至南宋朱熹時代，普遍流
行的仍是太極元氣說，除了二程迥異於眾。胡瑗早於周敦頤，他的易學著作，
其太極觀就是元氣說：

> 太極者，是天地未判、混元未分之時，故曰太極。言太極既分，
> 陰陽之氣輕而清者為天，重而濁者為地，是太極既分，遂生為天地，
> 謂之兩儀。（《周易口義·繫辭上》）

整個就是漢人宇宙生成論，未加任何修改。「太極」存在的時間段為「天地未
判、混元未分之時」，也就是元氣。太極既分，就是陰氣陽氣分離，產生了天
地，胡又指明天地就是兩儀：「太極既分，遂生為天地，謂之兩儀。」胡瑗把
「太極」至「天地」的生成次序說得非常清晰：太極分化產生陰陽，陰陽離析
產生天地。到了《太極圖說》那裡，話語就變得模糊了，只說「分陰分陽，兩
儀立焉」，雖然意思很明確，但由於學術的繼續分化，就給解讀帶來了很大的
困境。

　　周敦頤與胡瑗不太一樣，胡瑗是較為徹底的太極元氣說，上面截得乾淨，
太極之上便沒有了，太極成為最高的生成之源。周敦頤則更進一步，他在「太
極」分化之前，又增加了一段令人費解的文字：「太極動而生陽，動極而靜，
靜而生陰。靜極復動。一動一靜，互為其根。」太極若被解讀為元氣，就是元
氣動產生了陽氣，元氣靜產生了陰氣。如果把太極解讀為宋儒喜歡的「性」，

即太極含有動、靜兩種「性」。那麼，「性」是一種生生的能量、動力，還是一種純粹的理呢？問題就非常麻煩了。但太極為元氣，在《太極圖說》中是明確的，至於如何解讀還是看解讀者的理論體系。

邵雍比周敦頤稍微年長，兩個人在同一時代，邵雍的太極觀也是元氣：

> 一氣分而陰陽判，得陽之多者為天，得陰之多者為地，是故陰陽半而形質具焉。陰陽偏而性情分焉。形質又分，則多陽者為剛也，多陰者為柔也。性情又分，則多陽者陽之極也，多陰者陰之極也。（《皇極經世書·卷十三》）

> 太極既分，兩儀立矣。陽下交於陰，陰上交於陽，四象生矣。陽交於陰，陰交於陽，而生天之四象；剛交於柔，柔交於剛，而生地之四象，於是八卦成矣。（同上）

「一氣」指渾沌不分的元氣；「分而陰陽判」，為元氣分化為陰氣與陽氣。「一氣」之上是什麼，邵雍沒有講，所以他是比較純粹地繼承了漢人太極元氣論：太極為最高生成源頭，與胡瑗沒有什麼區別。「陽下交於陰，陰上交於陽」，邵雍利用爻象變化來講天地生四季，天一陽爻，地一陰爻，陽爻下與陰爻交錯，便生四季。這樣，邵雍就把「太極生兩儀，兩儀生四象」爻變體系轉換成「元氣生天地，天地生四季」的生成體系，本體論直接往生成論上轉。邵雍這樣的看法，同時期的周敦頤的「太極」也不會有太大差距。

我們再看看同時期司馬光的看法：

> 易有太極，一之謂也，分而為陰陽，陰陽之間必有中和，故夫一衍之則三。（《溫公易說》）

> 易有太極。極者，中也，至也，一也。凡物之未分，混而為一者，皆為太極。兩儀，儀，匹也，分而為二，相為匹敵。四象、陰陽復分老少而為二相為匹敵。大業富有，萬象太極者何？陰陽混一，化之本原也。（《卷五》）

司馬光也是堅持太極元氣論，「易有太極，一之謂也，分而為陰陽」、「陰陽混一，化之本原也。」等論述與邵雍、胡瑗等無差別。「陰陽之間必有中和，故夫一衍之則三。」又看出他受老子「道生一，一生二，二生三」的影響，但他又說「極者，中也」，顯然把本體與生成混淆不清了。但他的論述顯得泛而無統，對「一」的解讀過於寬泛了：「凡物之未分，混而為一者，皆為太極。」按照這個邏輯，幾乎可以把所有一切都歸結為「一」，譬如一堆垃圾、一把米、

一群人、一堆事情，過於泛濫；按此推論，兩儀也會非常的泛化代指一切。似乎蘊含本體論的意思。

> 太和所謂道，中涵浮沉、升降、動靜、相感之性，是生絪縕、相蕩、勝負、屈伸之始。(《張載集·太和》)

> 太虛無形，氣之本體，其聚其散，變化之客形爾。(同上)

> 太虛不能無氣，氣不能不聚而為萬物，萬物不能不散而為太虛。(同上)

> 凡三五乘天地之數，總四十有五，並參天兩地自然之數五，共五十。虛太極之一，故為四十有九。(同上)

> 知虛空即氣，則有無、隱顯、神化、性命通一無二，顧聚散、出入、形不形，能推本所從來，則深於易者也。(同上)

宋儒中，張載以氣論為著稱，他的氣論較為複雜。張載沒有使用「元氣」一說，也沒有從元氣分化陰陽二氣。他直接說「太和」就是道，《易傳》則說「一陰一陽之謂道」。兩者有不小的衝突。但張載又說「太和」裏面蘊含著陰陽的特性：「中涵浮沉、升降、動靜、相感之性，是生絪縕、相蕩、勝負、屈伸之始。」所以，他的「太和」與「元氣」非常相似，陰陽二氣在其中沒有分化，但蘊含著陰陽二氣之特性，潛藏未發，含蘊其中。張載利用儒家「中庸」的思想去解讀「太和」之氣，創造一個氣的「太和」狀態，目的為他的人性論的依據做氣論上的追究，所謂「性命通一無二」，即性命是從太和之氣那裡直接過來的，自上而下貫通。從這點來說，「太和」又比「元氣」多了一份「中和」的特性，多了一份人「性」的天地來源。同時，我們注意到，張載講的「太和」與「太虛」是同一個存在，側重點不同而已。太虛在張載那裡被解釋為「氣之本體」，故此一定與陰陽二氣很不同，不然不會稱之為「本體」，「本」就是根源的意思，本體就是陰陽二氣根源之體。這是張載氣論較為有趣的地方，在元氣論的基礎上增加了人性論的源頭，把中庸的思維加了進去。

> 太極者，有物之先也。夫有物必有上下，有上下必有四方，有四方必有四方之間，四方之間立而八卦成。(《東坡易傳·卷七》)

> 自太極分為二儀，二儀分為四象，四象分為十二月，十二月分為三百六十五日。五日為一候，分為七十二候，三候為一氣，分為

二十四氣，上為日月、星辰，下為山川、草木、鳥獸、蟲魚不出此陰陽之氣升降而已。（《東坡全集・上皇帝書》）

「太極者，有物之先也。」比較費解，很難判斷是受老子影響的，還是儒家內部的。從「有物之先」的話語上，與老子非常近似。但儒家也講形上、形下之分，也講道、器之別。但從「夫有物必有上下，有上下必有四方」看，這裡的「上下」不是一般空間的「上下」，應該指「天地」的上下，乾上坤下，陰陽定矣。按照這個邏輯，「有物之先」的「太極」可以比較順理成章地解讀為「元氣」。因為蘇東坡又說：「上為日月、星辰，下為山川」等，「日月、星辰」代表天，山川、草木、鳥獸、蟲魚代表大地。故此，「太極分為兩儀」應該是「元氣」分為天地。所以，蘇東坡應該主張太極元氣說。

二程之後解太極為元氣的則更多：

太極者，一氣也。天地未分之前，元氣混而為一，一氣所判，是曰兩儀。（宋・劉牧《易數鉤隱圖・卷上》）

所謂性者何也？三才之道而已。三才之道在天則為陰與陽，天統元氣故也。（宋・張根《吳圖周易解・卷上》）

先儒謂天地未分，元氣混而為一，老子謂道生一是也。故說者謂太極已見氣也，非無也。（宋・程迥《周易古占法》）

元氣渾淪，陰陽未分是謂太極。（宋・楊誠齋《誠齋易傳・卷十七》）

程迥、楊誠齋、劉牧都主張太極元氣說，與漢人宇宙觀無別，唯獨宋根說法有異——「天統元氣故也。」似乎元氣生成天地之後，天地還在不斷地生成元氣，稍顯混亂。總之，元氣說在宋初及整個宋代也佔據了壓倒性的優勢。在這種思想體系的籠罩下，比周敦頤稍早、或者同時、或稍晚都主張「太極元氣說」，周的《太極圖書》也不會輕易超出這個氛圍。只有二程是意外，他的太極天理說是其自家體貼出來的，具有獨創性。但二程的同時期及之後，天理說並不是十分的流行，直到朱熹出來之後，才大放異彩，之後逐漸壓倒太極元氣說，成了一統天下的局面。

（二）「無極而太極」乃是元氣內的不同演化階段

宋代學者普遍認為周敦頤的易學與邵雍的易學都出自道家之門，很難與道家撇清關係，他們兩都是出自同一個道家門派，即來自陳摶的門下。朱震對陳摶《先天圖》的傳承譜系做了一個考證。在師承關係上，周敦頤、邵雍的

「太極圖」都是來自穆修，周敦頤是穆修的直系弟子，邵雍則是二傳門人：

> 陳摶以《先天圖》傳種放，放傳穆修，穆修傳李之才，之才傳
> 邵雍。放以《河圖》、《洛書》傳李溉，溉傳許堅，許堅傳范諤昌，
> 諤昌傳劉牧。穆修以《太極圖》傳周惇頤。（朱震《漢上易傳》）

對於這個傳承譜系，朱熹與張軾都不予認可，兩人曾加以駁斥，朱熹更從自己設立道統次序出發給予否認，只是找不到有力的證據：「太極圖乃濂溪自得之妙，蓋以手授二程先生者。或曰濂溪傳太極圖於穆修，修之學出於陳摶，豈其然乎？此非諸子所得而知也，其言約，其意微，自孟氏以來未之有也。」（《周元公集·太極圖解序》）朱熹所列舉的理由，所謂的「其言約」、「其意微」、「自孟氏以來未之有也」等等都是想當然而已，都是朱子自立道統的揣摩、恍惚之辭，未足取信。

周敦頤、邵雍既然出自同一師門，兩人的學術就有比較、相互印證的價值了。邵雍說：

> 太極既分，兩儀立矣，陽下交於陰，陰上交於陽，四象生矣。
> 陽交於陰、陰交於陽而生天之四象，剛交於柔、柔交於剛而生地之
> 四象，於是八卦成矣。八卦相錯，然後萬物生焉。是故一分為二，
> 二分為四，四分為八，八分為十六，十六分為三十二，三十二分為
> 六十四，故曰分陰分陽，迭用柔剛，易六位而成章也。十分為百，
> 百分為千，千分為萬，猶根之有幹，幹之有枝，枝之有葉，愈大則
> 愈少，愈細則愈繁，合之斯為一，衍之斯為萬。（《皇極經世書·卷十
> 三》）

> 萬物各有太極、兩儀、四象、八卦之次，亦有古今之象。（《卷
> 十四》）

邵雍說「一分為二，二分為四，四分為八，八分為十六，十六分為三十二，三十二分為六十四，故曰分陰分陽，迭用柔剛，易六位而成章也。」我們再對照周敦頤：「二氣五行化生萬物，五殊二實，二本則一，是萬為一，一實萬分，萬一各正，小大有定。」（《周元公集·卷一》）兩種說法非常相近。而且邵雍說「萬物各有太極、兩儀、四象、八卦之次」，比較周敦頤「是萬為一，一實萬分」都包涵本體論的意思在裏面，都講一個統一的道理分殊在萬物裏。所謂「五行一陰陽也，陰陽一太極也，太極本無極也。」都是一層層講無極在太極裏，太極在陰陽裏，陰陽在五行裏，那麼，無極也在陰陽裏，也在五行裏，

推之也在萬物裏。同樣可以推出，太極在萬物裏。與邵雍「一實萬分」邏輯一致。

　　總之，周、邵都有「一本萬殊」的觀念，措辭「萬」、「一」皆近似，來自同一思想體系裏問題是不大的。因此，即使我們用邵雍的思想來解讀周敦頤，也許稍顯得牽強附會，但也不會差距太遠。

　　有趣的是，邵雍與周敦頤一樣，他也有「無極」概念，且非常之重要：

　　　　無極之前陰含陽也，有象之後陽分陰也。陰為陽之母，陽為陰

　　　　之父。故母孕長男而為復，父生長女而為姤，是以陽起於復，而陰

　　　　起於姤也。（《皇極經世書・卷十三》）

「無極、太極」很容易讓人聯繫到漢人易緯《乾鑿度》的「太易、太極」，「無極」便很自然地與「太易」對應。周敦頤《太極圖說》中，「無極」在太極之上，很具有「太易」的特色。太易不見氣，在生成上沒有任何作用，約化為絕對的無，等於作為一個本體觀念含藏在太極之中，而非獨立於太極之外的一個存在。邵雍與周敦頤雖出自同一個傳承，兩人對「無極」的解讀小有差異，但總體上差別不大。

　　在邵雍的整個體系裏，只有到「太極」為終極究竟，他說「太極既分，兩儀立矣。」在生成論上他就沒有「太極」之上更根本的存在。因此，「無極之前」並非指「無極」之上、之先，也非指「太極」之上、之先，而是指「太極」或「無極」這個階段。這兩個階段是同一個階段。「無極」就在「太極」之中。邵雍把「太極」解讀為「元氣」，「無極」解讀為「陰含陽」，「含」乃是「未分」之稱，也有「包裹」之義。「陰含陽」則主導者為陰，乃指陰陽二氣尚未分離而呈顯陰性。而「太極」是陰陽未分，可見「無極」含藏在「太極」之中。

　　按照《易傳》「太極生兩儀」的爻變理論，「太極」、「兩儀」都僅僅是爻象的推演過程，並沒有實指天地，不能把兩儀等同於天地的實體。漢代學者主張生成論，他們眼裏的「兩儀」乃是「元氣」判析之後的陰陽二氣或者陰陽二氣升降而成的天地，「兩儀」到漢代的時候已經變成具體的物「象」，成了萬物中的具體一物。按照這個思想史發展的邏輯推衍，那麼邵雍的「有象之後陽分陰也」，其中的「有象」應該承襲漢人生成論的舊說，具體是指已成物象的「兩儀」。

　　此處的「有象」能不能解讀為「四象」呢？不能的。如果要詮釋為「四象」，那麼，既然說了「有象之後陽分陰也」，結果就是「四象」要先於「兩

儀」，尚在陰陽判析之前，天地劃分之前就已經出現了，道理上講不通。

　　邵雍說：「太極既分，兩儀立矣。陽下交於陰，陰上交於陽，而生天之四象。」「太極既分，兩儀立矣」就是「有象之後陽分陰」，屬於太極元氣分化之後的天地生成。「無極」與「太極」顯然屬於同一個階段。「陽下交於陰，陰上交於陽」，天地陰陽交合，「四象」即所謂「四季」產生，因此，「兩儀」就是指「有象之後分陽分陰也」這個階段，乃為元氣化分之後。「陽分陰」就是元氣從一團渾沌不分的狀態分化為陰陽二氣，天地於是生成。

　　以意推測，太極元氣既然是渾沌之氣，按照漢人對老子的解讀，元氣陰陽未分，陰未現、陽未顯，未有對峙而成象者，不可以「有象」名之。故判知「有象」乃自「兩儀」始。無極既是指「陰含陽」的未分的元氣，而太極也是指元氣未分，這樣元氣就有太極、無極兩個名稱了。然而，既然說無極為「陰含陽」，又且在「太極」之上，而太極之上也沒有所謂的更高的存在。那麼，同樣作為「元氣」階段的「無極」與「太極」，兩者還是有細微的差異。

　　這個細微的差異在哪裏呢？

　　簡單地說，無極偏向陰，太極偏向陽。無極到太極就是元氣從陰性轉向陽性，從靜態轉向動態。下面我們具體地論證這個判斷。

　　在漢人董仲舒的體系裏，太極作為「元氣」原本就是「陽氣」，也就是說「元氣」除了「渾沌不分」起始之氣的一個意思，還有「陽氣」的另一個意思。那麼，「太極」偏向「陽剛」就成為應有之意了。另一方面，無論是周敦頤還是邵雍，他們的學術都以陰靜為本。周敦頤說：「無極而太極」，又說「聖人定之以中正仁義而主靜，立人極焉。」就是以「無極之靜」為天地之本，又以「無極之靜」為人性之本，一以貫之。所以這兩個人的體系都有同一個特點：他們都把偏向「陰柔」的「無極」放在偏向「陽剛」的「太極」的前面，這就順理成章了。

　　「無極」是元氣的「陰包陽」，陰性為主宰，主靜，所以不能分化。推論，太極當是「陽包陰」，陽性為主宰，主動，所以可以分化。元氣轉化成「陽包陰」的階段，就有「運動」的特性，有了「運動」的特性，元氣分化就成為了現實。太極動，則陰陽分也；陰陽分也，則兩儀立也；兩儀立也，則天地生成。

　　由此可見，「無極」、「太極」雖同屬於渾沌的元氣階段，但二者之間有進化的階次，有先後的次序，元氣並非是渾然一片死水，其中暗潮湧動。故此，從「無極之前陰含陽也」一語就可以推知，無極與太極之間當有從陰性向陽

性遞進的演化過程，與前面說的周敦頤與邵雍都是以陰靜為學術根底的邏輯是一脈相承的。還有，邵雍的易學體系是以加倍法，所謂的「一分為二，二分為四，四分為八，八分為十六，十六分為三十二，三十二分為六十四」。如果一以貫之的話，那麼元氣內部也會顯示這個法則發揮著作用，也應當潛蘊二分加倍法的規則。我們看同期稍晚的張載，他的「太虛」或「太和」之氣裏雖未分陰陽，但已經蘊含有陰陽之性，即所謂的「太和所謂道，中涵浮沉、升降、動靜、相感之性，是生絪縕、相盪、勝負、屈伸之始。」邵雍當然也不例外，他的元氣之中應該也蘊含對峙的兩個方面的性質。從這個角度也可以判斷，邵雍的元氣階段有「無極」有「太極」，無極往太極轉換，即從陰性轉向陽性，其中就包涵二分加倍規則在裏面發揮著作用。這樣一來，邵雍的體系就非常之嚴密，自上之無極而自下之萬物，都能一以貫之。

綜述上述幾個方面，我們都可以得出一個顯而易見的結論，在邵雍的易學體系裏，無極與太極之間應該指元氣內的演化、推進。無極是元氣的一個發展階段，乃是「陰含陽」，陰性為主，主靜。無極既在太極之上，「陰含陽」，有主陰的特徵。那麼，邵雍的「太極」應為「陽含陰」，有主陽的特徵，主動。如此也可見「陽根於陰」的道家邏輯次序，自此一以貫之，整個學術都有主靜的特徵，與其傳承於道家陳摶是一脈相承，與朱震所說的李之才傳于邵雍的道家學術也脈路一致。

邵雍元氣論裏面的「陰含陽」向「陽含陰」上面的推進反映一個從「陰靜」往「陽動」的演化過程，與周敦頤主陰、主靜如出一轍，也是邵雍、周敦頤學術來自道家的一個注腳。這樣，無極至太極的演化雖然都在元氣範圍內，但顯然有一個從主陰到主陽的演進。

關於無極的陰靜往太極的陽動的演進，我們還可以從「自無極而為太極」的版本上得到印證。

朱熹曾經在國史的濂溪傳看到另一個《太極圖說》的版本，這個版本的首句不是「無極而太極」，而是「自無極而為太極」〔註2〕：

　　戊申六月在玉山邂逅洪景盧內翰，借得所修國史中有濂溪程張

〔註2〕學者一般從《太極圖書》的這個版本出發來反駁朱熹解讀「無極而太極」為「無形而有理」，總有隔靴搔癢之感，因為從這個本子可以得出這個結論，而朱熹從那個本子可以得出那個結論，二說相互抵消，並無真正的說服能力。只有從隋唐經學與邵雍與周敦頤的學術淵源關係上才能確證周敦頤的「無極而太極」的具體內涵。

等傳，盡載《太極圖說》。蓋濂溪於是始得立傳，作史者於此為有功
矣。然此說本語首句但云「無極而太極」。今傳所載乃云「自無極而
為太極」，不知其何所據而增此「自」、「為」二字也！夫以本文之意
親切渾全明白如此，而淺見之士猶或妄有譏議。若增此字其為前賢
之累、啟後學之疑，益以甚矣！（《晦庵集・卷七十一》）

朱熹沒有元氣說，也沒有「無生有」的觀點，「自無極而為太極」，無極變成一
物，更在太極之上，與朱熹解讀「無極而太極」為「無形而有理」衝擊太大，
朱熹無法接受。關於朱熹看到「自無極而為太極」本子，黃宗羲在《明儒學
案》也有一段討論，他維護朱熹的看法：

《漢志》含三為一之說，所指皆同。微周子啟千載不傳之秘，
則孰知太極之為理而非氣也哉？且理，語不能顯，默不能隱，固非
圖之可形，說之可狀，只心會之何如耳。二程得周子之圖之說，而
終身不以示人，非秘之，無可傳之人也。是後有增周子首句曰：「自
無極而為**太極**」，則亦老、莊之流。有謂太極上不當加無極二字者，
則又不知周子「理不離乎陰陽，不雜乎陰陽」之旨矣。亦惟朱子克
究厥旨，遂尊以為經而注解之，真至當歸一之說也。至於《語錄》，
或出講究未定之前，或出應答倉卒之際，百得之中不無一失，非朱
子之成書也。

所謂「周子啟千載不傳之秘」，就是太極為天理，故此，二程與周敦頤觀點一
致，二程所謂「天理二字是自家體貼」出來的就有點喧賓奪主了。黃宗羲說
的不錯「自無極而為太極」就是老莊的看法。但「無極而太極」並不例外，也
是道家的混成的「道」，只是黃宗羲沒有看到無極與太極本為一體。然而，仔
細考究邵雍的「無極」與「太極」的關係，自無極之「陰含陽」而至太極之
「陽含陰」，有個顯然的遞轉關係。國史本的「自無極而為太極」確然無疑地
顯示兩者之間的遞轉，類同漢人「太易」至「太極」，雖不能說直接來自老子，
也是從漢人哪裏繼承的老子，顯證周敦頤與邵雍之學出於一源。朱熹的解釋
反而增益「前賢之累、啟後學之疑」了。

二、太極為性

清人黃百家在《宋元學案》中說：

孔孟之後，漢儒止有傳經之學，性道微言之絕久矣。元公崛起，

二程嗣之，又復橫渠諸大儒輩出，聖學大昌。故胡安定、徂徠卓乎有儒者之矩範，然僅可謂有開之必先。若論闡發心性之精微，端數元公之破暗也。（陳金生、梁運華校點：《宋元學案·卷十一》，北京：中華書局，2007 年，482 頁）

這段文字雖簡短，卻意蘊深長。黃百家對漢人學問有一個基本判斷：「漢儒止有傳經之學。」究其原因，因為漢人沒有「性道微言」。子貢說：「夫子之文章可得而聞也，夫子之言性與天道不可得而聞也。」（《公冶長》）推究子貢之深意，他應該是把性與天道合起來講的，不是一邊是性，一邊是天道，兩不相干。黃百家也是以性與天道合一的觀點來論斷漢人之學，下語極為精準。本來漢人既有論「道」的地方，也有論「性」的地方，《春秋繁露》在這兩方面處處可見。黃百家為什麼說沒有呢？原因在哪裏？

總體來說，古人說漢唐是荀學，從傳經的角度看，基本沒有問題。漢人的學問的確是從荀子過來的，漢人的五經之學基本都是荀子一脈傳下去的。漢唐皆是荀學，這是宋儒的基本定論。荀子沒有性善說，他認為仁義是人為，人性本身是惡的。在這樣的框架內，性與天道很難合二為一。所以荀子會提出「人定勝天」，其中雖然包涵著人順應天的規律並利用天的意思，但提法本身有一個「天人相分」的邏輯前提，「天人」既然是「相分」了，人的「性」與天之「道」怎麼可以合一呢？荀子思想一以貫之都是從源頭天人之分立論的，自此以往，無不如此。自宋儒之後，只講孔孟，不講孔荀，是有道理的，荀子接不上去。黃百家是站在宋明儒之後的孟子學傳統，所以他批漢儒沒有性道之學，就是說漢人沒有性與天道合一的學說，這個論斷是沒有什麼問題的。

具體來說，漢儒的宇宙論提出太極、陰陽、四時、五行方位諸觀念；但其人性論只涉及陰陽，沒有涉及太極。其中的原因較為複雜，有三個原因值得注意：

一、從學術思想的發展趨勢來說，自戰國末期，宇宙論非常興旺，一直延綿至前漢《淮南子》、《春秋繁露》、後漢的《論衡》。漢代學者對宇宙論的興趣一直非常濃厚，經久不衰，算是一個時代的學術風尚。故此，漢儒對人性論的問題關注不是很夠，不是他們興趣所在。還有，宋明儒的人性論的問題屬於本體論、修身論，漢人也沒有興趣。或者，也可以說漢人還沒有把這個話題挖深到這個程度，因為促動宋儒人性說的佛性說在漢代還沒有出現。到

漢末鄭玄注解《乾鑿度》，本體論才慢慢顯露出來，漢代學術才發生方向性改變。

二、漢人自董仲舒開始，其人性論的路子就一直在孟、荀之間作調節：以陽為性，以陰為情，性三品占主流。楊雄、王充都沿襲這個套路，未作根本性的突破。其稍可辯解者：董仲舒的體系裏，天為最高概念，為萬物的生生之源，道為天之道，不能逾越天，所謂「天不變，道也不變」。天也包涵著神格色彩的天之意願，董仲舒講人之道非常之多，人道簡化為變易服色諸類，即天子之位的改易。在董仲舒的五行學說中，「道」落腳點主要是人道。另一面，董仲舒的天是崇陽貶陰，所以天道主要體現在陽，綜合言之，天道乃陽主陰輔。故可以說，在董的體系裏，天道與陽之本性實際已經結合起來，但董仲舒那裡沒有任何明文把「太極」與「性」結合在一起，他只是說「中者，天地之太極也。」如發揮董仲舒之說，則可說天地之中是天地之道，天地之道又主要主陽，所以太極與性就有關聯了。但總而言之，太極與人性的關係，在董仲舒體系裏隱而未顯，需要發揮，董仲舒本人是否有這樣的意思，不得而知。

三、西漢中期著作僅董仲舒《春秋繁露》一處提及「太極」——「中者，天地之太極也。」然非其所關注。從現有的文獻看，太極說主要是西漢後期《易緯》及後漢經師發展起來的，然二者皆未連接太極與性，性仍然只與陰陽相關。漢末劉劭始提出中庸之性為虛無〔註3〕，把人性與最高概念連接起來，但忽略太極。所以兩漢經學始終未能提出「太極即性」這個命題。宋儒批評漢人不見道，乃漢人之「太極」只見「氣」不見「性」。

李翱的復性說接續了《易傳》「窮理盡性以至於命」，開始把學術重點轉至性命之學，但李未能融匯隋唐經學，心性學與太極說仍然分為兩途。

宋學的開創者對《周易》都下過很深的工夫，尤其對十翼極為看重，宋儒大家大多都有相應的易學著作或者在易學上下過極深的工夫，如胡瑗、周敦頤、邵雍、二程、東坡、朱熹都是易學大家，周、邵、程朱的思想體系就是在易學的基礎上建構的。從某種意義上說，宋學宇宙論、本體論的主體都來自《周易》，孟子學只是其輔助。《易傳》「太極生兩儀」、「窮理盡性以至於命」與孟子心性學的深入融合產生了宋學。「太極生兩儀」也就順理成章地被宋儒

〔註3〕「夫中庸之德其質無名。」（劉劭：《人物志》卷上，《四庫全書·子部·雜家類·雜學之屬》）。

所關注了，宋儒性命之學便是從「太極兩儀」中往下貫通，創生了宋學的整個面貌。

宋儒的創造力就表現在用性命之學連接漢唐以來的經學，把漢唐的太極說與先秦《易傳》、思孟一派及韓、李的傳統連接起來。這樣，宋學初創者的太極既有「元氣」一義，也含「性」一義。

宋儒自胡瑗始，這個新傳統就開始了，黃百家所謂：「胡安定、徂徠卓乎有儒者之矩範，然僅可謂有開之必先。」

> 天以一元之氣始生萬物，聖人法之以仁而生成天下之民物，故於四時為春，於五常為仁。亨者，通也。夫物，春始生之，夏則極生而至於大通。故高者、下者、洪者、纖者各遂其分而得其性也。（《周易口義·卷一》）

> 性者，天生之質，仁、義、禮、智、信五常之道無不備具，故稟之為正性。喜、怒、哀、樂、愛、惡、欲七者之來皆由物誘於外，則情見於內，故流之為邪情。唯聖人則能使萬物得其利，而不失其正者。（同上）

胡瑗一面使用陰陽未分的元氣，一面又以「天以一元之氣始生萬物」，他似未察覺元氣與天不可並用，或雜以陽氣為元氣的觀點，或者元氣既在天地之先也復在天地既生之後尚存。無論何種結果，皆說明胡瑗不是個有系統體系的思想家，思想頗雜。此處的「一元之氣」，更多指「陽氣」，一元強調其統一性、一貫性。夫子說「吾道一以貫之」，後儒視為不二法門。天地以一元之氣生物，聖人傚仿之，以仁之一元而化生百姓與萬物，高、下、洪、纖之物無一不得其一元之性。人也得其一元之性，仁義禮智信，分殊為五，和則為一，皆含藏一元之性也。這就為二程、朱熹的天理本體論做了鋪墊。聖人的所作所為，不過是效法天地，使民物各獲其一元之正性也。胡瑗這裡，既講元氣，又講性，一元之氣與一元之性合二為一。

邵雍說：

> 太極，一也。不動，生二。二則神也。神生數，數生象，象生器。太極不動，性也；發則神，神則數，數則象，象則器，器之變復歸於神也。（《皇極經世書·卷十四》）

「太極，一也。」按照唐人的習慣，「一」就是「道」，就是「太一」，就是「太極」，就是「元氣」，四者沒有區別。邵雍使用「一」的內涵當然不會例外。「不

動,生二」,不動為一,就是太極,就是道,生二,便是靜生動。靜為根為本,為動之根本,這是道家的思維。後面又講不動為性,性是不動的,太極又是性。邵雍又說:

> 一氣分而陰陽判,得陽之多者為天,得陰之多者為地,是故陰
> 陽半而形質具焉。

「一氣分而陰陽判」,此處「一氣」為「元氣」,渾沌不分,故稱為「一氣」,明白無誤,與我們上面的判斷是一致的。邵雍的觀點來自唐人的儒道合一。在邵雍那裡,也是老子的「道生一」與《易傳》的「太極生兩儀」混同為一,不加區別。太極因其「性」的動而分陰分陽,也是性、氣合一的說法。

張載也不例外:

> 太虛無形,氣之本體,其聚其散,變化之客形爾;至靜無感,
> 性之淵源,有識有知,物交之客感爾。客感客形與無感無形,惟盡
> 性者一之。(《張載集·正蒙·太和》)

「太虛無形」,是指「太虛」未分成陰陽二氣,不會有冷暖諸多顯象,所以便是「無形」。太虛經過「其聚其散」,它的「象」就顯露出來了,這便是「變化之客形」。「太虛」顯然類似「元氣」,由它的聚散生出陰陽二氣,「象」出來了,太虛之元氣分化為陰陽也就出來了。張載又說,太虛「至靜無感,性之淵源」,即元氣也是人性的來源。張載把元氣的「靜」與儒家的中庸的「寂感」說合在一起。「寂」則不動,不動則靜,靜則太虛本體,性之淵源也。中庸的「寂」就與太虛、元氣、性三合一了。他的「太虛」也是性的淵源,也是氣的淵源,儒道合流,性氣合流。

周敦頤《太極圖書》言性最為顯明,其云:

> 五行一陰陽也,陰陽一太極也,太極本無極也。五行之生也,
> 各一其性。無極之真,二五之精,妙合而凝。(《周元公集·卷一》)

此處太極、無極均為性。「五行一陰陽也,陰陽一太極也,太極本無極也。」五行中含藏一個陰陽,陰陽中含藏一個太極,太極又本根於無極,有一個無極在含藏其中。所以太極在陰陽中、在五行中,無極在太極中、在陰陽中、在五行中。「五行之生也,各一其性」,這個「性」就是陰陽之性,往上推之,便是太極之性;往上推之,便是無極之性;無極之性便是靜,無極之靜自上而下一以貫之,都是萬物之中,是萬物的根本,此與邵雍一樣。所以說,「性」可遍在陰陽、五行、萬物之中。周敦頤在另一處更加明確地說:「一實萬分,

萬一各正，小大有定。」（《周元公集・卷一》）。「一」就是無極，就是太極，就是性，就是靜。所應注意的是：性可「一實萬分」，但元氣去不能，元氣一分就散了變成了陰陽二氣。因為元氣乃混沌未分之氣，既分之後則不復為元氣：元氣化分為陰陽，陰陽中不復有元氣；元氣化分為萬物，萬物中不復有元氣。性卻不同，性根於元氣中，元氣本身不可以「一實萬分」，但元氣中的性可以。萬物同秉一個「實性」，「實性」遍在萬物之中。故「陰陽一太極也」乃指陰陽之氣含無極之性、含太極之性、含靜之性。「五行之生，各一其性」，五行之氣都含有同一個「性」，而不說五行之氣各含著「元氣」。故此，性氣合一，如氣為陰陽未分之元氣，則當在源頭上合一，而不能從五行之氣中合一。

「無極之真，二五之精，妙合而凝。」朱熹解讀為：「所謂妙合者也，真以理言，无妄之謂也；精以氣言，不二之名也。凝者，聚也，氣聚而成形也。蓋性為之主而陰陽五行為之經緯錯綜，又各以類凝聚而成形焉。」（《周元公集・卷一》）按，「真」、「精」用語來自老子，道家痕跡宛然。無極之真，形而上也，靜因之道也，也如朱熹所說的「性」，性以靜為根，故稱作靜因之道；二五之精，形而下也，陰陽二氣與五行之氣。「妙」來自《道德經》「常無欲觀其妙」，指一物「端始」的「渺小」、「微小」，也通於老子不可名狀的「玄」，就事物的「開端」、「萌蘗」而言，神妙莫測，處於有無之間。「妙合而凝」乃指形而上的「無極之真」與形而下的「二五之精」從「端始」就神奇地合二為一，性與氣合，不可視聽搏，不可名言，故稱之為「妙合」。這樣，性與氣在端始處就能「妙合而凝」，即在無極、太極的端始處乃是性與氣合一。張載說：「合虛與氣，有性之名」（《張載集・正蒙》）。「虛」即太虛本體，無極之真也，張載的太虛之「氣」非陰陽之氣，與周敦頤一致也。

三、太極為無

韓愈排斥佛道兩家，只涉及二氏的清淨寂滅，並未波及太極虛無之說：「今其法曰：必棄而君臣、去而父子、禁而相生相養之道、以求其所謂清淨寂滅者。」（《別本韓文考異・卷十一》）「棄而君臣、去而父子」是指佛家，「禁而相生相養之道」指老子，韓愈沒有建立起形而上之學，所以對太極虛無之說不曾有關注。

李翱雖然建立起形而上之學——復性說，但也沒有從體系的核心概念上與佛道兩家展開辯駁。

　　宋代新儒學的初創者在太極觀上接續隋唐傳統經學及韓愈、李翱的新經學，也尚未從太極本源上反對佛老。自覺地從「太極」這個最高形而上層面上反佛老的自張載始，然而張載也未能完全掙脫佛老虛無的影響，張載「清虛一大」之說二程、朱熹皆有微詞，都曾提出不同意見，朱熹說：「二程不言太極者，用劉絢記程言，清虛一大，恐人別處走。今只說敬意，只在所由只一理也。一理者，言仁義中正而主靜。」（《朱子語類‧卷九十三》）

　　早於張載的周敦頤不應例外，都受道家的影響，但並不等於就是道家學派，這兩者區別很大。關於周敦頤學術的來源，戴震說：

> 周子之學，得於老釋者深，而其言渾然與孔孟相比附，後儒莫能辨也。朱子以周子為二程子所師，故信之篤，考其實固不然。程頤撰《明道先生行狀》，言「自十五六時與弟頤聞汝南周敦頤論學，遂厭科舉之習，慨然有求道之志。泛濫於諸家，出入於老釋者幾十年，返求諸六經而後得之。」其不得於周子明矣，且直字曰周茂叔，其未嘗師事亦明矣。見周茂叔後，乃出於老釋。（《戴震全集‧一》，北京：清華大學出版社，1991，第58～59頁）

戴震認為周敦頤的學術貌似儒家，周又喜歡在言辭上比附於孔孟，骨髓深處卻是道家。二程學於周子，學術品質也是如此。這個觀點在朱熹那個時代就頗為流行，一直延綿到戴震都沒有消停過。朱熹師徒私下也曾談論過此問題：

> 「今人多疑濂溪出於希夷，又云為禪學，其諸子皆學佛。」可學云：「濂溪書具存，如《太極圖》，希夷如何有此說？或是本學老、佛而自變了，亦未可知。」（《朱子語類‧九十三》）

朱熹對周敦頤之學本自於陳摶並無特別置辨的，陳摶寫不出《太極圖說》，或者陳摶的學術「本」是學佛老，又是「自變了」，所以周敦頤跟著變了。陳來與朱熹觀點類似，也說：「這裡提到一個共同點，即程、張等皆曾出入老釋，有達數十年者。這在宋明諸儒確乎為不爭的事實。然而，出入釋老，不等於其人之學術即為釋老之學。出入釋老，也不就意味著二程無得於周子。相反，所教所學是一回事，自造自得又須別有工夫，二者固有內在之關聯，然其人不能獨立研習體認，則非但不能有所獨創，亦無從領會師教之旨。」（陳來：《早期道學話語的形成與演變》，合肥：安徽教育出版社，2007，第18頁）陳來立論平實，但也未可完全否認周氏有道家淵源。

　　太極元氣是漢儒繼承先秦的《鶡冠子》、《呂氏春秋》及《淮南子》的渾

沌體系，始作俑者源自《道德經》；之後，經過鄭玄用莊子之學改造了《乾鑿度》，但也難逃老學影響。故此，太極為「無」是其基因裏固有之特性。

周敦頤的在《通書》上說：「靜無而動有，至正而明達也。」朱熹以陰靜陽動釋之：「方靜而陰誠固，未嘗無也，以其未形而謂之無爾。及動而陽，誠非至此而後有也，以其可見而謂之有爾。靜無則至正而已，動有然後明與達者可見也。」按，陰靜、陽動都可以通用，沒有問題，但「陰無」通用問題很大。周敦頤也說「太極動而生陽，動極而靜，靜而生陰。」但從未將「陰」、「無」放在一起連用，無論從宇宙生成論、還是本體論層面講，二者都不屬於同一級別概念，「無」為最高，「陰」次之。老子云「致虛極，守靜篤。」（《道德經・十六章》）「虛」與「靜」對應，虛即無也，「靜」、「無」兩個概念放在同一層面上。「歸根曰靜，靜曰覆命」（同上）把「靜」與「根」，也就是把「靜」與「道」視為一體，從「致虛極」看，「無」也為「道」的別稱。周敦頤的「靜無」顯然化自《道德經》，乃指最高的本體——太極，絕非「靜陰」。邵雍說：「天由道而生，地由道而成，物由道而行，天、地、人、物則異也，其於由道，一也。夫道也者，道也。道無形，行之則見於事矣。如道路之道坦然，使千億萬年行之，人知其歸者也。」（《皇極經世書・卷二十二》）道，形而上也，以無形而行之於有事也。故此，道，可況之曰「無」，「有」乃道之顯於形跡。邵雍又說：「物之大者無若天地，然而亦有所盡也。天之大，陰陽盡之矣。地之大，剛柔盡之矣。」（《皇極經世書・卷十一》）明顯把陰陽與有形的存在連接在一起，陽的最大者為天，陰的最大者為地。按照這個邏輯，道與天地就是形而上與形而下的相對，也就是「無」與「有」的相對，即「道」與「陰陽」相對。邵雍也不例外，也是順著《道德經》的思路。他又說：「太極，一也；不動，生二，二則神也。」太極所謂「一」之「不動」，就是周敦頤的「靜無」。由「二」而神，神即動，「二」即「陰陽」，就是周敦頤的「動有」。周敦頤《太極圖說》以「至正」對「靜無」，「至正」乃為「中」。漢儒及宋儒除朱熹之外，皆把「太極」訓為「中」。《中庸》謂：「喜怒哀樂之未發，謂之中。」「未發」則形未著，靜且無也。「靜無」與「中」應具有同等之地位。則「靜無」當為「太極」，「動有」則為「陰陽」。由此可見，朱熹的解讀有偏頗。

朱熹的氣論根本框架並不是學界通常所說的來自張載的太和說。朱熹氣論完全來自二程，二程沒有元氣一說，朱熹也沒有太虛一說。朱熹反對佛、老的有無之說，以為截成上下兩半，形上形下分開，聖人一貫之道難以實現，

造成天道人倫打通不了。因是故，佛、老棄絕人道，只在天道上打轉，下不來，只存養一個「空無」。故朱熹效彷佛道二家貶斥儒家故伎，而降「有無」皆為形物，這樣儒家的形而上之天理就高於佛道二家。因之故，朱熹不得不用陰陽二氣來解釋周氏「靜無、動有」。

結語

漢人崇尚宇宙生成論，太極「元氣」說就是這樣被提出來的。漢末鄭玄注《乾鑿度》，把「忽然而自生」的觀念注入「太極」概念之中，為王弼太極「本無」論打下基礎。到隋唐的時候，這兩種不同的思想體系逐漸走向合一，這也是隋唐傳統經學在本體論與宇宙論上的基石，但隋唐舊經學並沒有從理論上區劃、辨析它們。中唐之後，韓愈、李翱新經學繼起，擺脫漢唐舊經學的束縛，高舉孟子旗幟，獨尊道統，但未能積極繼承漢唐經學的成果，在太極說上未有發明。然而，韓愈、李翱提出道統說、復性說，這就給把最高道體「太極」與「性」關係推到了宋儒之前——它們之間是什麼樣的關係？又如何相互融攝？

宋儒與韓、李師徒不同的是，他們繼承了兩個傳統，並力圖對兩個傳統——《五經正義》與韓、李的新經學兼收並蓄，有意融合之，並對本體的形上學與宇宙生成論的建構都有濃厚的興趣，故能於太極說上有創思、有發明。宋儒融攝了隋唐傳統經學與韓、李新經學為一體，並在太極這個最高道體上建構其形上學與宇宙論。周敦頤《太極圖說》的體系正是在這個大的學術背景下展開的，集中表現了宋學的創新：「太極」含攝「元氣」、「性」、「無」，三者合而為一，把漢學、玄學、韓李新經學融為一爐。無極而太極，陰陽未分之前，元氣、性與無三者合一。所謂「無」者、「一」者，元氣未分為「無」、為「一」，性未顯為「無」、為「一」，即《中庸》所謂的「未發之中」也。元氣既分之後，化為陰氣、陽氣，天地形成，那麼，陰陽、五行、萬物之中所謂的「太極」也僅僅為「性」，不得兼為「元氣」。較之於王弼、隋唐經師，周敦頤不同的是，「無」之於元氣、性不是「本」，性、元氣就其無形無象乃可名為「虛無」，「虛無」不是絕對的無，而是充盈而虛，如老子所謂的谷神的虛空：「虛而不屈，動而愈出」（《道德經》第五）。

第五章　二程不言太極

隋唐正統經學還限於一種注疏的學問，雖然兼採漢人及王弼之學，但並無自己獨立成體系的學術，只能雜糅兩家而不能融攝之。儒家心性學術在中唐時期尚屬草創，且未能承繼正統經學中的形上學與宇宙論，在這個層面上難與佛、道兩家形成分庭抗禮之勢。到了宋代，經過了韓愈、李翱的新經學的洗禮，心性學逐漸融入了正統經學中，宋儒由此建立其學。但細較宋學的發展軌跡，從胡瑗、邵雍、周敦頤至張載，此階段的宋學乃是從氣論的基礎上來融攝本體論，胡、周、邵、張等人雖主性氣合一，但漢人的元氣說佔據上風，本體論暗而未彰。宋學發展至二程始有一巨大的改變：由胡、邵、周、張諸人的以氣論融攝本體論一改為二程的以本體論融攝氣論，宋學由此發生了根本方向的轉變。

這個方向性的轉變有一個很耐人尋味的現象就是二程在自己的學術著作中絕口不提「太極」二字，此表面現象背後隱藏著二程對氣論的根本改造。

第一節　二程不言太極乃是一個基本的學術新取向

王弼的《周易注》乃是以一系統的思想體系——玄學——滲入《周易》內部，雖然王弼注《易》的過程有機會表現他的玄學觀點的地方並不多。王弼眼裏的「太極」乃是他本無說的一個理論基石：太極為萬物的獨化之本，並非一獨立之生成之母，是內在於萬物之中，是萬物自生自成的內部根源，同時也並非萬物中一個部分或端芽，所以，可以稱之為「本無」。如實而言，這個「本無」確實借助了老子的「無生有」的形式，但王弼的「無」並非一個

獨立的物，也不是一物內部的部分存在，而是物內部的依據，只是無形無相而已。

唐人易學雖然尊崇王弼，但唐人整體上的為學之路並沒有接續王弼，而是紹續漢儒章句舊軌，沒有建構體系的意識。中唐之後，韓愈、李翱興起，也沒有接續王弼的易學。只是到宋儒五子出來之後，邵雍、周敦頤等，才一一正式依據易學而建構自己的體系，其後，張載、二程、朱熹等也皆以易學建構其理論體系。如張載的「太虛——陰陽」的宇宙論、乾父坤母的天人一體說，都與《易傳》關係密切。朱熹的天理說其框架乃是在周敦頤太極兩儀的《太極圖說》架構中展開的，也擺脫不了《易傳》的強大影響。

然而，宋學發展至二程，有一個現象頗令人困惑：二程的前輩如胡瑗、邵雍、周惇頤、司馬光諸人皆大談「太極元氣」，他們的宇宙論體系都是圍繞著「太極元氣」建構起來的。稍長於二程的張載、王安石，及與二程同時而略少數歲的蘇軾，他們也都言「太極」，二程後學論「太極」者比比皆是，如，陸象山、楊簡等也討論太極。唯獨二程夾於前後之間，不言「太極元氣」，此頗可怪。

二程學術中最核心的觀念——陰陽無端、生生之義、形上形下等均直接來自《易傳》，他們用力最深、體會最深的儒家經典也為《易傳》。按，有的學者以為二程用力最深的儒家經典為《中庸》，此論不太允洽。二程固然深研《中庸》，也深受《中庸》的影響，但二程的核心思想來源都自《易傳》。二程說：「聖人用意深處全在《繫辭》，《詩》、《書》及格言。」（《二程遺書·卷二上》）在經典的排列中，二程首先把《系統》排在第一位，可見二程對《易傳》的重視還有，況且，《中庸》的思想本身也來自《易傳》，《中庸》的「中」就是來自《易傳》的太極大中，這已經不需要進一步證明了。北宋五子無不是深受《易傳》的影響而立一學，主要大家都有易學著作。周敦頤的《太極圖說》，邵雍為公認為易學大家。黃百家寫張載傳，論其學之宗旨，說：「故其（按，「其」指張載也。）學以《易》為宗，以《中庸》為的，以《禮》為體，以孔、孟為極。」（《宋元學案·十一》）張載也是以易學為學術主幹。

《易傳》乃是「太極生兩儀」而建構起來一個乾坤體系，並由此衍生出四象、八卦，六十四卦周轉不已，以象天道運轉不息、生生不已。然而伊川《易傳》不提「太極元氣」，遍翻《二程遺書》、《外書》、《文集》、《經說》、《粹語》，無一語及「太極元氣」。唯有一處提到「太極」二字，《伊川易傳·卷四》

論述豐卦：「天位之尊，四海之富，群生之眾，王道之大極，豐之道其唯王者乎？」「王道之大極」就是所謂的「豐之道」。「豐之道」又是什麼呢？伊川又說：「豐為盛大，其義自亨。極天下之光大者，唯王者能至之。假，至也，天位之尊，四海之富，群生之眾，王道之大，極豐之道，其唯王者乎。豐之時，人民之繁庶，事物之殷盛，治之豈易周，為可憂慮，宜如日中之盛明廣照，無所不及，然後無憂也。」二程所有的著述僅此一處言「太極」（「大極」同「太極」），即「極天下之光大者」也，即所謂「豐為盛大、人民之繁庶、事物之殷盛」也。伊川根本沒有作宇宙論概念去使用。

朱熹對二程不言太極（準確地說，是二程不言太極元氣）有個解釋：「二程不言太極（按，指從宇宙論角度）者，用劉絢記程言，『清虛一大』，恐人別處走。今只說敬意，只在所由只一理也。一理者，言仁義中正而主靜。」（《朱子語類·卷九十三》）答張敬夫云：「若《西銘》則推人以知天，即近以明遠，於學者之用為尤切。非若此書（按，即《正蒙》）詳於天而略於人，有不可以驟而語者也。」（《晦庵集·卷三十一》）又說：「抑嘗聞之，程子昆弟之學於周子也，周子手是圖以授之。程子言性與天道，多出於此。」（《太極圖書解》）朱熹回汪尚書信中說：「濂溪河南授受之際，非末學所敢議。然以其跡論之，則『來教』為得其實矣，敢不承命而改焉。但《通書》、《太極圖》之屬更望暇日試一研味，恐或不能無補萬分，然後有以知二先生之於夫子非若孔子之於老聃。」（《晦庵集·卷三十》）朱熹把「清虛一大」與「太極」並舉，又巧妙地把張載的太極與周惇頤的太極區別開來，由此推斷二程不言太極非是反對周敦頤的「無極而太極」，乃是反對張載的「清虛一大」。其實，二程是「主動」的，根本不是朱熹所說的「主靜」，朱熹這樣做，是強制性把二程耐人周敦頤的體系裏，為自己從周那裡繼承太極生成架構做鋪墊。

二程的學術是否來自周敦頤，前人早就質疑過。後人也多人認為二程的學術不是來自周敦頤，二程不言「太極」是其明證，朱熹一廂情願地把二程置於周敦頤的繼承者，恐怕多出於自己對濂溪學術的愛好。關於「濂溪河南授受之際」，朱彝尊在他的《經義考》也有個說法：

> 山陽度正作元公年表書，慶曆六年知虔州，與國縣程公珦假倅南安，因與先生為友，令二子師之。時明道年十五，伊川年十四爾。其後先生作太極圖，獨手授之，他莫得而聞焉。考是年元公以轉運使王逵薦，移知郴州，自是而後二程子未聞與元公覿面，然則從何

地手授乎？伊川撰明道行狀云：「先生為學自十五六時，聞汝南周茂叔論道，遂厭科舉之業，慨然有求道之志，未知其要，泛濫於諸家，出入於老釋者幾十年，返求諸六經而後得之。」繹其文，若似乎未受業於元公者，不然何以求道未知其要，復出入於老釋也邪？潘興嗣志元公墓亦不及二程子從遊事。明道之卒，其弟子、友朋若范淳夫、朱公掞、邢和叔、游定夫敘其行事，皆不言其以元公為師。惟劉斯立謂從周茂叔問學，斯猶孔子問禮於老子，問樂於萇弘，問官於郯子云然，蓋與受業有間矣。呂與叔《東見錄》則有昔受學於周茂叔之語。然弟子稱師無直呼其字者，而《遺書》凡及元公必直呼其字，至以窮禪客目元公，尤非弟子義所當出。（《經義考·卷七十一》）

當代學者陳來對此提出異議，稱：「所謂二程不甚推濂溪，有一條依據是明豐道先生之言，謂：『二程之稱胡安定，必曰胡先生，不敢曰翼之。於周，一則曰茂叔，再則曰茂叔，雖有吟風弄月之遊，實非師事也。二程常稱胡瑗為『先生』，固為事實，然非無例外，亦有時稱『胡安定』。稱『胡安定』或『安定』，未必便是不敬。稱周敦頤曰『茂叔』，何以便是不尊？況且，孔門弟子常有稱孔丘曰『仲尼』者，豈其尊崇之意較之稱『夫子』、『孔子』者，必大為減殺耶？黃百家說：『至於受學於周茂叔之言，親出於明道之口，豈以仲尼二字疑子思之不為宣聖孫乎？』（《宋元學案·卷十二》，525 頁）此說可謂中的。然而，今人多有據豐氏之說而搖擺其言者，實不足為說。」（陳來主編的《早期道學話語的形成與演變》，安徽教育出版社，2007，第 27 頁）

二程弟子所言應代表二程本人的態度。二程早年從學於周敦頤，待其學成後，二程學術與周敦頤有異。周敦頤學術主流雖是儒家，但道家因素不容忽視，無論《太極圖說》還是《通書》皆以「主靜」立論，而二程則明確地說「主靜乃老氏之學也。」（《河南程氏粹言》卷一）朱熹硬要拉人二程入「主靜」，沒有道理。二程對「主靜」的批評應該確有所指，可視為二程與受道家思想影響的儒者劃清界限。陳先生以稱呼異同來證二程親傳於周氏，依據不足，道理欠缺。

按照朱彝尊說法，周敦頤於二程僅有「受業有問」，至多有聞道接引的作用，談不上有學術上的相承。二程弟子所言應該代表師門的一向立學的原則態度，絕非泛泛而言。全祖望於《濂溪學案序錄》也說：

> 祖望謹案：濂溪之門，二程子少嘗遊焉。其後伊洛所得，實不

由於濂溪，是在高弟滎陽呂公已明言之，其孫紫微又申言之，汪玉
山亦云然。今觀二程子終身不甚推濂溪，並未得與馬、邵之列，可
以見二呂之言不誣也。晦翁、南軒始確然以為二程子所自出，自是
後世宗之，而疑者亦踵相接焉。然雖疑之，而皆未嘗考及二呂之言
以為證，則終無據。予謂濂溪誠入聖人之室，而二程子未嘗傳其學，
則必欲溝而合之，良無庸矣。述《濂溪學案》。(《宋元學案‧十一》)

「濂溪誠入聖人之室」，話有點說過頭了，二程學有所自確實清楚的。朱熹駁
劉斯立之言乃是成見在先，不可取信，所謂「必欲溝而合之，良無庸矣。」
(《序錄》)《四庫提要》館臣引劉紹攽之說，更加斷定伊川不言「太極」乃是
其學另有所受：

> 三原劉紹攽《周易詳說》曰：「朱子謂程子之學源於周子，然考
> 之《易傳》，無一語及太極。於《觀》卦辭云：『予聞之胡翼之先生，
> 居上為天下之表儀。』於《大畜》上九云：『予聞之胡先生曰，天之
> 衢亨，誤加何字。』於《夬》九三云：安定胡公移其文曰『壯於頄，
> 有凶。獨行遇雨若濡，有慍。君子夬夬，无咎。』於《漸》上九云：
> 『安定胡公以陸為逵。』考《伊川年譜》：『皇祐中游太學，海陵胡
> 翼之先生方主教道，得先生文試，大驚，即延見，處以學職。』意
> 其時必從而受業焉。世知其從事濂溪，不知其講《易》多本于翼之
> 也。」其說為前人所未及。今核以程《傳》，良然。

劉紹攽與《四庫》館臣都認為程頤的《伊川易傳》絕口不提「太極」二字，斷
定其所學必另有源自。此論較為大膽，然也顧此失彼，忽略一個簡單的事實：
胡氏《周易口義》中「太極」二字凡十五見，程頤的《周易注》既多採獲於
《口義》，為何也不提「太極」？豈是反對周氏之「太極」，而不反對胡氏之
「太極」？劉紹攽與《四庫》館臣的失察與朱熹之成見可謂殊途同歸。由此
可見，二程不言「太極」並非針對某一家、某一學，不是只反對張載的「清虛
一大」，也反對周敦頤的「無極而太極」；不只是反對周敦頤的太極而不反對
胡瑗的太極。二程應對胡瑗、邵雍、周敦頤、張載等人的「太極元氣」說都不
認同，對時人的太極說也都有普遍的意見。

　　因此，二程不言太極是一個基本的學術取向，與師承無多大關係。那麼
這個學術取向到底是什麼呢？

第二節　二程反對太極元氣說——氣論的革新

儒者講的太極元氣說直接來源於《乾鑿度》「太易—太極」宇宙論體系轉化而來的，本質上傳承《道德經》、《鶡冠子》、《呂氏春秋》、《淮南子》等的渾沌體系。自鄭玄消解「太易」絕對虛無的生成特性之後，太極元氣說便漸成了氣論的主流。魏晉、隋唐諸儒的宇宙論皆競相沿襲；宋初一直至朱熹時代，太極元氣說也都是學界的主流看法：胡瑗、邵雍、周惇頤、司馬光、張載、王安石、蘇東坡、陸象山諸人觀均持此論。

然而，元氣說體系雖冠有「太極」二字，但並非來自《易傳》。所以劉斯立才有二程「從周茂叔問學，斯猶孔子問禮於老子，問樂於萇弘，問官於郯子云然」的說法，拉開二程與周敦頤的學術關聯，故雖有二程「問學」於周，但學術路徑完全不同，猶如孔子不同於老子，師徒之間沒有學術繼承關係。劉斯大立的說法是非常明朗截然，無任何模糊兩疑的態度，非二程親傳口授，斷不至有此一說。

二程自認為是接續千年孔孟道統不傳之續，《易傳》在傳統上也被視為孔子的作品，故二程自認為接續《易傳》體系乃是順理成章之事。我們看伊川的《周易注》，就明白伊川下工夫的地方全在尊德性上，發揮君子修身治道之理，重視天地之間的世間法則，對超越天地的存在毫不關心。

《易傳》的體系有三個最為根本的核心觀念：守中、定位、變易。守中，中，不偏也，不偏於中道也。即堅守天道、仁義，「君子無終食之間違仁，造次必於是顛沛必於是」、「君子固窮」、「回也不改其樂」、「人不知而不慍」，都是指君子的守中、持守君子之道，爻位雖變，世事隨變，持守中道不變。乾坤、君臣、父子、夫婦、兄弟、長幼、上下諸位得正，叫定位。曾子說「君子思不出其位」就是講「定位」，「敬其事而後其食」，都是講在自己的位置上盡忠職守、敢於承擔。「不易」就是乾坤之「位」不易，乾坤上下之位不易，乾坤才有上下交易，變易才得以行，陰陽才不失其序，陰陽不失其序，才有四季更替不亂。「位」的觀念使得《易傳》以乾坤為尊，易的觀念使得《易傳》以陰陽之交易為唯一動力。故，《易》之三義——簡易、變易、不易，「不易」為本，乾坤位「不易」，天地、君臣、父子、夫婦、兄弟、長幼、上下才得以「交易」，「變易」才有秩序，天地四時不亂、社會君臣上下才有和諧穩定。

因此，《易傳》整個體系不會越「位」而談乾坤之外事，也不會越陰陽而

追溯到渾沌元氣。《周易》的經、傳均沒有天地之外、之上的觀念。從先秦的儒家一直到漢代的董仲舒都以天地為基本框架，不談天地之外、之上。

太極元氣說恰好與《易傳》的體系不相兼容，與《易傳》的「位」與「變」兩個觀念無法共存。元氣渾沌，則承認有越過乾坤的存在，渾沌中無變化也摒棄了《易傳》陰陽變易。

胡瑗、邵雍、周敦頤、張載等人的太極元氣說恰好在這兩個方面與《易傳》的乾坤觀相違，二程繞過諸人而獨說自己接續千載道統應與此關係密切。

一、反對元氣說的天地有內外

從宇宙生成的角度看，二程不可能接受元氣說。元氣說乃承認一個在天地之先、之外有個未分的原初之氣存在，與二程的天地觀相悖。二程雖罕言天地生成之學，但在多處反對「天地有外」的說法。

然而，胡安定、邵雍、周敦頤、王安石、司馬光、張載、蘇東坡皆主太極元氣說，他們雖沒有主張天地有外，甚至反對「天地有外」，但他們所主張的元氣說必然在邏輯上可以容納天地有內外之分：《道德經》的「道」時間上在天地之上，「獨立而不改，周行而不怠」，即在天地之外有一個獨立的生成之母。元氣說既屬於《道德經》的渾沌一系，與《道德經》的宇宙論本質上沒有多少區別。二程極力反對這樣的觀點：

> 天地安有內外，言天地之外便是不識天地也。人之在天地如魚
> 在水，不知有水，直待出水方知動不得。（同上）

古人講的天地類同於今天的宇宙。即使按照今天的宇宙學術，也不能說有宇宙之外的存在，大爆炸還是發生在宇宙之中，宇宙爆炸的奇點也是宇宙本身，奇點之外無宇宙，宇宙之外無奇點。由此可見，二程的說法比較吻合今天的宇宙觀。

> 《易》八卦之位不曾有人說，先儒以謂乾位西北，坤位西南，
> 然乾坤任六子而自處於無為之地，此大故無義理，風雷山澤之類便
> 是天地之用，豈天地外別有六子？（《二程遺書·卷十八》）

二程的易學也反對天地之外的說法。程頤以乾坤與其餘六卦關係為例，其餘六卦的作用不出離於乾坤，不能在乾坤之外獨立運行，它們只是天地間幾樣事物或作用而已。二程的觀點還是非常徹底的。

二程反對天地有內外基於一個認識：道只是天地之道，天外無道，道外

無天，道與天原為一體。基於這種看法，二程認為天地有內外就形成了兩個道：

> 蓋上下、本末、內外都是一理也，方是道。莊子曰「遊方之內」、「遊方之外」者。方何嘗有內外？如此則是道有隔斷，內面是一處，外面又別是一處，豈有此理。（《二程遺書·卷一》）

二程特別強調一理、一道，都是從孔子「一以貫之」中來的。因為有兩個理、兩個道，就有上下、本末、內外、體用之別，推而廣之，就有天地之內、天地之外的區別。所以，二程特別批評莊子的「遊方之內」、「遊方之外」，就是批評莊子把一個「道」分成兩半而造成的支離，勢必造成世俗人之道與得道者之道，推之也會有天地之內與天地之外的存在。後來，朱熹批評道家「上下兩截」就是本於二程這個說法的。二程把這個邏輯又推衍到修身定性的上面：

> 所謂定者，動亦定，靜亦定，無將迎，無內外。苟以外物為外，牽己而從之，是以己性為有內外也。且以性為隨物於外，則當其在外時，何者為在內？是有意於絕外誘，而不知性之無內外也。既以內外為二本，則又烏可遽語定哉！（《二程文集·卷三·定性說》）

「定」者，心無內外則定。定統攝動、靜，動、靜乃是一個道，都是「定」的不同特性。不是「動」為一個道，「靜」又為一個道，這樣便支離了。既然動靜都屬於同一個道，故此，動、靜都無所謂內外，都是一心之動靜，都是內外無別，物我本無隔閡。不存在一個道在外，人去捨己迎接它遷就它。道內外不分，內外只是一個道，修己便是修在己一身的道。從「性」的角度看，人來自天地，人贊天地而成三，人天合一，故此「性」來自天地，人性與萬物之性都是一個性，都是天地之性，人與萬物都在天地之間，所以無所謂性有內外。如果「性」有內外，就意味著天地有內外。由天地無內外，進而推衍「性」無內外，都見得二程的思想體系從來都是一以貫之，邏輯非常嚴密自洽。然而，如果認可元氣說，元氣與性的合一就會出現漏隙：性可在陰陽、萬物之上，元氣既是陰陽未分之氣，分陰分陽之後，元氣不復存在，則陰陽之上不復有元氣了，那麼「性」如何自上而下遍及萬物呢？故元氣與性不能上下一貫。

> 人多言天地外，不知天地如何說內外，外面畢竟是個甚。若言著外則須似有個規模。凡言充塞云者，卻似個有規模底體面將這氣充實之。然此只是指而示之近耳。氣則只是氣，更說甚充塞。如化育則只是化育，更說甚贊。贊與充塞又早卻是別一件事也。理之盛

衰之說與釋氏初劫之言，如何到他說便亂道。又去窺測得些彼其言
成住壞空。曰成壞則可住，與空則非也。如小兒既生，亦日日長行，
元不曾住。是他本理只是一個消長盈虛耳，更沒別事。（《二程遺書‧
卷二上》）

從嚴格的語言表達來看，孟子所謂的「充塞」只能算一個譬喻，「指而示之近
耳」，略如夫子所謂的「能近取譬」也，個人的體驗，不可著實地使用：如說
氣「充塞」天地之間，則天地有個規模限制，「將這氣充實之」，如此不免要講
到天地之外去，而陷入「釋氏初劫之言」。如果天地有內外，天地之外也一定
有充塞滿的氣，都是同一個氣，為什麼要分內外，氣不分內外，則天地之外
的氣與天地之內的氣都是一片混成，所以就不會有天地之外的說法。

　　二程的魚水之喻也暗示了道、天地與人不可二分的道理。按照這個邏輯，
二程也不大同意「贊天地之化育」的「贊」的用法，「贊」似天地與人分而為
二，似別有天地一物，人在其外而「贊」其化育。化育乃天覆地載，人在大化
之中，如何去「贊」？人只可順天地之化育而不違。

　　從二程的學術特點來看，二程著眼點全在天理人慾說，宇宙論不甚為其
關注，其背後的邏輯是天人一體：性來自天，賦予人與萬物，不得離天地言
性，天人本為一體，不可分為二，言一個人則自有天地在，不別再指一個天
地來說。二程對張載的「清虛一大」的不滿，即張載離人而別說天，天人一體
的邏輯不夠嚴密，由之不免導致天地之外復有元氣或太虛之氣的說法。所以
說，天地有內外的說法與二程天人一體的天理說恰好悖逆。二程也襲取莊子
的齊物思想，莊子因齊物論而提出「自本自根」，由「自本自根」進而消解萬
物之外的獨立之道。二程結合自己的學術特點、糅合儒、道兩家思想，形成
自己獨有的「天地無外」的觀念。

　　如果說胡瑗、周敦頤等乃繼承《易緯》、鄭玄、孔穎達的元氣說，那麼二
程則接著《易傳》、王弼一系。

二、元氣說與二程「陰陽無始」的氣論不契合

　　二程以天理為核心建立了一套精簡而邏輯嚴密的學術體系，氣論是這個
體系的最重要的中心觀念之一，二程體系的獨特性也顯要地反映在他們獨特
的氣論觀上。如果說，二程的天理說必然產生他們獨特的氣論，反過來也可
以說天理說也正是他們氣論的一個必然結果。

　　胡瑗、邵雍、周敦頤、張載等在本質上都是繼續《老子》渾沌體系，但王弼至韓愈、李翱的影響又使他們接受了太極為性的本體說法，所以他們體系中的最高概念──太極或太虛──都是元氣與性的合一：太極（太虛）既是天地萬物生成之母，也是天地萬物同一其性的根據。因此，在他們的體系裏，最高概念是性氣合一的。然而從元氣往下，性氣合一就不再是元氣與性的合一，而是性與陰陽之氣的合一，這是因為他們的體系裏，氣分上下兩截，上面是元氣，下面是陰陽二氣，元氣雖是陰陽二氣之母，但元氣既分為陰陽二氣之後，則不復存在於陰陽之氣中，故他們就有兩個氣。既然性是依附於氣，則性也勢必分為上下兩個性，元氣中的性，陰陽二氣中的性。所有這些使得他們體系總是出現上下兩截不能一以貫之，張載與二程討論「定性」就體現了他們體系內在的矛盾。

　　二程批評張載「清虛一大」：

　　　　　　立清虛一大為萬物之源，恐未安，須兼清濁虛實乃可言神，道
　　體物不遺，不應有方所。（《二程遺書‧卷二上》）

此批評乃是有針對性的。張載說「太虛為清，清則無礙，無礙故神；反清為濁，濁則礙，礙則形。」又說「凡天地法象，皆神化之糟粕爾。」張載把氣之本體即「清虛一大」視為「清」，由氣之本體化生為有形萬物視為「濁」，這樣氣只有一個本性──「清」或「虛」之性，「濁」與「有形」絕非氣之本性。那麼如何從氣之「清」、「虛」演化為氣之「濁」而「有形」呢？張載說得很模糊：「凡氣清則通，昏則壅，清極則神。」氣既然只有一個清虛的本性，如何突然轉化為「昏」、「壅」？在沒有外援的情況下，這種轉變是不可能的。天地之間若只有清通一氣，外援又從何而來？張載的氣論體系裏就留下了一個很困難的問題：清濁分成兩截，互不相通；氣也就變成兩個氣了，分成上下兩截：清為太虛之氣，濁為陰陽之氣。老子哲學的「有」、「無」也分成上下兩截：道體恍惚若「無」，萬物忽然而「有」，二者之間如何過渡顯成問題。張載襲承老子渾沌體系，也相應地襲承了老子「有」、「無」間隔之弊，以一氣溝連有、無，卻未能解決有、無之間的過渡，本體之太虛之氣與糟粕之陰陽之氣二者間的鴻溝仍在。

　　二程有見於此，對張載氣論有兩點根本的改造：

　　一、「清」加「濁」，「虛」加「實」，論氣只是「清濁」或「虛實」，化解了張載清氣與濁氣之別，即是消解了太虛本體之氣與陰陽可形之氣的分別。

氣只是一個，即陰陽之氣，陰陽之外沒有元氣，不可獨言一「清虛一大」無「濁」無「實」的氣之本體。消除了張載無礙的太虛清氣與有礙的濁氣之間的有、無之別，也就把張載氣論的上下兩截之弊消除了，這不僅是對張載氣論的改造，也是對胡瑗、邵雍、周敦頤等氣論的徹底改造，在宋代氣論上獨一無二，直接影響朱熹的氣論。

二、「道體物不遺，不應有方所。」氣既是清濁相對、虛實相生，則氣乃有方所之物，為形而下。避免了張載以氣論形而上、下的道器不分之弊。

對張載氣論的改造也意味著二程對時人太極說的普遍修正。

關於二程氣論的特異性，我們需加特別澄清。近幾十年來的中國哲學史各種論著都普遍流行一個觀點：宋儒當中二程對氣論並無特別貢獻，氣論非二程所長，代表宋儒氣論的主要為張載。另外，二程與張載在氣論上不存在根本的差異。故此，二程氣論的特異性一直被學者所忽略。

從哲學史上看，漢儒的氣論其實有兩個支流，一為董子《易傳》乾坤體系下的陰陽二氣，一為《易緯》渾沌體系下的「氣、形、質」混一的元氣說。這兩派氣論在後來的發展中，命運各不相同。因為漢末大儒鄭玄採用《易緯》的宇宙觀，使得董子一派的氣論至魏晉隋唐都暗而不彰。所以，到了宋儒，其主流氣論直接延續隋唐經學的觀點——即太極元氣說。宋學初創者胡瑗、邵雍、周惇頤、稍後的司馬光、王安石、張載、蘇軾無不抱此氣論，因為他們的宇宙學都是渾沌體系。此風一直影響到朱熹之學風行之後才稍有改易，然陸王系統仍持太極元氣說。漢人氣論的董子一派到二程那裡終於有了繼承，因為二程的體系也恰好是《易傳》的乾坤體系。二程與董仲舒一樣，最高實體乃為天地，天乃陰陽之氣而已，氣外無天，天外無氣，陰陽之外別無混沌不分的元氣。

因此宋人的氣論其實與漢人一樣都有兩派：周敦頤、張載等一系，二程朱熹一系。他們的氣論與他們的體繫緊密相關，區別甚明。

然而，董子的氣論與二程氣論的獨特性皆被時人疏忽，馮友蘭於舊著《中國哲學史》朱子一章曾有如下論斷：

> 朱子之形上學，繫以周濂溪之《太極圖書》為骨幹，而以康節所講之數，橫渠所說之氣，及程氏弟兄所說形上形下即理氣之分融合之。（《中國哲學史‧十三章》，北京，商務印書館，368 頁，2006 年）

馮友蘭只提到二程理氣之分，未及二程對太極元氣說的看法，更未涉及二程

氣論的特色。張載固然在北宋五子中論氣最為詳備，但主旨與二程相去甚遠。朱熹的氣論的根本觀點絕非來自橫渠，而是出自二程。

朱熹論氣有三大基本特徵：

一、氣以形跡論之：「氣便粗，有渣滓。」（《朱子語類·理氣上》）「粗」就是二程的「濁」，「渣滓」就是二程的「實」，完全襲承二程的「清濁虛實」之說，與張載「清虛一大」與陰陽濁氣的二分之氣論有根本的區別。朱熹較二程更強調形跡論氣，因為他抱有一個道統觀念，要用氣來統攝佛道兩家的有、無，以此來超越佛道二氏。朱熹這一舉措也有取於張載，張載正是用氣之本體的「清」來解釋「無」，而用氣之「粗」來解釋「有」。但與二程朱熹有根本的不同，二程朱熹認為氣只有粗，沒有所謂的無形之清的氣之本體。由此二程氣論與張載區別開來。

二、朱熹強烈地反對元氣說，論氣只及陰陽，完全尊崇二程氣論：「今論太極而曰其物謂之神，又以天地未分元氣合而為一者言之，亦恐未安也。有是理即有是氣，氣則無不兩者。故易曰太極生兩儀，而老子乃謂道先生一，而後一乃生二，則其察理亦不精矣。老莊之言之失大抵類此，恐不足引以為證也。」（《晦庵集·卷三十七·答程可久》）朱熹對無極太極的解釋為天理而非元氣，深受二程的影響，也可見朱熹對張載清虛一大的基本態度，與二程完全站在一個視域。

三、朱熹最喜引用二程的「動靜無端，陰陽無始」一說，這也是二程與朱熹論氣的根本觀點。在理氣關係上，朱熹只引二程此說，幾乎從不引述張載之言，可見他並不認同張載的太虛說。《易傳》言：「生生之為易」，對之理解最為深透的為二程。二程把自己的氣論歸納為「動靜無端，陰陽無始」八個字。二程與前人不同的是，他們把這一思想貫徹到最為徹底的地步：一陰一陽既為道，則除此陰陽別無所謂的「道」，道即陰陽，陰陽即道，道外無陰陽，陰陽之外無道。陰陽上下貫通，天地之間只是一個陰陽，既無開端也無結局，所以，陰陽之上並無一個所謂的陰陽未分的元氣。

胡瑗、邵雍、周敦頤、張載諸人之學皆從《易傳》裏出來，他們也都有皆有「陰陽無始」的類此說法。胡瑗：「天地之道，生成之理，往來之間循環不絕，周而復始，無有窮極，常自通流，是謂之通也。」（《周易口義·繫辭上》）「天地之道，陰陽之功，生而不已。」（同上）邵雍：「自下而上謂之升，自上而下謂之降。升者，生也。降者，消也。故陽生於下，而陰生於上，是以萬物

皆反生。陰生陽，陽生陰，陰復生陽，陽復生陰，是以循環而無窮也。」(《皇極經世書·卷十四》)張載也云：「陰陽兩端循環不已者，立天地之大義。」(《張載集·太和》)「天地之道惟有日月寒暑之往來、屈伸動靜兩端而已。」(《張載全書·卷十》)然而胡、張諸人並沒有把「陰陽兩端循環不已」的邏輯推至極致，因為他們的整體宇宙論體系是渾沌體系，所以在陰陽之上增添一個類似漢人的元氣之說，在張載這叫「太虛」、「太和」或「清虛一大」，這樣「陰陽無端」實際就到了「太虛」、「太和」、「清虛一大」處終止了：

> 太和所謂道，中涵浮沉、升降、動靜、相感之性，是生絪縕、相盪、勝負、屈伸之始。其來也幾微易簡，其究也廣大堅固。

> 氣本之虛則湛無形，感而生則聚而有象。有象斯有對，對必反其為；有反斯有仇，仇必和而解。

這裡有三點需注意：一、「太和」含諸多對立之性；二、諸多對立之「性」產生了「絪縕、相盪、勝負、屈伸」等的開始。「太和」既含諸多對立之性，意味著「太和」中陰陽尚未分離，沒有獨立之陰氣，也沒有獨立之陽氣，僅有陰陽之性。既然有「屈伸之始」，則陰陽有時間開端。三、張載把無形的「氣本之虛」與有象有對的「陰陽」區別開來，認為無象為氣的本體，有象為陰陽之氣。氣之本體即所謂的元氣，即孔穎達所謂的「無是虛無，虛無是太虛，不可分別，唯一而已，故以一為無也。」(《周易注疏·卷十一》)張載的「無」只是太虛元氣之無，太虛之下才有陰陽，他顯然沒有把「陰陽無始」的邏輯貫徹到底。一語之差，則有天壤之別。胡、邵、周與張載類似，皆未能貫徹此說。

朱熹的氣論顯係二程一脈，與胡、邵、周、張等顯非一路。這樣，宋儒的氣論有兩條線，一是胡、周、邵、張的氣論，繼承漢人元氣說，以張載為此氣論的最成熟者；一是二程的氣論，朱熹繼承之。二程論氣乃自漢以來對精氣說一個最大的貢獻，雖與董近似，但依據與董有根本的不同。

根於對氣論的這一理解，二程反對元氣說乃是順理成章。雖然二程並不反對使用元氣一概念，但理解已經與漢唐及胡、邵、周、張諸人根本不同：二程著作中「元氣」凡三見(《遺書》卷五、卷六重複一次)：

> 元氣會則生聖賢，理自生，天只主施，成之者地也。」(《二程遺書·卷六》)

二程的元氣只是指陰陽二氣中和純正而不偏勝，所謂的不「偏勝」自然有二

氣存在，一氣獨存不可以談偏勝，陰陽不分的元氣便不能成立。因為二程有個基本觀點，萬物包括人在內都是陰陽二氣化生出來的，所以此處的元氣不可能有超出陰陽的另外意思。聖賢只不過秉陰陽二氣的至中至正之氣化生出來的：

> 仲尼元氣也，顏子春生也，孟子並秋殺盡見，仲尼無所不包。

（《遺書·卷五》）

二程著作論氣絕大多數是指孟子的「養氣」之氣，「元氣」乃中和之氣，即孟子的「浩然之氣」。二程也談到一種「真元之氣」：「真元之氣，氣之所由生，不與外氣相雜，但以外氣涵養而已。若魚在水，魚之性命非是水為之，但必以水涵養魚乃得生爾。人居天地氣中與魚在水無異，至於飲食之養，皆是外氣涵養之道。出入之息者闔闢之機而已，所出之息非所入之氣，但真元自能生氣，所入之氣止當闔時隨之而入，非假此氣以助真元也。」（《二程遺書.卷十五》）真元之氣即一物形成時初始稟賦之氣，人與物皆稟賦此氣而生，以外氣為養。「真元之氣」與外氣有「內外」分別，不似二程一向的論述，稍嫌欠缺，但與陰陽未分的太極元氣仍然是兩個完全不同的概念。

結語

從學術史上看，鄭玄的太極乃是元氣與虛無的合一，向本體論偏倚，但尚仍是一渾沌體系，至王弼，太極完成成了本體概念，成為萬物獨化的自性，不再兼備虛無與元氣。

王弼雖然影響深遠，但並未能取消鄭玄的影響。鄭玄的太極為虛無與元氣的合一之說深刻地影響了隋唐經學，又通過唐人的《周易正義》影響了宋學的初創者，如胡瑗、邵雍、周敦頤、張載等人的易學。

然而，虛無與元氣的合一的太極之說與二程的體系相牴觸，既不能與二程天理說相合，也不能與二程氣論相合，故不為二程所取。二程把「動靜無端，陰陽無始」的觀點推到極致，太極元氣說勢必從其氣論中被徹底清除出去。宋儒的道統說最為二程所倡導，其根本原因乃是二程摒棄了太極元氣說的道家生成論體系，沒有給虛無說留下任何餘地，胡瑗、邵雍、周敦頤、張載諸人都因其體系裏有元氣、太虛說，難以徹底摒棄虛無論，究其原因有二：

一、太極元氣說體系本身來自老子宇宙論，本與道家的「無」難以捨割。

二、《易緯》引渾沌體系入經學，太極就與「虛無」合二為一：1. 太極元氣之上本就有一個不見氣的純無——太易。《易緯》的體系因襲《淮南子》的模式，似也沒有改變絕對虛無生成渾沌之元氣。2. 太極含「氣、質、形」三者為一，無形器之別，狀同虛無。3. 動乃自陰陽始，陰陽未分的太極元氣自是以「靜」為根本，「靜」與「無」難捨難分，周敦頤就把「靜」、「無」聯繫起來，與「動有」相別。

二程既不用太極元氣，氣只以陰陽論，陰陽乃有形之物，既無所謂其上有「絕對之無」，無所謂有「渾沌之無」；陰陽動靜無端，也無所謂以「靜無」為根本。

二程消除了元氣說，陰陽成了生成論上最高概念，但陰陽乃是形而下之物，隨時而變易，不可為常道，故必於陰陽之上另立一不易之道，在陰陽之上而不離陰陽，並給虛無填塞了陰陽之理的內涵——太極無相無形然而充實有理。

復次，從性與氣關係看。

胡瑗、邵雍、周敦頤、司馬光、張載諸人的太極都是性氣合一，然而他們的氣論有兩階段的氣——元氣與陰陽之氣。故此他們的性氣合一說就分成上下兩截，上截為元氣與性合一，下截為陰陽之氣與性合一。二程因沒有元氣一說，性氣合一則上下貫通，沒有發生改變，源頭是陰陽之氣與性合一，既成萬物也是陰陽之氣與性合一。消除了元氣說，使得二程思想有著高度的一貫。

第六章　朱熹的太極觀——氣獨化於太極及理在氣先

　　今天遺留的《二程集》只有上下兩冊，文字所涉及的範圍並不十分的廣泛，二程做學問不刻意追求博大兼容，他們是有取捨的，更多的精力花在創建理學，追求思想的精粹嚴謹。與二程很不同的是，朱熹留下的文字太多了，約 1500 萬字，即使放在今天也是非常博大的，還要考慮到它們是用精簡的古文去表達的。《朱子全書》共二十七則，涉獵範圍極其廣大，從易學、詩學、禮學到四書集注，到史學、楚辭、近人的學問、蒙學，泛濫到佛學、道學、天體、地理的學問，甚至延伸到道教，朱熹曾專門注解過道教的《參同契》，還有，他留下的語錄也有大大七八本，是古代思想家語錄遺留最多的方面。因此，可以毫不誇張地說，朱子之學則可以稱為體大思深。朱熹做學問很像荀子。荀子對自己的要求是：「博而能容淺，粹而能容雜，夫是之謂兼術。」（《荀子·非相》）朱熹非常類似，說得卻更為闊大：「即凡天下之物莫不因其已知之理而益窮之，以求至乎其極，至於用力之久而一旦豁然貫通焉，則眾物之表裏精粗無不到，而吾心之全體大用無不明矣……」（《四書章句集注》）朱熹泛濫於百家，出入於佛老，統攝北宋五子，欲努力建立一套完整而嚴謹的博大體系。然而，也許這個野心過於博大，導致朱熹所融攝的各種體系之間難以共存，支離博雜之弊勢必難免，這集中表現在朱熹的理（太極）氣關係上。

　　因此，我在分析朱熹太極觀，涉獵其最有貢獻之處——天理與陰陽關係，會順著他體系之弊而有兩種皆言之有理的解讀，這雖是個很大的缺憾，但用

一個核心思想作一個統攝性的強迫說明會更加顯得冒險。我的論述因此雖稍顯支離，但也只好如此。

第一節　太極：陰陽二氣獨化於自身的根源

一

先秦《易傳》、《老子》開創了兩種體系——乾坤體系與渾沌體系，它們處理最高概念與次一級概念也相應地形成兩個模式：本體模式與生成模式。本體模式乃是最高概念與次一級概念是形而上下的關係，道在器中，非獨立存在，如《易傳》中的太極與陰陽的關係。生成模式乃是最高概念為一渾沌實體，由這個實體分化為陰陽或天地，它們之間有時間順序關係，道在時間上先於天地或陰陽，道為獨立的存在，不依賴於道之下的有形世界，如《老子》的道與天地陰陽的關係。

這兩個模式從先秦到兩漢一直為平行關係，沒有在儒家的著作中交叉。漢末，鄭玄注解《易緯》，二者始出現交叉。交叉的起因乃是《易緯》沿襲了《淮南子》「虛霩生宇宙」的宇宙論，在渾沌的太極之上安置一個「不見氣」的純虛無——太易。《淮南子》與《易緯》作者均沒有發現這樣做有什麼不妥。然而，鄭玄在解釋《易緯》「太易」與「太極」的生成關係中陷入麻煩：不見氣的太易如何具有生成功能而生成了渾沌太極？

鄭玄無法解釋純無太易與渾沌太極在生成上的銜接，所以他只能讓太極通過「忽然而自生」而自己生成自己。鑒於對《易緯》的推崇，鄭玄也不能無視太易淪為無用的概念，於是他置換「太易」與「太極」，使它們之間可以互通互用：太易與太極皆為無，太易為「純無」，太極為「渾沌之無」，「純無」到「渾沌之無」，沒有生成次序，而是「純無」根植於「渾沌之無」中，太易之「無」成為太極自身之「無」，太極「忽然而自生」即成了太極生成於自己的太易，即太極生成於自己的「無」。《易緯》中獨立的純無太易就演化為太極自己的本性、自己的根本。

王弼、郭象接著鄭玄的而推進之，推廣獨化的幅度：不獨太極獨化於自己的無，萬物皆獨化於自己的玄冥，玄冥即鄭玄的虛無。

這樣，從《易傳》、《老子》到鄭玄、王弼，成體系者有三個模式（按，董仲舒的天人學術可以納入《易傳》的乾坤體系。）：1，《易傳》的乾坤體系；

2，《老子》的渾沌體系；3，鄭玄、王弼等的獨化體系。因此，宇宙論上最高概念與次一級概念的關係其實也有三種模式：《易傳》的，《老子》的，及鄭、王、郭的獨化論模式。

二

　　周敦頤、張載等人的宇宙論類同《老子》的渾沌體系，太極為元氣或太虛之氣，具有化生陰陽的功能。二程不同於周、張，乃為《易傳》的乾坤體系，不採太極元氣說，用天理（太極）代替了元氣。天理為形而上，非形而下的生物之具，這就等於否定了陰陽有更高的生成來源。為了彌補陰陽生成來源的缺失，二程引用了《易傳》「生生之為易」的觀念，把陰陽自身的生成推至到沒有開端──「動靜無端，陰陽無始」。陰陽既無開端，那麼一個合理的結論即：生陰陽者即陰陽自身。

　　如此一來，天理就對陰陽的生成就沒有作用了，陰陽的來源成了鄭玄問題的繼續：太易作為「不見氣」的「虛無」，不能承擔生成功能，生成者乃太極本身，太極乃生成自身。鄭玄的太極為渾成之物，難以用大小、先後言，故太極的生成並沒有由小漸大的時空次序，太極只能是「忽然而自生」，沒有端始、沒有過程。太易即從太極的生成中推出去，不復發揮作用。但鄭玄非常信服《易緯》的體系，注解《易傳》的「易無體」又把太易與太極等同，太易之為無就成了太極的本根，太極「忽然而自生」便為太極根源於自己的無，這個根源不知所從來，簡言之──「無」，詳言之──「忽然而自生」。

　　二程的天理，乃為一「形而上者」，非生物之具，故生成者乃陰陽本身，與鄭玄的問題就沒有任何區別。二程消除了太極元氣一說，陰陽之上不復有渾沌實體，故生陰陽者乃是陰陽自身。二程雖作此革新，但「陰陽無始」乃可視作為鄭玄的太極「忽然而自生」的另一種說法。就太極與陰陽均不知端始，不知所從來，沒有獨立其上的母體等，二說沒有區別。陰陽就「無始」、「自生」而言，也復是「忽然而自生」，陰陽既是「忽然而自生」，則陰陽作為一個整體來說它的生成範式當遵循「獨化」原則。

三

　　獨化說一旦運用於陰陽生成的來源，就必須考慮天理與陰陽之間到底是什麼關係，如同鄭玄必須思量「不見氣」的太易與太極的關係。二程由於沿用《易傳》的乾坤體系，最高實體為天地或陰陽，太極只是天地之間的準則，

生生只落於陰陽上，很少涉及天理與陰陽的直接關聯，形而上下渾然為一，不甚分別道與形器之間的上下之別，天與道不過是同實而殊名，沒有十分突出形而上的優勝地位：「乾，天也。天者，天之形體。乾者，天之性情。乾，健也。健而無息之謂乾。夫天，專言之則道也，天且弗違是也。分而言之，則以形體謂之天，以主宰謂之帝，以功用謂之鬼神，以妙用謂之神，以性情謂之乾。」(《伊川易傳·卷一》)

到了朱熹，他為了統攝北宋五子，強行把周氏渾沌體系的結構納入二程乾坤架構中，用二程天理來詮釋周氏太極。然而，《太極圖說》的太極與陰陽顯係有先後、上下次序。如元氣置換為天理，天理與陰陽也便具有了生成與先後次序了。隨著朱熹的弟子發難，這個問題終於凸顯出來。二程體系中天理與陰陽的形而上下的關係在朱熹那裡被逼向了如此境地：天理一定要在「陰陽無始」的周轉中發揮引領作用，不管天理本身是否具有生成之具的特性。

朱熹的宇宙論本是承《易傳》、二程的乾坤體系，然而他因為融攝了周氏《太極圖說》，所以不得不面對周氏渾沌體系中太極與陰陽之間的「生成」與「次序」問題。「生成」與「次序」乃為所有渾沌體系都具有的，上至《老子》下至《鶡冠子》、《呂氏春秋》、《淮南子》、《乾鑿度》，無不如此。周氏《太極圖說》本屬渾沌系列，故也沿襲了此。太極之為元氣化生陰陽，漸次化生四時五行。因此，太極與陰陽有明顯的「生成」與「先後次序」關係。

然而，朱熹乃沿襲《易傳》、二程的乾坤體系，陰陽並無端始，太極、陰陽只是道與器，本無生成與先後次序。那麼，如何在太極與陰陽之間能使用「生成」與「次序」呢？朱熹既不能用《易傳》、二程的說法，更不能用《老子》渾沌體系，剩下的只有選擇第三種道路——獨化理論。

獨化思想由鄭玄首創，王弼、郭象發揚之。然而，鄭與王、郭對獨化思想運用範圍不同：鄭僅限於渾沌太極，王、郭泛化為一切物。從義理而言，鄭說較通：太極之為渾沌，無形無象，不可辨其大小、別其先後。太極「忽然而自生」雖不可證實，也不可證偽。王、郭所謂萬物皆「獨化」於自己的玄冥，於理不能周匝自圓：天地萬物皆為有形，有形之物則有大小次序、先後過程，不可說「忽然而自生」。儒家尊崇天道自然，天地合氣，化生萬物，上下秩序井然，人效法之而為君臣、父子、上下之禮儀。若言萬物皆獨化於各自之玄冥，等於在宇宙論上推翻了儒家秩序世界，實為莊子逍遙說為佐證。因此，

朱熹若利用獨化理論為其擺脫困境，當採用鄭玄說，獨化論的解釋只能僅限於陰陽生成及天理與陰陽關係上。

四

獨化論有兩個很奇異、自相悖逆的特徵，它可以容納「生成」與「先後次序」，而同時又不具有「生成」與時間的「先後次序」：

第一、它有最高的概念──「無」或「玄冥」，似從《老子》出來，但卻不屬渾沌體系。獨化之「無」非「獨立而不改」的道，「無」僅是渾沌太極或萬物自己的根本：太極或萬物獨化於「無」，非指「無」生成了太極或萬物，而是太極或萬物化生於自己不可名狀的來源，此來源因不可名，強名為「無」或「玄冥」。「無」（玄冥）與太極或萬物之間不是「生成」關係，但卻有「生成」關係的外貌。

第二、從太極、萬物從獨化於自己的「無」來看，「無」又先於太極或萬物，這樣「無」（玄冥）與太極或萬物之間似有「先後次序」，但「無」總是根於太極或萬物之中，它本身無任何獨立性，故這種「先後次序」不是在時間上的「先後次序」，也不是邏輯上的先後次序。

第三、「無」（玄冥）因根於太極與萬物自身，非獨立性，乃萬物自身根源之無象無形，它看似生成論，似有先後次序，但玄冥與物之間不是兩物關係，是一物與它自己內在的根源。獨化論有生成而無次序，有先後而無時間關係，但又彷彿有生成、有次序：萬物只是獨自化育於自己的「無」，不是一物生成另一物，所以獨化論不是生成論，而是一種非常獨特的本體論，它給予萬物一個根本，即本於自己的虛無，萬物從自己不可名狀的虛無中來，因此，無與萬物構成形而上下的關係。

這三點都暗合朱熹的理氣關係──有生成外貌，但無生成關係；有先後次序，但無時間先後關係；太極與氣僅是形而上下的關係：

> 「昨謂未有天地之先，畢竟是先有理，如何？」曰「未有天地之先，畢竟也只是理，有此理便有此天地，若無此理便亦無天地，無人無物，都無該載了，有理便有氣，流行發育萬物，理無形體。」
>
> （黎靖德編，王星賢點校，朱子語類：卷一（M），北京：中華書局，2007。）

如果把朱熹上述的話解讀為理在時間上先於氣，他下面的話就很難說得通：

> 「此本無先後之可言，然必欲推其所從來，則須說先有是理。」

> 又說「理與氣本無先後之可言。然推上去時，卻如理在先，氣在後相似。」（同上）

> 或問先有理後有氣之說。曰：「不消如此說，而今知得他合下是先有理後有氣耶？後有理先有氣耶？皆不可得而推究。然以意度之，則疑此氣是依傍這理行，及此氣之聚，則理亦在焉。蓋氣則凝結造作，理卻無情意，無計度，無造作。只此氣凝聚處，理便在其中。」（同上）

就陰陽之氣無始、無端而言，氣乃「忽然而自生」，自生於自己的天理。因氣自生於自己的天理，故「必欲推其所從來，則須說先有是理」，然天理本身「無情意，無計度，無造作」，天理雖為氣之從來處，但既非天理生成個氣，天理也非獨立於氣，天理僅是氣之自生的內在根由，故又不可說天理先於氣。

朱熹不僅在此處，而且在其整個體系中，都很明確地說：理氣乃是形而上下的關係，本無先後，只是推上去似理在先。馮友蘭把朱熹的理氣先後的關係解釋為「邏輯在先」，從朱熹「推上去」說法化來的。但這種解釋可以解讀朱熹的部分意思，無法解釋理氣關係中非常獨特的「生成」說法：

> 有是理後生是氣，自「一陰一陽之謂道」推來。此性自有仁義。

獨化論的詮釋優點是，它既包含「先後」次序，也可融攝「生成」關係。同時，獨化論的「生成」不是物物之間的「生成」，所以也避免了時間上的先後關係。「蓋氣則凝結造作，理卻無情意，無計度，無造作。只此氣凝聚處，理便在其中。」理不造作不生生，生生者為氣。但氣獨化於理，又在形式上似是理生氣。蓋因若無理，則氣不分陰陽，不分清濁，不分上下，不分緩急，即不能「大化流行」而具生生之德。氣獨化於自己的天理，則似是天理在先，氣在後，故獨化論似有次序。但因天理只是氣之本性，不可離氣獨存，則獨化論的次序也不是物物關係的次序。朱熹說理氣「此本無先後之可言」、「若論本原，即有理然後有氣，故理不可偏全論；若論稟賦，則是有氣而後理隨以具，故有是氣則有是理」[註1]即是。

獨化論產生於鄭玄融合《易緯》的渾沌體系與《易傳》的乾坤體系而形成的，因此它屬於渾沌體系與乾坤體系的混合物。至朱熹，他出於同樣的理

[註1] 馮達文與郭齊勇，新篇中國哲學史（M），北京：人民出版社，2007。

由，融合了周敦頤的渾沌體系與二程的乾坤體系。二者成因既是相同，所用的思維邏輯也不應例外。此也可以見從鄭玄到王弼之玄學對宋儒的影響。

　　但朱熹沒有自覺地運用這一理論，他的博雜的學術追求也導致其理氣一體的關係出現了難免的支離，從而為理氣在時間上的先後留下了空間。

第二節　太極在時間上先於氣

一

　　朱熹理氣關係根本主旨乃是理氣合一，理氣無時間的先後，天理（太極）乃是氣獨化於自己的內在根源，不得超越氣而獨立存在。然而，朱熹的體系博雜，並非始終一以貫之。朱熹的宇宙論融攝了多種觀念，這些觀念並非能自如地相互貫通。其中有兩個最主要的觀念的引入造成了朱熹體系的支離：一個是漢人的渾天說，一個是佛家萬法幻滅說。

　　在宇宙論上，朱熹主要繼承了二程的陰陽無始、天地無外的看法。從「天地無外」的邏輯來看，包裹在地之外的氣應是一個無端涯的存在。然而，朱熹又從另一方面吸取了漢以來的渾天說，用一個甚厚的軀殼包裹著氣，二程說法被朱熹作了根本的修正：無限的氣變成有限的氣，二說很難調和為一。另外，朱熹對形氣的卑視遠遠超過二程，所以他不得不把天理抬高到天地之先的地位，不在天地之間討論天理，這溢出了《易傳》與二程的體系，雖然朱熹宇宙論尚不是渾沌體系，這顯然又深受佛家的影響。天地的塌陷會造成二程「陰陽無始」的說法無法成立。

　　這種種自相牴牾的觀點嚴重得支離了朱熹體系的一貫性。朱熹的理氣關係的「生成」與「先後」在無意中利用了鄭玄與王弼、郭象等的獨化思想，但實際上又遠遠超出他們的範圍之外。這就使得朱熹的理氣關係呈現了異常複雜的外貌。

　　由於朱熹所引進的這兩點異說──渾天說與佛家說──在朱熹的體系裏實際具有內在邏輯的統一性：渾天說限制了有形之氣的範圍，暗合了朱熹吸取佛家的對一切形跡之物的卑視。因此我們在下文討論這兩個異說對朱熹理氣合一的主流觀點造成致命的損傷時不加區別它們的先後，而是混合在一起討論。

二

朱熹頗鄙薄一切有形之物，其論氣，云：「氣便粗，有渣滓。」一切有形之物在朱熹看來都要消亡，天地本身也要在輪迴中不斷地產生與消亡。所以，朱熹經常討論天地之先的天理，以保障天理不隨有形之物而毀滅。這是朱熹不得不回應佛家萬法皆滅之說而有所應付。因此朱熹的太極與氣的關係除了上面的「氣獨化於天理」的主流看法，尚有一股暗流時時潛存，即理在時間上先於氣。

與朱熹相較，二程並無鄙薄有形跡萬物的意思，雖然他們也說：「天理云者，這一個道理更有甚窮已。不為堯存，不為桀亡。人得之者，故大行不加窮，居不損。這上頭來更怎生說得存亡加減。是它元無少欠百理具備。」（《二程遺書‧卷二上》）然而，二程論天理的不變，僅在天地之間言之，不為堯、桀等人君生滅，天理較人君乃為不變其道，根本未把天理置於天地成毀的高度而討論之。

二程的天理在絕大多數的場合下不過是董仲舒的道，即「道之大原出於天，天不變，道亦不變。」（《漢書‧董仲舒傳》）道僅限於人倫之道。遍查二程論著，其論天理也僅限為人倫之道，與董子相似：

> 天下善惡皆天理。謂之惡者非本惡，但或過或不及便如此，如楊墨之類。（《二程遺書‧卷二上》）

> 萬物皆只是一個天理……至如言天討有罪，五刑五用哉，天命有德，五服五章哉，此都只是天理。……彼自絕於理，故五刑五用曷嘗容心喜怒於其間哉？舜舉十六相，堯豈不知？只以他未著，故不自舉。舜誅四凶，堯豈不察，只為他惡未著，那誅得他。舉與誅曷嘗有毫髮廁於其間哉？（同上）

> 要修持他這天理，則在德，須有不言而信者。言難為形狀，養之則須直，不愧屋漏與慎獨，這是個持養底氣象也。（同上）

> 如天理底意思，誠只是誠此者也，敬只是敬此者也。（同上）

> 人於天理昏者，是只為嗜欲亂。（同上）

> 凡下學人事便是上達天理。（《二程外書‧卷二》）

> 天理也，此賢人之事也。（《二程外書‧卷十》）

> 臣伏謂：得天理之正極、人倫之至者，堯舜之道也。用其私心、

依仁義之偏者，霸者之事也。王道如砥，本乎人情，出乎禮義，若
履大路而行無復回曲。霸者崎嶇，反側於曲徑之中，而卒不可與入
堯舜之道。故誠心而王，則王矣。假之而霸，則霸矣。二者其道不
同在審其初而已。（《二程文集・卷二・論王霸之辨》）

三居泰之中，在諸陽之上，泰之盛也。物理如循環，在下者必
升居，上者必降。泰久而必否，故於泰之盛與陽之將進而為之戒曰：
無常安平而不險陂者，謂無常泰也。無常往而不返者，謂陰當復也。
平者陂，往者復，則為否矣。當知天理之必然方泰之時，不敢安逸；
常艱危，其思慮正固其施為，如是，則可以无咎，處泰之道。（《伊
川易傳・卷一》）

二年春，王正月戊申，宋督弒其君與夷及其大夫孔父桓公，無
王而書。王正月，正宋督之皋也。弒逆之罪不以王法正之，天理滅
矣。督雖無王，而天理未嘗亡也。（《程序經說・卷五》）

二程遺著凡涉及「天理」處皆只及人世之間，特別強調天理不隨人事而成毀
敗滅，從未有超出天地而論之。可判知，在二程那裡，天理二字即是天之理，
不可外天地而別談天理：

人多言天地外，不知天地如何說內外，外面畢竟是個甚。若言
著外則須似有個規模。凡言充塞云者，卻似個有規模底體面將這氣
充實之。然此只是指而示之近耳。氣則只是氣，更說甚充塞。」（《二
程遺書・卷二上》）

按今人的觀念，時空緊密相繫，「天地有內外」則可以說天地在空間乃為有限
的存在，也可相應地說，天地在時間上也為一有限存在，二說並行不悖。二
程是否有此看法，不很清楚。但二程以氣論天，陰陽之氣無端始，則天也應
無端始。此可旁證二程的天地觀沒有時間限制。二程論天地只到此為止，更
無多餘之言。二程論理極精，既不言天地有外，更連氣也不言「充塞」，有「充
塞」，氣便有「涯垠」，則氣有大小的限制，有時間的起始。有此亦可推知，二
程沒有天地生滅的觀念。

三

二程天理不變的觀念被朱熹所繼承，然而被朱作極大之發揮，天理遂越
出天地範圍而有持久不變的恒常性，不獨與二程不相侔，也不同董子太極為

「天地」之「中」與《易傳》的乾坤體系：

> 未有天地之先，畢竟也只是理。有此理，便有此天地；若無此理，便亦無天地，無人無物，都無該載了！有理，便有氣流行，發育萬物。

前文中已經討論了此論述有兩種解讀，從朱熹的整個體系所強調根本主旨而言，我們仍然強調它有解讀為本體的可能。但，朱熹的思想裏時時透露出佛家的影響——一切存有皆是幻滅。因此，此處從這個角度重新討論朱熹的理氣關係，不是有意支離朱熹的思想的一貫性，而是他思想中本涵具博雜之弊。所以他的理氣觀出現相反的看法並不例外，雖然我們認同他的主流看法不會改變。

　　根據這個理由，朱熹上述的論述若置於佛學對他影響的背景下觀之，則是很有必要的。從這角度看，朱熹論述的基調就是以天地為可朽之物，天理之不滅尚在天地之先。有此推知，氣作為有形之物也有生滅，則天理也當在氣之先，朱熹理氣關係的矛盾就此展開。二程以天地為限，不討論天地生滅本身。朱熹則把天地萬物皆視為可生滅的東西，以證天理之不滅不變。為此，我們有必要再檢討一下朱熹如何論述天地的：

> 天地初間只是陰陽之氣。這一個氣運行，磨來磨去，磨得急了，便拶許多渣滓；裏面無處出，便結成個地在中央。氣之清者便為天，為日月，為星辰，只在外，常周環運轉。地便只在中央不動，不是在下。〔淳〕（《朱子語類·理氣上》）

> 地卻是有空闕處。天卻四方上下都周匝無空闕，逼塞滿皆是天。〔淵〕（同上）

> 天只是一個大底物〔儞〕（同上）

> 「天何依？」曰：「依乎地。」「地何附？」曰：「附乎天。」「天地何所依附？」曰：「自相依附。天依形，地依氣。所以重複而言不出此意者，唯恐人於天地之外別尋去處故也。天地無外，所謂『其形有涯，而其氣無涯』也。為其氣極緊，故能扛得地住；不然，則墜矣。氣外須有軀殼甚厚，所以固此氣也。今之地動，只是一處動，動亦不至遠也。」〔謨〕（《邵子之書》）

天地初始只是陰陽之氣，這一個氣運轉略無停息，轉得久了，氣中間「拶許多渣滓；裏面無處出，便結成個地在中央。」天在地外環繞運轉，包裹著地，

「四方上下都周匝無空闕，逼塞滿皆是天。」「天依地，地附天，天地自相依附，」所以天地之外別無他物可依，即天地無外也，至此與二程不相異。然朱熹學術博雜，不僅取於一家，而是雜取諸家而統攝之，邏輯最終也不能確保一貫：「其形有涯，而其氣無涯」，「有涯」乃指有形之地，氣無形故無涯，即天無涯。但朱熹又說「理無形，氣便粗，有渣滓。」（《理氣上》）是「氣」也是有形之類，天也「只是一個大底物」，故當也有涯。天既然有涯，天這個甚大之氣團，其外必有一「軀殼甚厚」，是「有規模底體面將這氣充實之」，天地便是有涯之物。在朱熹的宇宙論裏，天地有一個甚厚的軀殼罩在氣外面：「天地之形，如人以兩碗相合，貯水於內。」（同上）又似一隻大雞蛋，地為蛋黃，天為蛋清，軀殼如蛋殼。天地既是有形之類，也終是有內外之別，即所謂「理無內外，六合之形須有內外。」（同上）

　　朱熹最終以「理無內外，六合之形須有內外」來調和二程天地無外：天地作為一有形之物，有內外之別。但理無形跡，無內外之別。這不是說理無內外之理，而是說，理中的內外之理遍在一切有形之物，無分內外，一切有內外之別的有形之物皆有此「內外之理」一以貫之：物之內有內外之理，物之外也有內外之理，內外之理不分別內外之物。天地之內有內外之理，天地之外也復有內外之理，皆一理貫通沒有內外，是天地有內外，而理無內外。

　　這個邏輯也是朱熹關於理氣先後邏輯的基本定調，而未被學者所注意。

　　試分析之：

　　其一、理乃無形跡之形而上，無內外之別，但有內外之理。因此故，理不可說在氣中，也不可說在氣外，一物才有內外的方所，理只是一個淨潔空闊天地，無方所無內外。所以，理與氣究其到底不可說有內外關係。然而理有內外之理，氣是「六合之形」，則氣必有內外之形。氣有內外，則氣之外當一無所有，即「不見氣」。因理無方所，不可說氣外無理，如是，則是理有方所，與氣為同類之物。所謂氣外之虛無，虛無中自有虛無之理，氣外之虛無處自有理充塞其間。老子、張載等講虛無，是有物無象的「渾沌之無」，「渾沌之無」也即「渾沌之有」，二者異名同實。二程與朱熹講虛無是一無所有而有理。所以歸根到底處，氣之無處畢竟有理，有理始生氣。其先後關係不待而辨。

　　其二、理為形而上，故理也不可以與氣相較而為先後，但理有先後之理，有此理，則氣必有先後時間之次。理氣有內外、先後皆可在朱熹的體系

中得到驗證：

> 問：「有是理便有是氣，似不可分先後？」曰：「要之，也先有
> 理。只不可說是今日有是理，明日卻有是氣；也須有先後。且如萬
> 一山河大地都陷了，畢竟理卻只在這裡。」〔胡泳〕（《理氣上》）

這段意思甚為明瞭：「也須有先後」當指時間先後，而非形上形下的先後，否則後面也不別緊跟著「且如萬一山河大地都陷了，畢竟理卻只在這裡」。儘管朱熹一再說，理非「別有一物」，但總體而言，理終究要在氣先、在氣外，只是理氣不可相較為先後內外，理畢竟是無形跡之物，與氣不是對待關係，故理雖在氣先、在氣外，也不可說氣之先有個理、氣之外有個理。氣外、氣先之理非此氣之理，故終又不可比較其先後、內外。就與氣相關之理，則沒有氣，理終無掛搭處，如何說還有理呢？這時候的理又如何在氣之先、在氣之外呢？我們且不別計較朱熹本人如何去說，只看朱熹的宇宙論裏是否蘊含這個邏輯。

「萬一山河大地都陷了」，則天地不能自相依附，天之氣也一便自消了，四面出現了「空闕」，不能「逼塞滿」，否則氣當自「極緊」「扛得地住」。如此，地便塌陷，天地就有個毀滅的期限。

> 問：「自開闢以來，至今未萬年，不知已前如何？」曰：「已前
> 亦須如此一番明白來。」又問：「天地會壞否？」曰：「不會壞。只
> 是相將人無道極了，便一齊打合，混沌一番，人物都盡，又重新起。」
> （《理氣上》）

朱熹一面說天地不會壞，一面說一齊打合，他的邏輯是人無道極了，天地會壞。天地不會自動塌陷壞了，而是隨人事變化而變化。不過，他的意思是天地終究會壞，因為歷史自堯舜以來日似壞似一日。這就產生一個問題，氣乃是天之別稱，除天之外別無氣，天既毀，氣又從哪裏復生出來？除非「氣外」甚厚的軀殼之外別有陰陽之氣，而如此一來，又成了一個天外有天的說法，天產生了天，如此循環沒道理。包裹著氣的軀殼之外應沒有氣才是，只不過是個絕對之虛空，這也比較符合人類科學史上的絕對空間的經驗常識。

這是從包裹著氣的軀殼之外看是如此。從軀殼之內而言，朱熹也未能逃出《淮南子》那一套：「道始生虛霩，虛霩生宇宙，宇宙生氣。氣有涯垠，清陽者薄靡而為天，重濁者凝滯而為地。」「虛霩」產生純無的「宇宙」，「宇宙」始生氣。「宇宙」略如朱熹的氣外甚厚的「軀殼」，為一個純無的時空。因這「甚厚的軀殼」包裹著氣，並在氣之外，就其生成而言，勢必在氣之先生成，

否則它就不能承擔約束著氣的功能，這就成了「虛無」生氣的另一個說法。

伊川論「太虛」：「嘗問先生：『其有知之原當俱稟得？』先生謂：『不曾稟得，何處交割得來？』又語及太虛，曰：『亦無太虛。』遂指虛曰：『皆是理。安得謂之虛？天下無實於理者。』」（《二程遺書‧卷三》）朱熹也說：「且如萬一山河大地都陷了，畢竟理卻只在這裡。」「這裡」即伊川所指的「虛」。伊川與朱熹所謂的「虛」或「這裡」乃指無形之空間、絕對之虛空。絕對虛空有上下，有四方，有八面，有十六個方位，推之，尚分六十四方，六十四方的每一方復又分成六十四方，如此等等，則理不因有氣、無氣都會在氣之先存在。這種純無的理是從《易傳》太極生兩儀、兩儀生四象那裡推衍出來的，萬物無不有此道理，即是一無所有也分上下四方前後左右，所以可以說：「未有天地之先，畢竟先有是理。」推之，可言——未有氣之先，畢竟先有是理，這個邏輯是一以貫之的。

結語

朱熹的理氣一體的核心思想完全繼承了二程形而上體系，然而朱熹同時又融攝周敦頤的《太極圖說》渾沌體系，使得他不得不解決理氣的先後關係：理氣有生成之象而無實質的生成關係、有先後次序而無實質的時間先後關係，其邏輯的運用可見從鄭玄、王弼、郭象以來的獨化論的深遠的影響。

然而朱熹的格物觀念使他沒有就此而止步，「眾物之表裏精粗無不到」的信念使得他不可避免地走向了一條博雜之路。他在融攝了二程與周敦頤體系之後，又在宇宙論吸收漢人的渾天說與佛家的寂滅說，後兩者異說的介入從根本上瓦解了二程關於陰陽、天地無始的基本看法，使得氣作為一個可幻滅的形下之物，在整體上必然是有限的並可生滅的，從而導致其理氣關係必然又有時間上的先後，溢出了他一再強調的理氣一體的形而上下的關係，使得朱熹的太極說呈現異常複雜的面貌。

參考書目

一、古人著作

1. 周振甫：《周易譯注》，北京：中華書局，2009。

2. 陳奇注：《韓非新校注》，上海：上海古籍出版社，2000。

3. 楊伯峻：《論語釋注》，北京：中華書局，2008。

4. 楊伯峻：《孟子譯注》，北京：中華書局，2008。

5. 郭慶藩：《莊子集釋》，北京：中華書局，2008。

6. 樓宇烈：《老子道德經注校釋》，北京：中華書局，2009。

7. 墨翟：《墨子》，北京：中華書局，2007。

8. 李山譯注：《管子》，北京：中華書局，2009 年。

9. 荀子撰、王杰／唐鏡注：《荀子》，北京：華夏出版社，2001。

10. 董仲舒撰、蘇輿注：《春秋繁露義證》，北京：中華書局，2010。

11. 劉安輯撰、陳惟直譯：《淮南子》，重慶：重慶出版社，2007。

12. 左丘明著、冀昀主編：《左傳》，北京：線裝書局，2007。

13. 左丘明著、鄥國義等譯注：《國語》，上海：上海古籍出版社，1997。

14. 張載：《張載集》，北京：中華書局，2008。

15. 黎靖德編：《朱子語類》，北京：中華書局，1986。

16. 朱傑人等編撰:《朱子全書》,上海 安徽:上海古籍出版社和安徽出版社,2003。

17. 班固:《前漢書》,《四庫全書・史部・正史類・前漢書》。

18. 范曄:《後漢書》,《四庫全書・史部・正史類・後漢書》。

19. 劉劭:《人物志》,《四庫全書・子部・雜家類・雜學之屬》。

20. 郭象:《莊子注》,《四庫全書・子部・道家類・莊子注》。

21. 王弼:《老子道德經》,《四庫全書・子部・道家類・老子道德經》。

22. 王弼、孔穎達:《周易注疏》,《四庫全書・經部・易類・周易注疏》。

23. 房玄齡等:《晉書》,《四庫全書・史部・正史類・晉書》。

24. 朱熹:《朱子語類》,《四庫全書・子部・儒家類・朱子語類》。

25. 李昉:《太平御覽》,《四庫全書・子部・類書類・太平御覽》。

26. 張君房:《雲笈七籤》,《四庫全書・子部・道家類・雲笈七籤》。

27. 李延壽:《北史》,《四庫全書・史部・正史類・北史》。

28. 孫無忌等撰:《隋書》,《四庫全書・史部・正史類・隋書》。

29. 孔穎達等撰:《周易注疏》,《四庫全書・經部・易類・周易注疏》。

30. 李鼎祚:《周易集解》,《四庫全書・經部・易類・周易集解》。

31. 劉賓客:《劉賓客文集》,《四庫全書・集部・別集類・漢至五代・劉賓客文集》。

32. 陳子昂:《陳拾遺集》,《四庫全書・集部・別集類・漢至五代・陳拾遺集》。

33. 李白:《李太白文集》,《四庫全書・集部・別集類・漢至五代・李太白文集》。

34. 白居易:《白氏長慶集》,《四庫全書・集部・別集類・漢至五代・白氏長慶集》。

35. 柳宗元:《柳河東集》,《四庫全書・部.別集類・漢至五代・柳河東集》。

36. 邢璹:《周易略例序》,《四庫全書・經部・易類・周易略例序》。

37. 李翱:《李文公集》,《四庫全書・集部・別集類・漢至五代・李文公集》。

38. 王伯大編:《別本韓文考異》,《四庫全書・集部・別集類・漢至五代・別

本韓文考異》。

39. 周敦頤：《周元公集》，《四庫全書‧集部‧別集類‧北宋建隆至建康‧周元公集》。

40. 胡瑗：《周易口義》，《四庫全書‧經部‧易類‧周易口義》。

41. 邵雍：《皇極經世書》，《四庫全書‧術數部‧數學之屬‧皇極經世書》。

42. 司馬光：《溫公易說》，《四庫全書‧經部‧易類‧溫公易說》。

43. 張載：《張載全書》，《四庫全書‧儒家類‧張載全書》。

44. 張載：《橫渠易說》，《四庫全書‧經部‧易類‧橫渠易說》。

45. 蘇軾：《東坡易傳》，《四庫全書‧經部‧易類‧東坡易傳》。

46. 蘇軾：《東坡全集》，《四庫全書‧集部‧別集類‧北宋建隆至建康‧東坡全集》。

47. 劉牧：《易數鉤隱圖》，《四庫全書‧經部‧易類‧易數鉤隱圖》。

48. 張根：《吳圖周易解》，《四庫全書‧經部‧易類‧吳圖周易解》。

49. 程迥：《周易古占法》，《四庫全書‧經部‧易類‧周易古占法》。

50. 揚萬里：《誠齋易傳》，《四庫全書‧經部‧易類‧誠齋易傳》。

51. 朱震：《漢上易傳》，《四庫全書‧經部‧易類‧漢上易傳》。

52. 朱熹：《晦庵集》，《四庫全書‧集部‧別集類‧南宋建炎至德祐‧晦庵集》。

53. 朱熹：《四書章句集注》，北京：中華書局，2008。

54. 程顥 程頤：《二程集》，北京：中華書局，2008。

55. 程顥 程頤：《二程遺書》，上海：古籍出版社，1992。

56. 蔡沈：《新刊四書五經‧書經集傳》北京：中國書店出版，1994。

57. 王應麟：《困學記聞》，《四庫‧子部‧雜家類‧雜考之屬》。

58. 皮錫瑞撰、周予同點校：《經學歷史》，商務出版社，1928。

59. 惠棟：《惠氏易說》，《四庫全書‧經部‧易類‧惠氏易說》。

60. 閻若璩：《尚書古文疏證》，《四庫全書‧經部‧易類‧尚書古文疏證》。

61. 毛奇齡：《仲氏易》，《四庫全書‧經部‧易類‧仲氏易》。

62. 胡渭：《易圖明辨》，《四庫全書‧經部‧易類‧易圖明辨》。

63. 錢大昕撰，呂友仁點校：《潛研堂集》，上海：上海古籍出版社，2009。

64. 戴震：《戴震全集》，北京：清華大學出版社，1991。

65. 黃宗羲著，全祖望補：《宋元學案》，北京：中華書局，2007。

二、現代人著作

1. 高亨：《周易大傳今注》，濟南：齊魯書社，1979。

2. 鄭吉雄：《易圖像與易詮釋》，華東師範大學出版社，2008。

3. 朱伯崑：《易學哲學史》，華夏出版社，1995。

4. 林忠軍：《〈易緯〉導讀》，濟南：齊魯書社，2002。

5. 徐芹庭：《漢易闡微》，北京：中國書店出版社，2010。

6. 高懷明：《先秦易學史》，桂林：廣西師範大學出版社，2007。

7. 高懷明：《兩漢易學史》，桂林：廣西師範大學出版社，2007。

8. 高懷明：《宋元明易學史》，桂林：廣西師範大出版社，2007。

9. 蕭漢明：《〈周易本義〉導讀》，濟南：齊魯書社，2003。

10. 李鏡池：《周易探源》，北京：中華書局，2007。

11. 李鏡池：《周易通義》，北京：中華書局，1988。

12. 余敦康：《漢宋易學解讀》，北京：華夏出版社，2006。

13. 鄭方耕：《易學源流》，瀋陽：瀋陽出版社，1997。

14. 馬恒君：《周易正宗》，北京：華夏出版社，2007。

15. 廖名春：《〈周易〉經傳十五講》，北京：北京大學出版社，2004。

16. 李學勤：《周易經傳溯源》，長春：長春出版社，1992。

17. 金景芳、呂紹剛：《周易全解》，長春：吉林大學出版社，1991。

18. 蕭漢明：《〈周易本義〉導讀》，濟南：齊魯書社，2003。

19. 郭文友：《周易辭海》，成都：四川出版集團巴蜀書社，2005。

20. 張實龍：《董仲舒學說內在理路探析》，杭州：浙江大學出版社，2007。

21. 鍾肇鵬主編：《春秋繁露校釋》，石家莊：河北出版社，2005。

22. 劉國民：《董仲舒的經學詮釋及天的哲學》，中國社會科學出版社，2007。

23. 王國維：《觀堂集林》，北京：中華書局，1984。

24. 曾振宇、范學輝：《天人衡中》，河南大學出版社，1998。

25. 周桂鈿：《董學探微》，北京師範大學出版社，1989。

26. 徐復觀：《兩漢思想史》，華東師範大學出版社，2001。

27. 馮友蘭：《中國哲學史新編》，人民出版社，1998。

28. 王葆玹：《今古文經學新論》，中國社會科學出版社，1997。

29. 耿天勤主編：《鄭玄志》，濟南：山東人民出版社，2009。

30. 金春峰：《漢代思想史》，中國社會科學出版社，2006。

31. 湯用彤：《湯用彤全集》，石家莊，河北人民出版社，2000。

32. 湯用彤：《魏晉玄學論稿》，上海：上海古籍出版社，2005。

33. 張立文：《朱熹評傳》，南京：南京大學出版社，1998。

34. 束景南：《朱熹研究》北京：人民出版社，2008。

35. 田浩：《朱熹的思維世界》，南京：江蘇人民出版社，2009。

36. 陳榮捷：《朱子新探索》，上海：華東師範大學出版社，2007。

37. 陳來：《朱子哲學研究》，上海：華東師範大學出版社，2000。

38. 高令印、高秀：《中國古代宗教與倫理·華·朱子學通論》，廈門：廈門大學出版社，2007。

39. 傅小凡：《宋明道學新論》，北京：社會科學文獻出版社。

40. 向世陵：《〈理氣性心之間〉──宋明理學的分系與四系》，北京：人民出版社，2008。

41. 馮友蘭：《中國哲學史》，北京：商務出版社，2005。

42. 林忠軍：《周易鄭氏注通釋》，上海：上海古籍出版社，2005。

43. 郭齊勇：《中國古典哲學名著選讀》，北京：人民出版社，2005。

44. 牟宗三：《周易哲學講演錄》，上海：華東師範大學出版社，2004。

45. 馮友蘭：《中國哲學史新編》，北京：人民出版社，2007。

46. 馮達文、郭齊勇：《中國哲學史新編》，北京：人民出版社，2004。

47. 錢穆：《朱子學提綱》，北京：生活·讀書·新知.三聯書店，2005。

48. 陳來：《中國古代宗教與倫理》，北京：三聯書店，1996。

49. 任繼愈：《漢—唐中國佛教思想論集》，三聯書社，1963。

50. 劉夢溪主編：《中國現代學術經典‧湯用彤卷》，河北教育出版社，1996。

51. 趙宗乙：《淮南子譯注》，哈爾濱：黑龍江人民出版社，2004。

52. 陳寅恪：《陳寅恪先生全集》，臺北：里仁書局，1979。

53. 唐長孺：《魏晉南北朝史論叢》，1955。

54. 陳寅格：《金明館叢稿一編》，三聯書店，2001。

55. 龐樸：《帛書五行篇研究》，濟南：齊魯書社，1980。

56. 陳來：《早期道學話語的形成與演變》，合肥：安徽教育出版社，2007。

57. 王曉毅：《王弼評傳》，南京，南京大學出版社，1996。

58. 王國維：《觀堂集林》，北京：中華書局，1984。

59. 《孟子莊子老子》，呼倫貝爾：內蒙古文化出版社，2007。

60. 《中國哲學史教學資料選輯》，北京：中華書局，2003。

三、論文

1. 李學勤：馬王堆帛書與〈鶡冠子〉，江漢考古，1983 年 3 期。

2. 王瑞明：朱熹天理論的時代特色，華東師範大學學報，1989 年 5 期。

3. 張勇：朱熹理學思想的形成與演變，西北大學博士學位論文，2008 年。

4. 李承貴：朱熹視域中的佛教心性論，福建論壇，2007 年 3 期。

5. 孫以楷：朱熹與道家，文史哲，1992 年 1 期。

6. 陳來：朱熹理氣觀的形成和演變，哲學研究，1985 年 6 期。

7. 陳國鈞：朱熹理學與儒佛道的關係，江西師範大學學報，1981 年 4 期。

8. 王亞輝、楚毓勇：朱熹排佛思想的辨析，文教資料，2007 年 11 期。

9. 任繼愈：朱熹格物說的歷史意義，南昌大學學報，2001 年 1 期。

10. 郭齊勇：道教對朱熹思想的深刻影響，中國道教，2000 年 1 期。

11. 史少博：朱熹「太極」觀對前人的超越，周易研究，2006 年 5 期。

12. 夏鎮平：周敦頤《太極圖說》與朱熹《太極圖說解》辨異，孔子研究，

1988 年 2 期。

13. 蔣保國：中國古代哲學自有其獨特的本體論——讀方光華近著《中國古代本體思想史稿》，西北大學學報，2005 年 3 期。

14. 吳丹：魏晉玄學本體論的特質，北方論叢，2010 年 1 期。

15. 江子離：魏晉玄學中的「有」「無」之辯——讀《湯用彤全集》，北京大學學報（哲學社會科學版），2001 年 2 期。

16. 劉煥章：郭店楚簡《老子》研究，理論月刊，1999 年 5 期。

17. 孫以楷：也談郭店竹簡《老子》與老子公案，學術界，2003 年 4 期。

18. 權廣鎬：從郭店簡本《老子》看「絕仁棄義」問題，安徽大學學報（哲社版），2003 年 7 期。

19. 劉煥章：郭店楚簡《老子》研究，理論月刊，1999 年 5 期。

20. 楊亞利：孔子作《易傳》述論，山東大學學報，2002 年 6 期。

21. 李存山：從「兩儀」釋「太極」，周易研究，1994 年 2 期。

22. 李學勤：帛書五行與尚書洪範，學術月刊，1986 年 11 期。

附錄 1　周敦頤《太極圖說》解讀

　　《太極圖說》為周敦頤宇宙論框架，也是朱熹體系的總體架構。朱熹與呂祖謙合編《近思錄》，有意把《圖說》置於篇首，概有舉綱振目的想法：先言其大者，明其大本大源，細末就會跟著理清楚。天地萬物是如何化生的？為何先講無極太極？太極之上為何還有無極？萬物與無極太極關係如何？這皆是大綱、大本大源處。弄清根本，枝葉易於梳理。朱熹本人的學問，也是要發明萬事萬物中含藏的天理，求其本末一貫。在朱熹的學術裏，太極與天理並無二致，與漢人太極元氣說迥異。故此，對《太極圖說》的解讀也是揭秘朱熹宇宙論與太極天理說的關鍵。

　　朱熹解讀《圖說》的精神內核來自二程的「天理」。二程的宇宙學來自《易傳》，二程兄弟都不認可漢人的「太極元氣」說。朱熹跟隨二程，也抱有如此看法，但朱熹不瞭解周敦頤是認可太極元氣說的，此是朱熹自家不清楚的地方，也是他不同於周敦頤的地方。可以說，周敦頤與朱熹在同一個框架內獲得的不同宇宙論的啟示。

　　　　無極而太極。太極動而生陽，動極而靜；靜而生陰，靜極復動。
　　一動一靜，互為其根；分陰分陽，兩儀立焉。陽變陰合，而生水、
　　火、木、金、土；五氣順布，四時行焉。五行，一陰陽也；陰陽，
　　一太極也；太極，本無極也。五行之生也，各一其性。無極之真，
　　二五之精，妙合而凝。乾道成男，坤道成女。二氣交感，化生萬物。
　　萬物生生而變化無窮焉。唯人也得其秀而最靈。形既生矣，神發知
　　矣。五性感動而善惡分，萬事出矣。聖人定之以中正仁義而主靜，
　　立人極焉。故聖人「與天地合其德，日月合其明，四時合其序，鬼

神合其吉凶」，君子修之吉，小人悖之凶。故曰：「立天之道，曰陰
與陽。立地之道，曰柔與剛。立人之道，曰仁與義。」又曰：「原始
反終，故知死生之說。」大哉易也，斯其至矣！

「無極」兩字來自莊周，在莊周那裡究竟是何意，各種解讀都有。極，本是屋
脊最高處，一般指房屋的主樑或大樑。房子大樑定下來，房子的基本架構也
定下來了。故此，極，也便成了一個基本標準、規則、規範或根本。就其字面
意思來看，「無極」為無標準、無規則（範），特指「道」的無象、無形、無任
何有形世界的規則、標準。漢人《易緯》也有宇宙觀，特喜歡「太易」概念，
鄭玄對此也有個解讀，為「未見氣」，「太易」為一無所有的存在，連天地基本
構成因素——氣——都沒有。我在周敦頤的一文中，認為周的「太極」是混
沌之元氣。那麼，在周敦頤眼裏，無極便是「未見氣」的存在，類同漢人的
「太易」。

故此，有理由相信，周敦頤、朱熹的「無極」概念的內涵可能源起於鄭
玄「太易」。宋人流傳的「無極圖」是個空空的圓形，什麼具體內容都沒有，
較之有陰有陽的「太極圖」根本不同，此也是「無極」為「未見氣」的一個旁
證。

在朱熹看到《太極圖說》的另一個本子裏，「無極而太極」為「自無極而
生太極」，就成了「無生有」的生成論邏輯。

如果說，無極，為沒有標準。那麼，太極則為最大的標準。「標準」兩個
字換成朱熹的話語，就是「理」（天理），「理」是萬物的標準。俗話說，說話
要講理，講理就是講準則，說話要有標準。無極，無理；太極，有理。有理是
來自無理之處。此恰好是「無生有」的表達。

「理」是什麼呢？理是跟著物來的，有物則有理，無物也就沒有物之理。
在元氣之上，沒有氣之先，乃一無所有。按照朱熹的說法，「一無所有」也有
「一無所有的道理」，「天理」變相地成為一無所有的道理：有氣，天理便掛
搭在氣上，無氣，天理也便任自存在。「無極」便是「一無所有」的廓然世界
的道理。因為沒有物，也就沒有「物」的生、長、成、滅的標準了。按照這個
解讀，宇宙生成過程中，先是一無所有，只是個蕩然無存一物的「虛無」。然
後，由這個虛無，「忽然」而生物，「無」到「有」之間無任何剎那的中間過
渡。（《淮南子》廓虛生宇宙，似乎「虛」本身還生成了時間、空間，比朱熹更
進一步。）把朱熹的宇宙論說透了，就是如此簡單，所以朱熹也是贊成「忽然

而自生」的道理，無極與太極便可順利過渡。太極與無極不同，即有與無的區別。

　　如問：理是什麼？朱熹會說，只是有物之理、有氣之理。但如果一定追問下去，氣之未生之先，有什麼理？那朱熹也斬金截鐵地說——「未有天地之先，畢竟先有是理，有是理，而後生是氣。」他的理在氣先的道理很明白。

　　《大學》講「有德斯有人」，把「德」放在「肉體的人」之前，即，價值觀念先行於肉體人的存在，而不是有肉體的人才有他們之間規定的價值觀。朱熹思路與《大學》一致，理先行於氣，只不過改為宇宙論而已。

　　自然，不被人逼急的情況下，朱熹在多處，講「無極而太極」比較溫和：「無極而太極，只是無形而有理。周子恐人於太極之外更尋太極，故以無極言之。既謂之無極，則不可有底道理強搜尋也。」即太極本無極也。

　　　　「太極動而生陽，動極而靜；靜而生陰，靜極復動。一動一靜，
　　　互為其根；分陰分陽，兩儀立焉。」
太極是道理，道理只是個概念，概念為什麼還會動呢？朱熹作了委婉的解讀，說太極只是理，理是不動的，只是有「動的道理」，所以說「太極動」。因為「太極有動的道理」，那麼本性喜動的陽氣跟著也生了。這便是太極動而生陽——有這個動的道理，便有動的氣生了。用朱熹話說，有「此理便有此氣」，兩者是並生的，無間隔無先後。有動的道理，「便」有動的陽氣，「便」字非時間關係，是理、氣之間形上與形下的關係，「便」顯示理在先氣在後，是兩者重要性的區別而已。故此，陽氣與動的道理一道生成，兩者沒有時間先後，因為「動的道理」不是一個東西，沒有生成過程。

　　這種解讀意味深長，但很容易產生歧義。

　　朱熹的弟子對乃師的看法不太理解，一直追問老師：究竟太極在氣先還是在氣後，逼急了，朱熹的解讀就超過了他慣常的態度，他一定會說先有理後有氣，理畢竟還是在氣先，否則氣一旦消盡漸滅，如果天理也跟著沒了，如何生成新的氣？理的不滅不亡，是保證氣的生成有個不滅的源頭。

　　如果你再追問下去，究竟為什麼要把天理放置在氣的先頭？僅僅是為了證明天理在先那麼簡單？

　　那便有趣了。

　　天理是什麼？純然至善也，孟子之性善也。宋儒就是扛著孟子這面旗子過來的，旗子絕對不能倒。按今天的話說，道路自信、制度自信、理論自信，

這「三個自信」不能倒，不能偏離，倒了偏離了，根本路線就錯了。

按照今天的理解，天理只是氣的規律、條理，氣先理後，或者至少理氣一體；那麼，在朱熹那裡，就有根本路線的問題。

因為按照今天的「規律」說法，勢必有什麼氣就有什麼天理。氣若無條理，存在其中的天理就亂了，成了個「亂理」。如果，氣中本無善，天理便成「惡理」，稟賦此氣的人就純粹的惡，沒有善端或善根。這樣一來，孟子的性善便無有立足之地。

朱熹不能接受這樣的思路，這等於給人性惡埋下了威力無比的炸彈。

這就是為什麼「理氣先後」在朱熹體系裏如此重要。朱熹死守善道，究其根源，秘密就在這裡：孟子的紅旗不是能打多久的問題，是必須無條件打下去，不要孟子這面旗幟，就不是宋儒。

把性善論直上直下地通貫過去，理氣關係也必需有如此之體現也，這才叫「上下同流」。

「動極而靜」

靜，是不是絕對不動了？不是，靜只是動之潛伏而已，是「動之極」，還是「動」的一極狀態。靜伏於動，動蟄於靜，動靜相隨，陰陽互依，本不存在絕對之動、之靜。譬如，冬季樹葉凋零，並不是樹的動機死了，只是動機潛伏於地，暗動而已。否則戛然而止，又有誰撥動最初的動？陰陽相磨相蕩，無片刻停息，君子觀天地消息，潛龍勿用，進德修業卻無須臾停息，因為君子知道天地之動無片刻停息。故此說，陽潛藏而謂之靜也。

「靜而生陰」

朱熹解讀的也煞是怪異。朱子說此處的「靜」為「靜之理」，不是一個有實體的物之「靜」，是「靜的道理」，有此靜之理必生陰氣也。但朱熹又不是靜的道理生了陰氣，只是說，靜的道理有了，陰氣便出現了。因靜為道理，故此也可給它增加兩個字——「太極」，當為「太極靜而生陰」，這樣，才與「太極動而生陽」對應起來。

「靜極復動」

此處動與靜都不是道理，而為氣之動靜。「動極而靜」為動之「潛伏」，「靜極復動」便是潛伏的動又恢復了生機。《易傳》說「一陽復」即是指「靜極復動」，在時令上指「冬至」。如果說，「動極而靜」為「潛龍勿用」，則「靜極復動」當為「見龍在田」也。陽之靜是潛伏，潛伏到時機來臨了，又復出來健行不

已。冬去春來，冬天到極致，並非無生機，只是所有生機潛伏於地下，等待春天而已。靜到極處，冬至之陽又蠢然欲出。

（按：依據上面的解讀，似乎又無所謂「陰氣」存在的理由，只是陽氣的動或靜，只是陽氣的潛伏為靜的狀態便可命名為陰氣。）

「一動一靜，互為其根。」

一動，陽也；一靜，陰也。有必要指出，動靜即是理，也是氣，兩邊說都可以，只是語境不同，則有區別。但從上面過來看，此處動、靜皆指氣而言。陰陽本來各為彼此的根本，各自深植在對方之中。根就是生命力，陰與陽都是彼此的生命力的源頭，缺少彼此，各自不能孤立而生。「動」必有一個對待的「靜」，猶有天則有地，不能只有個天，沒有地與它對著。動、靜互為根本，靜在動中，動在靜中，彼此一體，不能分析為二。

「分陰分陽，兩儀立焉。」

按朱熹的解讀，還是比較麻煩。動與靜都是理，動的理生了陽氣，靜的理生了陰氣，陰陽二氣便是兩儀。也可說，最大的兩儀便是天與地，因為後面有「陽變陰合，而生水、火、木、金、土」，應是天地生成之後的情況。從另一個角度看，理氣原本不分，則兩儀也是陰陽之理。推之，萬物都有兩儀。男女兩儀也，父子兩儀也，夫婦兩儀也，君臣兩儀也，上下兩儀也。

「陽變陰合，而生水、火、木、金、土；五氣順布，四時行焉。」

「分陰分陽，兩儀立焉。」上文中，我們講「兩儀」可以泛指天下萬事萬物中對應的兩個面，樹葉的上下兩面也可以指兩儀。如果我們從上下文看，上面講「分陰分陽，兩儀立焉」，下面接著講「陽變陰合，而生水、火、木、金、土」，則上面講的「兩儀」有特指，為天地中最大的兩儀：天一儀、地一儀。

我們把話再轉回上面，周敦頤為什麼講「分陰分陽」？

什麼東西分離出陽與陰？

這裡就看出周敦頤與朱熹的不同。

周子有混沌元氣說，朱熹沒有。「元氣」兩個字，據我看，至少有三個方面的內容。第一指「陽氣」，「元氣」與「陽氣」合二為一，後世還經常用「元陽之氣」，就是指陽氣。第二指「精氣」，精氣這個說法來自先秦，構成生命體的基本東西，我們最好不要用「細微物質」或「微粒」來取代它，因為這個「精氣」還能思考，還會組成人的靈魂，與「魂氣」有很大重合處。《西遊記》裏的山精鬼怪很多是吸食人的精氣或元氣來修煉或續命的。第三指混沌未分

的氣，是陰陽二氣之母。前兩者有重疊的地方，第二與第三也有部分重疊，在此不別細說。

周敦頤講的「元氣」是第三種，類似張載講的「太虛之氣」，由它分化為陽氣與陰氣，所以才能「分陰分陽」。朱熹沒這個觀念，他不認可陰陽不分的「元氣」，因為二程的生成論體系里根本就不需要「元氣」，二程認為陰陽二氣無始無終，兩氣沒有一個生成之母。朱熹基本繼承了二程的氣論說，同時又作了點修正，改造了二程天理學術。於是，在朱熹的體系裏，陰陽二氣變得似乎有「開端」有「結局」，這就是朱熹比不上二程的徹底之處，他不能如二程上下貫通，體系嚴密。

由「元氣」分陰分陽之後，陰陽的清濁開始分化，清輕者浮而成天，重濁者沉而成地，故此，周子說「兩儀立焉」，天地就形成了。

兩儀立後，天氣（陽氣）下降，地氣（陰氣）上浮，陰陽交合（陽變陰合），陰是把陽的變的結果合起來、聚集起來、凝聚起來，所以說「陽變陰合」。「陽變陰合」首先製作了五種東西：水、火、木、金、土。我們不清楚周子為什麼會有這樣的排列，只是簡單地抄錄《尚書洪範》原文次序，還是另有自家的深意。這個已經不知道了，《圖說》的下文找不到任何依據。

從下文看，五行還是五種氣：「五氣順布」。

「順布」是什麼意思？

五行之氣各行其道，各司其職，各不侵犯，就是「順布」。《周易》很強調一個「位」字，儒家常以禮來界定位。通俗說，就是本分。曾子說「君子思不出位」，孔子說「敬其事而謀其食」，又說「不在其位，不謀其政」、「君使臣以禮，臣事君以忠」，其他如「君君臣臣父父子子」，都強調「位」的重要性。有了各居其位，才會有整個社會的禮的秩序性。儒家講五倫中的五德，就是出於每一倫的人要謹守本位的德行。

道家講不講位呢？當然也講，莊子的逍遙觀念，就是一個「位」字。天地萬物各自逍遙自適，相忘於江湖。其前提就是萬物各自尊奉自己的位子，守內而不羨於外，不相侵奪。老子說：「天地不仁，以萬物為芻狗」，也表達了「位」的重要性。天地謹守自己的位子，它颳風下雨出太陽就行，不要對萬物有特別的仁愛，萬物讓其自生自滅，天地不要去干涉，各在其位就可也。

兩千多年後，喜歡不斷革命的毛主席寫《沁園春·長沙》，有一句「萬類霜天競自由」，他巧妙地把生存鬥爭與道家逍遙觀結合在一起，競爭在本位競

爭，逍遙也在本位逍遙，都有一個「位」字精神在裏面。位，有越位而成就其位，有守位而成就其位。毛是後者，屬於天行健君子自強不息，越位而成就其位，老毛與古老傳統並不相異。

「五氣順布」，就是五氣不相侵奪。譬如，水氣在北，木氣在東，金氣在西，火氣在南，土氣在中，這叫「順布」，各在其方位而各行其事。「布」有發行、作為的意思，在「順」的前提下有所作為，便是「順布」。

在五氣中，土氣似乎最好，居中央，兼容攝其他四氣，有黃龍之德，居中不偏就是土氣的位。

「五氣順布」之後，接著就是「四季行焉」。

今人一看，就認為它們之間有因果關係。可惜古人從沒有說它們有因果，他們沒有這類邏輯觀，古人講因果不是這樣的講法。不是五氣順布，就一定有四季行焉。但「五氣順布」卻是「四季行焉」的先導。古人講四季有方位，冬季在北方，秋季在西方，夏季在南方，春季在東方，與五行順布還是有關係，土居中央，調節四方。故此五氣與四季是一而二、二而一的關係，不是因果邏輯關係。

「五氣順布」是守分的問題，各在自己位置上守好。然後是交通的問題，「四季行焉」就是交通的問題。譬如春季是木氣，但木氣起於東方，也行於四方。夏季是火氣，起於南方，也行於四方。秋季是金氣，起於西方，也行於四方。冬季是水氣，起於北方，也行於四方。每個氣在自己的方位，又行走於四方，就是交通問題了。

周敦頤在「五氣順布」後，接著講「四季行焉」，就是告訴我們，五氣是不隔閡的，它們之間有交通，有彼此，猶如陰陽之間的關係。

　　「五行，一陰陽也；陰陽，一太極也；太極，本無極也。」

「五行，一陰陽也」

從本體論講，五氣之本在陰陽，因為它們都是「陽變陰合」的結果，是母子的生成關係。「一陰陽也」，猶如說，都來自陰陽。古人講「本」都是指可以生發的根，如果從本土的本體論出發，那就等於說五行是陰陽的一種別說，是陰陽流行，經過大地的五個方向所產生的特殊性的陰陽，沒一個方位陰陽特性不同，而呈現五種特性——木的陰陽、火的陰陽、土的陰陽、金的陰陽、水的陰陽。好比你是河南人，經過上海過的時候，你就帶了一些關於上海的見聞，如果你呆久了，你甚至會說上海話，接受上海人的基本生活觀念。你

經海南過，你身上也會發生同樣的變化。經過新疆，你又帶了一些新疆的氣息。無論你帶著上海味、海南味還是新疆味，但你還是河南人，皆「一河南也」。

那便是說，五氣中任何一氣都是陰陽二氣，土氣、木氣、金氣都是陰陽二氣，只不過陰陽二氣中偏土氣、偏木氣、偏金氣。古人認為，五行之氣是有方位的，陰陽二氣行到東方的時候，就帶有木氣，便草木生長；行到北方的時候，帶著水氣，萬物便凋零；行到中間的時候，帶著土氣，帶著和氣。但總體還是陰陽二氣，故說「五行，一陰陽也」。

順著往上推，便可以說：

「陰陽，一太極也」。

太極本不離陰陽，說明了五行一陰陽，從本體論上便無需說明「陰陽一太極」。

我們換成另一個角度看。

太極即是陰陽的源頭，也是其標準，太極是什麼標準呢？是「中」的標準。

太者，大也；極者，中也；「太極」即是「大中」。「極」本為屋頂大樑，大樑正好居於房子的最高處、最正中處，故此，極，也是最大的中，最正的中，最大的標準。古代皇帝有太極殿，告誡皇帝行政要至大至中，才能對得起你的稱號。不然為什麼叫「皇帝」？「皇」的字面意思就是「大」的意思，大帝大帝，要有絕大的包容心才堪稱大帝，居中不偏才能包容，才能稱之為大也，所以大、中的涵義包涵至大的公正在裏面。有容乃大，你不公正怎麼能包容那麼多的民眾？人家為什麼跟著你走，因為你包容，你利益均衡地對待他們。

天地便是個最大的陰陽，如果陰陽的流行發用沒有一個至公至大在裏面，天地何能生化那麼多的天地萬物？故此，陰陽裏面必須有一個「中」的標準在裏面。「中」為公正。「公正」的標準就是生化萬物的「仁愛」。陰陽之行不偏離於「中」，就是不偏離於「仁愛」。天地不偏離「仁愛」，故此生生萬物，陰陽四季就會流行：春天象春天，夏天象夏天，秋天象秋天，冬天象冬天，沒有反季節氣候，沒有旱澇極端氣象，萬物就得以生生不息。

陰陽的運行就應該守住這樣的標準，故此說，「陰陽一太極也」，即陰陽的運行也要遵循「大中」的太極標準。

　　「太極」不能簡單地說陰陽的「規律」，而是要在規律之上增加一個約束與規則，約束陰陽，不能讓陰陽亂來。

　　為什麼？

　　因為規律是必須在對象裏面，由對象說了算。譬如地球繞著太陽轉，這裡的規律只能從地球繞太陽轉的運行中找尋出來。規則是外在的，高高在上的。太極對於陰陽就是這樣的存在，不是簡答的規律，是規則、原則、規矩，或者開玩笑說是給陰陽定的「制度」。

　　　　「太極，本無極也。」

　　關於「無極」的話題，朱熹與陸象山來來回回書信辯駁多次。朱熹的解讀「無極而太極」為「無形而有理」，太極是有理，無極是無形。太極是形而上，自然是無物象可言，一定是無形的。就此而言，太極之上本不需要增加一個無極。陸象山批評朱熹「疊床架屋」是對的，本無需增加一個無極來強調太極為無形。《易傳》講太極就是形而上之道，一個「形而上」定論已經明白無疑，形而上本身便是無形而有理，何需贅言「無極」？但陸象山更進一步，他隱含的意思甚至連「太極」也不要，只是他不敢說，因為陸象山還是遵從周子與二程的，周子與二程都認可太極，更何況連孔聖人的《易傳》也講太極，陸象山不敢如此大逆不道。

　　「太極本無極」，應該來自漢人解經的《易緯》。漢人把太極解讀為混沌不分的元氣，解讀「無極」是「絕對之無」、「未見氣」的太易。太極本無極，即元氣本源於無，這個觀念後來經由鄭玄的發揮，又被王弼轉化為的本無。我在漢學向玄學轉變的一篇文章裏詳細地討論了這個問題。

　　學界都認為，周敦頤有道家傾向，這基本沒有太大問題，當然還需要深入討論，因為周子的「無極」不是直接來自莊周，而是受到漢人的易學的影響。

　　　　「五行之生也，各一其性。」

　　這話是從「五行，一陰陽也；陰陽，一太極也；太極，本無極也」過來的，算是總結。從五行之「五」推出陰陽之「二」，五行有陰陽之性；從陰陽之「二」推出太極之「一」，五行有太極之性；太極之「一」也是一個無極之「無」，五行也有「無極」之性。一其性，從多處講都是一陰陽，少處講都是一太極，最後落到無極的「無」上去，推下去，都有「無」之性。

　　　　「無極之真，二五之精，妙合而凝。」

實存叫「真」，實而不妄也。「無極」為什麼是真呢？萬物可以「視之、聽之、搏之」，我們都認為真實存在，萬物都是由陰陽二氣真實組成。陰陽二氣來源於元氣，元氣渾然獨立，無象無形，無形無象便是元氣的本真，名之曰無極。從有形的東西往上逆推，就有無極。從無極往下順推開去，就有萬物。故此，萬物都有一個「無極」在裏面，都有一個無形無象的形而上的東西存在。萬物從無形中來，又回到無形中去，這個「真」是真實存在。

二五，「二」為陰陽，「五」為五行。妙者，微妙玄通，不知所以然為妙，「妙」是指行跡而言，無行跡為妙。我們經常講大自然「鬼斧神工」、「造化弄人」，都是講大自然不可測度的行跡為「妙」。老子講「眾妙之門」，也是講「妙」。

「凝」，成形為凝。

「妙合而凝」，是講無極的「真」與二五的「精」不知如何結合而凝聚成萬物。

周子用了一個「真」，還有一個「精」。

「真」對應無形無象的本源，其存在真實不妄；「精」對應陰陽五行之氣，其造物精微玄妙。

「乾道成男，坤道成女。」

這句話從「妙合而凝」過來，我們看到「凝」，就期盼著「凝」成什麼物事。周子就接著說了：「凝成男女」，後面還有凝合萬物，都是對「凝」有所交代。

「乾道成男」，男人當具陽剛之氣，乾陽正好匹配；「坤道成女」，女人當具陰柔之氣，坤陰正好匹配。

乾，即是一個道理，也是陽氣。坤也是如此。道，是過程。乾道坤道，猶如說，乾與坤的運行，因其運行而成男女。

對較西方的進化論，「乾道成男，坤道成女」的問題就有了。

古人沒有進化觀念，儒家講究人禽之辨，不認可生物進化觀。如果說，人是從禽獸中演化過來的，一個儒者如何可以認可！孟子的粹然善性就講不了。因為按照進化論，既然人從禽獸進化過來的，那先有惡性，而後有善性。由惡性演化善性，儒家根本無法接受。基於反進化的觀念，儒家認為最初的人是陰陽二氣忽然凝聚成的，沒有進化階梯。彷彿從地中海的貝殼中誕生的維納斯，一出來就風情萬種，不加調教，就可以懷春戀愛。程頤說過，第一個人可能在某個荒島上由氣忽然生成的，你怎麼理解？如何說去？只能說「妙合而凝」。「妙」者，其端倪無法臆測也。

故此，周子講「妙合而凝」的後面就突然蹦到「乾道成男，坤道成女」。不是簡單的陽剛之乾成就男性的意思，我們不能如此輕飄飄地看過去。從人禽之別的角度看，就覺得很有意趣，無限的情趣、獨特的姿態、特別的視角在裏面生發、搖曳。

「二氣交感，化生萬物。萬物生生而變化無窮焉。」

「化生萬物」在成男成女的後面，按照進化論是思維，是很有點奇怪的。周敦頤把「乾道成男，坤道成女」放在前面，他的意思很明顯了：蓋天地生化萬類，必先生人，而後生萬物，先後、主次不能錯了。按照《中庸》的觀點，人有義務贊天地之化育，如果人不首先生下來，如何贊天地之化育？儒者立人極，人的標準高於動物的標準。那麼，在生成時間次序上，就不能先生萬物而後才生人類。猶如朱熹的理氣先後一樣，不能把下一等的「氣」先生出來，再去生「理」，次序完全顛倒。因為如此一來，那就只能先立草極、立樹極、立魚鱉之極、立禽獸之極。人倫在後面，先後上下，人倫就落在畜生道德的下面了，我們就該向畜生學習才對。那麼，人就要孝敬祖先，最早的祖先一定是禽獸畜生。「祭思敬」，第一個「敬」，就該敬重畜生，先祭了禽獸再敬祖先，先後次序皎然有別。

如此，則傳統的儒家的價值根基就摧毀了。

周子的文字雖少，潛含的意思深遠。過去學者解讀此章，都思及此，輕輕的飄過去。他們未曾意識到：時間先後蘊含著儒家的尊卑、長幼、上下的次序，蘊含著儒家的全部人倫的價值觀念。不然，我們為什麼要敬祖，為什麼講天荒地老，時間先後潛藏著人倫觀念。

西方人是進化論思維，他們也特別喜歡講時間次序，卻把中心點放在今天。今人在古人知識的基礎上積累越來越大的發言權，成就越來越大的知識權威。而我們古人是從時間源頭往下看，他們總是效法時間源頭的存在，越靠前越可尊，越是我們效法的對象。西方人也依據時間次序看，卻往後看，越往後在知識上的發現就越重要。搞研究的人總是說，你是否引用最先的發現？否則，你寫文章、說話就沒有分量。

西方人只認可「進化」所產生的「今必勝古」的知識演進的次序。在西方，知識越多越受到尊重，他們重視知識、保護知識。你看今天的人把致癌藥賣得那麼貴，寧可看到病人吃不起而病死，也要捍衛知識的原創性。美國文化就不重視老人，而重視年輕人，這與尊重知識是一個套路，因為年輕才

有更大的能力發現新知識、創造新知識。

如按照西方的路子，我們古人就沒有敬老、敬祖這一說，年輕一代總會在知識上優勝於老一代啊。

周子《圖說》中的生成次序，千萬別簡單看過去——先人類後萬物，次序不能顛倒。

「唯人也得其秀而最靈，形既生矣，神發知矣。」

我們通常說，某人生得好，說他得了山川日月鍾毓靈秀之氣。在中國古人眼裏，天地造萬物沒有西方的進化次序，都是一個氣的源頭，只是各類物得到的「氣」等級不一樣而已。人得了氣中之「秀」者，故此能通神識，有思維、有道義之感，有惻隱之心。

形，指人的形。人是由「氣」突然而生，沒有階梯、沒有過渡、沒有進化。可能我在前面誤解了周敦頤，也許萬物在人類之前就有了，人要出生在萬物後面。只是人的氣與萬物之氣不是一類氣，人不是由萬物進化而來的，人是由生人之氣忽然而自生。

人有了「形」必有其神。神，通常為陽氣或精氣生成，比生「形」的氣又高級一點。我們古人一般講人由兩類氣生成的——魂氣與魄氣。魂氣生成人的精神與生命現象，魄氣生成人的身體、肌肉骨骼。人死後，魂氣魄氣都會解散，各自回到各自的處所。魂氣來自於天，回到它的處所，上升到天上。魄氣來自於地，也回到它的處所，下降到地下。故此，古人也說，神者，升也；鬼者，歸也。升，就是升到天上；歸，就是下降到地下，回歸到地下。

由魄氣（陰氣）生了形，由魂氣（陽氣）生了神，神的發用就形成感覺知覺，「發知」就是迸發這樣的感覺知覺，有了認知能力與道德惻隱的能力。

「五性感動而善惡分，萬事出矣。」

人有陰陽二氣生成，或者有魂魄二氣生成，也生而含有五行之氣，五行一陰陽嘛。我的上一輩人，還有人取名叫「德水」、「王金林」，都是認為自己生命中缺少五行中什麼，通過取名來彌補它。

五行之氣進入人體，從形而下的方面生成五臟、五官、四肢加頭就是五肢，在形而上的方面就成就五性——仁、義、禮、智、信。

順便說一下，「五行」不好一一對應「五性」。

勉強來說，「水」可以對應「智」，「金」可以對應「禮」，「火」可以對應「信」，「木」可以對應「義」，「土」可以對應「仁」。

「五性感動」，「感動」是什麼意思？

「感動」這個詞不是今天說的情感上被「感動」，而是「感應」後的「互動」。仁、義、禮、智、信無性之德交互感應，便能形成一個完整的道德評價能力，故此周子說「五性感動而善惡分」。「善惡分」，是指能分清善惡，有了善惡的評價能力或區別能力，有了德性認知能力，這種能力就是「五性感動」造成的。

善惡分，在中國文化語境中，一般都指能區別道德與不道德。

從社會分工的角度看，「善惡分」就是君子與小人的社會分工。

古代社會最大的社會分工就是君子與小人。孟子說「有君子之事，有小人之事」就是講君子、小人分工的必要性。有人告訴孟子，有一種學術很道德：君主與百姓同樣做事，一視同仁，都做同樣的事情，「賢者與民並耕而食，饔飧而治。」人人都平等，這真是大道盛行的社會啊，而不像現在的社會，君子小人區分很明顯：「今也，滕有倉廩府庫，則是厲民而自養也，惡得賢！」君子自肥，老百姓受苦，這多麼不公平啊！

《孟子》裏面有一段對話：

> 孟子問：「許子必種粟而後食乎？」回答：「然。」「許子必織布然後衣乎？」曰：「否。許子衣褐。」「許子冠乎？」曰：「冠。」曰：「奚冠？」曰：「冠素。」曰：「自織之與？」曰：「否，以粟易之。」曰：「許子奚為不自織？」曰：「害於耕。」曰：「許子以釜甑爨，以鐵耕乎？」曰：「然。」「自力之與？」曰：「否，以粟易之。」

孟子通過一系列逼問，發現所謂的聖人也是通過社會分工才得以正常生活，孟子得出一個結論：

> 「然則治天下，獨可耕且為與？有大人之事，有小人之事。且一人之身而百工之所為備，如必自為而後用之，是率天下而路也。
> 故曰：或勞心，或勞力，勞心者治人，勞力者治於人；治於人者食人，治人者食於人，天下之通義也。」

君子、小人之分是一種治理與被治理的社會分工。君子所以可以治理社會，因為他有德行，小人所以不能治理社會因為他沒有德行。理想的儒家社會就是這樣區劃管理者與被管理者的資格問題。

周子接著在後文追加一句「萬事出矣」。（「五性感動而善惡分，萬事出矣。」）

一個疑問：「善惡分」為什麼導致「萬事出矣」？

因為治理團隊（君子）確定好了，生產團隊（小人）確定好了，誰幹什麼，誰不幹什麼，清清楚楚，事情就會進行得非常順利，所以說「萬事出矣。」縮小一點，君王認清了君子小人，在官員配置上，把君子置於小人之上，形成良好的君子行政的風格，由上自下，社會風氣大好，各種事務就能順利完成，故此也可以說「萬事出矣。」

「善惡分」還可以延伸去理解。

善惡分，三個簡簡單單的字，也顯示了中國文化的特點——德性關注。

區分了善惡，就是區別了萬事萬物（「萬事出矣」，也可以如此理解）。人一旦具有了分善分惡的本領，萬事都可以順當處理。「出」也有因妥善處理而能產生出事功，因有了合理的善惡分類，萬事才可以說「出」。

天地萬物都是以善惡為標準，這就是中國古人基本觀點，就是德性文化的基本特徵。

一個「分」字，一個「出」字，需費腦力去細細辨析。

> 「聖人定之以中正仁義而主靜，立人極焉。」

孔子之前的「聖人」指有德的天子，可以定制度、禮樂。孔子之後的「聖人」也可以為有德的士，不能定制度，但可以通過德行垂範後世。在漢代學者眼裏，孔子也是「新王」，可以定制度，立人極。

自秦漢以來，一直到今天，我們都是郡縣制，自上而下的權力高度集中在中央，管理方式與西方不同。一般我們用兩個標準來管理社會，一個是制度的標準，一個是教化的標準。周子講的聖人就是教化的標準，即道德標準，即「中正仁義而主靜」的標準，換句話也就是人的標準，所以叫「人極」，極，標準也；「人極」，就是人的標準。

「聖人定之以中正仁義而主靜，立人極焉。」聖人出來的目的就是定規矩立標準。規矩就是「中正仁義而主靜」。

中，為不偏，不偏仁義也；正，修己為正，正人為正，正己正人都以「中」為標準，故「正」的內涵也是「中」。「中正」合二為一，分則為二，中為原則，正為方法。「蔣介石」還叫「蔣中正」。「中正」後面的「仁義」，就是中正的標準或內涵。

最高明的「正己」本身不需要過去「正人」，不需跑過去苦口婆心或強力去正他人，那就是強行輸出價值觀了。最高明的「正己」本身就是「正人」。

老子說「行不言之教」就是最高明的「正人」，正己而已矣，君子由「正己」而形成「風行草上」之勢，由此來正他人。

「主靜」，爭議很大。

現代學者看到這兩個字好像找到了周敦頤偏向道家的把柄。老莊都講「靜」。儒家應該講陽剛、講健行、講進取，怎麼講「主靜」呢？

我們從上文的看，聖人正人，不是跑過去正人，而是立一個標杆，讓眾人效法。那麼這樣的聖人的所作所為只能是「靜」，而不是「動」。《禮記》云「禮聞往學，未聞來教」，我在此而吸引人過來「往學」，便是靜態的影響他人，便是「主靜」，安定於內，成聖於內，教化自然風行於外。

美國人喜歡「動」，開著航母去人家國家忙著「教導別人」、「正人」，忙著動你腦袋，你不想正，就唬嚇你，滿門抄斬，殺你個幾十萬，看你還敢不敢歸「正」於「自由價值」、「人類正義」？

我們的聖人的「正」，是立己而垂範於世人，願者就過來。「居其所而眾星拱之」，「居其所」就是幹好自己的事，靜而不動。

「立人極焉」，極為標準，人極就是人倫標準。從上文看，應該包括兩個方面：一方面是內涵——仁義禮智信；一反面是方法——主靜。

> 故聖人「與天地合其德，日月合其明，四時合其序，鬼神合其吉凶」，君子修之吉，小人悖之凶。故曰：「立天之道，曰陰與陽。立地之道，曰柔與剛。立人之道，曰仁與義。」又曰：「原始反終，故知死生之說。」大哉易也，斯其至矣！

「立人極焉」，為什麼後面跟著就有「故」？

周子的意思是，「人極」的來源與方法就是：「與天地合其德，日月合其明，四時合其序，鬼神合其吉凶。」

人極的價值來源就是天地，效法天地最好具有與天地一樣的德行。天地通過什麼顯示自己的德行？通過日月運轉、四時更替顯示其德行的。所以就必須與日月一樣的光明，不私自照什麼，而是普照萬類。與四時一樣的更替有序，不亂季節，讓萬物持續生長。聖人效法之，使得上下秩序賓然，還得制定一個穩定的長遠國策，以此來教化生育百姓。

「鬼神合其吉凶」指察幾知微之變，為智一方面事。事情剛剛有萌芽，聖人就知道了，不需要筮占問鬼神。但如不能與天地合其德，如何能與「鬼神合其吉凶」？故此，智不能與德脫鉤。《周易》講筮占，首先是鬼神看重你

的德行，然後才願意告訴你凶吉，故此，儒家講的智慧與德行絕然不能分開。

退一步講，即使是先秦的諸子，也強調通過「虛心」的德行修養，然後才能產生「智慧」，「德」與「智」也不能分開。

「君子修之吉，小人悖之凶。」修，向天學習就是修，修的就是天地之道，踐履天地之道。之，天地、日月、四時、鬼神之道，這四者，日月四時就是天地之道。鬼神預言天地之道，不於天地之道之外別加新的道。聖人順從天道效法天道，故此聖人吉，做事便處處順。小人違背天道不效法天道，小人則凶，便處處做事不順。

為什麼順著天地之道就吉利呢？

舉個簡單的例子，冬天下雪，零下二十度，正常的人一定穿棉衣，這就是順從天地之道。如果偏不穿，偏偏光著胳膊，挺著肚皮，與寒冷抗，最強壯的人也不可能存活一個小時。夏天，四十度高溫，偏偏穿著棉衣在太陽底下暴曬，這會有什麼結果呢？

人類這個物種那麼厲害，科技如此昌明，現在大家都感到懼怕，懼怕自然在不久的將來大自然會吞噬人類，今天的新冠疫情就是個例子。近百年來，人類創造的工業化不順從天道，導致地球變熱、氣候反常，如果持續下去，結果是毀滅性的。

人需要在道上走路，既然從道上走，不順從道，結果會非常可怕。天道，是人類必由之路，要不要走就看著辦吧。誰能出不由戶，何莫由斯道也。

「立天之道，曰陰與陽。」

「立」字無它，只是「行」而已。小有差異的是，「立」更偏向於篤定、不改。夫子說「三十而立」，又說「立於禮」，皆包括「行」與「篤定」二義。篤定便是行，行便是篤定，兩者不能截然區別。

天道無他，陰陽而已。天那麼大，只是空氣太陽，空氣的動力來自太陽，所以天的能量源泉就是一個太陽，陽盛為陽，陽衰為陰，如此而已。當然，古人有時候講的不同，說太陽吐出陽氣，月亮（太陰）吐出陰氣，但都在天上。很多時候，古人又說大地吐出陰氣，陰屬於地道了。這個我們且先不必計較。

「立地之道，曰柔與剛。」

周敦頤沒有說「地之道」為陰，他把陰陽都歸為天之道了。按照他的意思，大地是不吐陰氣的，與前人的舊說稍有不同。

柔，不好理解，大地有水的地方為柔，沒有水的地方為剛？這種理解不

能說不可以，但膚淺了許多。

　　地道之「柔」是「承順」的意思，不與天對抗，順著天說的，陽主陰從，天主地從，大地順著天就是「柔」。好比說「女人柔若水」、「小鳥依人」，也是順著男人才這麼講。單單的女人對女人，如果你要弄出「柔若水」來，就是同性戀了。

　　不過，大地除了柔，還有剛一面。「柔」是順天而言，「剛」是自立而言，地也有地之道，不完全承順天。好比，臣子有剛諫之德。大地雖順從天，但也有自己的原則，不一味子奉承天，自立為剛。

　　古人講，君為天之道，臣為地之道。「君使臣以禮，臣事君以忠。」臣道的忠，包括順從君主，也包括直道而行的「剛直不阿」。遇到明君，你順從君主；遇到昏君，你還順著，你就成了愚臣了，你還有什麼自己獨立的道呢？

　　比較奇怪的是，「柔」可對應「陰」，「剛」可對應「陽」，陰柔、陽剛之謂。那麼，天之道也可以說是柔與剛。或者，天道陽剛，地道陰柔。諸如此類的牴牾也無甚奇怪，本質上，天地只是一個道而已，有時候為權宜計，分別而言。

　　　　「立人之道，曰仁與義。」

　　人道是折衷天地之道，是中庸之道。天道是仁愛，地道是承載，承載必須要「適宜」地順從天，這便是「義」。故此，合起來便是，人道是「曰仁與義」。分開講有天道的陰陽，地道的剛柔，人道的仁義，合起來講，天道、地道、人道都是一個道，都具有此三德。

　　儒家講仁，與佛家講慈悲，基督教講愛，都不同。儒家的仁從一個基點孝悌出來，具有由親至疏的差等、由己及人的黏連的基本特性，我在此不展開講。

　　義，有兩層意思，一為合宜，一為道義。合起來，義的合宜必須以道義為準。「仁與義」合起來講，就是行仁而知變。不顧環境地行仁，是傻仁傻善，極為不合時宜了。故此，「義」這個詞要我們行仁的時候始終不偏離時宜。

　　仁為剛，義為柔。仁是原則，必須為剛；義為權宜，所以它必須柔。聖人時中，中就是剛，時就是柔，因地制宜地講「中」。「直哉史魚，邦有道如矢，邦無道如矢。」史魚就只能堅持原則，不知道靈活地運用運用原則了，仁有之，義則無也。你看蘧伯玉就不同：「君子哉蘧伯玉，邦有道則仕，邦無道則卷而懷之。」無道之邦，他就收起自己的光芒，韜光養晦，多好。

「又曰：『原始反終，故知死生之說。』大哉易也，斯其至矣！」

《太極圖說》最後一句。

什麼叫「原始反終」呢？其實，就是祭禮與喪禮，曾子說「慎終追遠」是也。原始，追溯你來的源頭，就是祭祀祖先，追遠也。反終，就是喪禮，慎終也。

原始反終——從開頭到結局。開頭不是指一個人的出生，而是祖輩的源頭；結局不是你生命的終點，而是父輩的去世。你辦好祭禮與喪禮，你就知道死生的奧秘。「說」是要講明一個道理，你不知道就是奧秘，知道了就明白了。這裡也反映了儒家知行合一之說，「原始反終」不是僅僅一個認知的問題，也是一個實踐的活動，一個祭祀的活動。在實踐中的「知」才是「智」。

古人為什麼把喪禮、祭禮看得如此之重，並且認為通過它可以知道生與死？

儒家認為：生命的本質是生生不息，生生不息就是生命的傳遞，不僅僅是肉體的傳遞，更是一種文化的傳遞、生活方式的傳遞、價值觀的傳遞。

一個人，越在內心深處想把喪事辦得隆重，就越看重死去的人的價值。人死了還有什麼價值？精神遺產的價值。在古人那裡就是一種風俗延續的價值。「喪思戚」就是哀傷死去的人帶走了他做人的行為規範，活著人任務就是要繼承這樣的行為規範。故此，孔子說，「三年無改於父之道，可謂孝也。」

「大哉易也，斯其至矣！」易道的變化就是盡生死之說，就是原始反終，傳遞文化，延續道統，傳承文心。

附錄 2　漢學向玄學的過渡

摘要

　　漢學向玄學的過渡是個廣泛的話題，本文從太極觀的演化、尤其以鄭玄太極觀向王弼太極觀的演化來考察兩個時代學術的演變痕跡。太極觀涉及到宇宙論架構，鄭玄的太極觀是一種混合體系，他既有太極元氣說，也有太極本無說。元氣說從鄭玄從老子、《淮南子》繼承下來的，本無說一面繼承了易緯，一面有鄭玄的創造性繼承。他革除了太易的生成困難，而提出太極「忽然而自生」的觀念，給王弼的玄學鋪平了道路。王弼則一掃漢學之弊，刪除太極元氣說，繼承了鄭玄第二套思路，又加以簡約化，回歸先秦《易傳》的傳統，從中顯示了漢學向玄學的過渡。

　關鍵詞：漢學　玄學　太極　鄭玄　王弼

　　兩漢的宇宙論大致有兩種基本模式：董仲舒、王充的乾坤架構與《淮南子》、《周易乾鑿度》的渾沌體系。董仲舒的天人之說延續《易傳》系統，其核心概念的「元」、「太極」、「氣」均沒有超越傳統的「天」而存在。王充以實體的天地為框架建構他的宇宙論，與董仲舒雖差異甚大，但也沒有溢出《易傳》體系。

　　《淮南子》、《乾鑿度》則代表漢人宇宙論的另一派系：《淮南子》的「氣」與《乾鑿度》的「氣、形、質」的渾一不分，約略等同於陰陽未分的元氣。同時，二者在繼承先秦《老子》渾沌體系之外，另具有漢人宇宙學自身特色：他們都在「元氣」之前提出一個絕對的虛無：《淮南子》稱之為「虛霩」、「宇宙」，

《乾鑿度》稱之為「太易」。由此,二者皆突破了先秦自《老子》至《鶡冠子》、《呂氏春秋》一脈相傳的宇宙論架構。漢人這種原創的宇宙學從班固的《白虎通義》一直延續到鄭玄的易學而並沒有顯示衰落的跡象,然而令人困惑不解的是,自王弼的《周易注》一經風行,「虛霩」、「太易」的宇宙論便被掃地出門,一蹶不振,從此不再成為學術的中心話題。

一

《淮南子》、《乾鑿度》體系的沒落根源,從大的學術方向來說,是因為他們那種汗漫無歸的宇宙說與漢末剛剛興起的學術風格迥異。無論是漢末的形名之學還是黃老之學,它們都有一個共同的旨歸:尚簡務實,反對虛妄無據。漢人宇宙論中的陰陽、五行之說是可以在春夏秋冬的四季與日常生活中得到驗證的。而陰陽之上的渾沌不分的元氣說就已脫離這些經驗基礎,更不要說元氣之上有一個獨立的絕對虛無的太易了。與時代學術風尚的格格不入是《淮南子》、《乾鑿度》宇宙學不容於當世的一個學術環境方面的原因。

更為主要的是,《乾鑿度》的宇宙論學術本身有一個致命的弱點:「太易」乃是「未見氣」,是絕對的虛無,「太初、泰始、太素」為渾沌未分之氣、形、質的合一,是「有」之始。那麼絕對的「無」是如何生成「有」的?它們之間是如何過渡的呢?在《道德經》那裡,「道」雖別名為「無」,卻是渾沌之「有」,因「其中有精」、「其中有信」(《二十一章》),所以道可以分裂為天地萬物,「道」之於「萬物」仍然是「有」與「有」之間的過渡。《老子》的「道」譬如一屋子凌亂的家具,而《老子》的「萬物」譬如收拾整理後的屋裏家具,「道」至「萬物」的過渡乃是「無序」至「有序」,如同凌亂之家具變成整齊之家具,二者之間過渡很自然。然而太易乃絕對之「無」,無精無信,絕非渾沌之有,絕對的「無」如何產生渾沌之「有」呢?這就如同空無一物的屋裏如何收拾成有整齊的家具的屋子,這是不可能的。《易緯》體系內的這個弊端幾乎無法克服。後來,鄭玄對此有個意味深遠的創造性解釋:

> 元氣之所本始,六易既自寂然無物矣,焉能生此太初哉?則太
> 初者,亦忽然而自生。[註1]

「六易」即太易,太易為寂然無物,故不能生物。太初既非太易所生,則為「忽然而自生。」(暗含不可知其所從來)鄭玄通過「太初」「忽然而自生」,

---

[註1] 林忠軍,易緯導讀,濟南:齊魯書社,2002:43。

跳過了「太易」生「太初」的理論困境，但也就從生成論上把「太易」虛化了，「太易」成了這個宇宙生成序列當中不起作用的存在，太易——太初的宇宙論體系在生成這層意義上也隨之瓦解。《子夏易傳》云：「其一不用者，太極也。故可名之，謂之太極。夫有生於無，無者未見氣也，不可用也，故置之也。」〔註2〕（《卷七》）混同「太極」、「太易」之別，「未見氣」乃指「太易」，非指太極之渾沌，但它也明確地說「不見氣」乃「不可用」。

對太初「忽然而自生」這個觀念，鄭玄沒有進一步發揮。其後，王弼《周易注》給予最大程度的關注，並成為其本體論的核心思想，以致影響整個玄學，成為玄學的中心觀念，為玄學的倡個人自由之風奠定了理論依據。

鄭玄虛化了「太易」生成功能之後，但並沒有徹底消解掉「太易」的功用。「太易」既然在生成上無法起任何作用，那它又將發揮什麼作用呢？作為絕對的虛無，「太易」到底是獨立存在的「無」，還是非獨立存在的「無」呢？如果「太易」不能獨立存在，此一無所有的虛空概念又有什麼存在意義呢？凡此種種皆是鄭玄進一步要面臨的難題。

關於「太易」在生成上不起任何作用，其實在《易緯》中已經有微妙的暗示：

> 易始於太極，太極分而為二，天地有春、秋、冬、夏之節，故生四時；四時各有陰陽、剛柔之分，故生八卦。八卦成列，天地之道立，雷風水火山澤之象定矣。〔註3〕

鄭玄說：「氣形質具而未離，故曰渾淪。渾淪者言萬物相渾成而未相離。視之不見，聽之不聞，循之不得，故曰易也。」〔註4〕故「易始於太極」的「易」乃是從「泰始」起，其中的「太極」乃指「太初」、「泰始」、「太素」氣、形、質渾沌不分的階段。「易」與「太極」相容，但不包括「太易」。《易緯》已經非常清楚地把存有的變化落實到「太極」的起始階段，宇宙生成與「太易」沒有關係。既然「太易」沒有擔任生成功能，鄭玄很自然地就把太極（太初）的來源看成是「忽然而自生」。

《易緯》在生成上虛置「太易」，又保留「太易」的最高名目，那麼「太易」究竟發揮什麼作用呢，它是什麼樣的「無」？

〔註2〕卜商，子夏易傳，北京：中國書店，2018：176。
〔註3〕林忠軍，易緯導讀，濟南：齊魯書社，2002：47。
〔註4〕林忠軍，易緯導讀，濟南：齊魯書社，2002：63。

鄭玄注「易無體」云：

> 道，無方也，陰陽則有方矣。道，無體也，陰陽則有體矣。無
> 方故妙物而為神，無體故用數而為易，有方則上下位焉，有體則大
> 小形焉，是物而已。然所謂道者未嘗離物，而物無乎非道，則道非
> 即陰陽，非離陰陽，而萬物之所由者，一陰一陽而已。彼師天而無
> 地，師陰而無陽者，皆萬物之所不由也。〔註5〕

鄭玄注解《易緯》「太易、泰始」時，他會尊重《易緯》的生成次序，較嚴
格地把「太易」與「太極」兩個概念區別開來。然而在別的地方，鄭玄則比
較隨意地把「太易」與「太極」說成是一個東西：「渾淪者言萬物相渾成而
未相離。視之不見，聽之不聞，循之不得，故曰易也，易無形畔。」鄭玄注
「此明太易無形之時，虛豁寂寞，不可以視、聽、尋，繫辭曰：『易無體』，
此之謂也。」〔註6〕《易緯》所言的渾沌乃指「泰始、太初、太素」氣、形、
質三者渾然為一，氣、形、質皆為初始，未能分離獨立，故視、聽、循皆不
得也，此為太極階段而非太易。鄭玄則直接把太易、太極混而為一，不作區
別，這是非常值得玩味的。參酌鄭玄《繫辭注》的道「無方」、「無體」，再
比較他在《易緯》注中用太易解讀「易無體」，則可以判斷：《易緯》中的「太
易」概念在鄭玄那裡已經完成了一個觀念的轉換，即從宇宙生成論路子轉入
本體論路子。

> 夫易者，用數而非數也。變動不居，超然於形器之外，以此盡
> 其性，則極高明矣。故聖人所以崇德，以此通於事，則功蓋天下矣。
> 故聖人所以廣業。〔註7〕（《繫辭上》注）

> 道有出乎無方者，不可以方求，故上下則無常。有入乎不測者，
> 不可以體居，故剛柔則相易。陽上而陰下為有常矣，乾剛而坤柔為
> 不可易矣。然且無常而相易，則事之有典，體之有要者，豈足以喻
> 於易之道哉。一闔一闢，往來無窮，「唯變所適」而已，故曰「上下
> 無常，剛柔相易，不可為典要，唯變所適。」《傳曰》：用之彌滿六
> 虛，則六虛者，豈特六爻之位哉。此《易》之所以無乎不在也，故
> 曰仰而視之在乎上，附而窺之在乎下。典，猶冊之有典；要，猶體

〔註5〕 林忠軍，周易鄭氏注通釋，上海：上海古籍出版社，2005：213。
〔註6〕 林忠軍，易緯導讀，濟南：齊魯書社，2002：108。
〔註7〕 林忠軍，周易鄭氏注通釋，上海：上海古籍出版社，2005：53。

　　之有要。典要者，道也。既有典常，辭也。〔註8〕（同上）

道或「太易」非方非體，出於方、入於方，出於體、入於體，故在方為方，在體為體。在上為上，在下為下，彌滿六虛，唯變所適，無處不在，而所在皆無。無者，非它也，無體也。無體者，無獨立本體也。太易非獨立本體，故能隨萬物之變而順其變，所變者非道變，而是物變而道隨順之。所以說，太易之為無，乃是不變，因不變故能隨物而萬變。

　　鄭玄通過兩個步驟完成兩個範式的轉換：首先消解太易的生成功能，虛化它在宇宙生成上的作用，太易如能在生成上不起任何作用，除非它本身就是「無」。「無」如果成獨立之空無，那還是類同於《淮南子》虛霩、宇宙，故必須要通過第二步來消解其獨立虛無的特性。即，通過太易與太極概念的互換互用，把太易的「虛無」變成「非離陰陽」的本體，太極也相應地從《易緯》的氣、形、質的渾沌而變成形而上的虛無之道。太易不離太極，又等同於太極。太極乃是氣、形、質三位一體，而又具有太易之虛無，則太易也不得離氣、形、質而獨存。太易一下子就變成了太極了，太極因而兼具元氣與虛無兩種特性。

　　鄭玄的思想正處於二者的轉型之中，他注解《易緯》時遵循宇宙生成論路子，把太極解釋為氣、形、質的渾一，也即所謂的「淳和未分之氣」。然而，當他解釋「易無體」的觀念及作為生成體系的「太易」與「泰始」如何轉換的時候，他不得不遵循本體論路子。虛化太易的存有性質，即虛化太極的元氣特性，更傾向於《易傳》的乾坤體系。所以鄭玄作為漢學的集大成者，一直處於矛盾之中，搖擺於兩個體系而不能斷然抉擇，這是博學者的通病。

二

皮錫瑞在《經學歷史》中說：

　　　　經學盛於漢，漢亡而經學衰。桓、靈之間，黨禍兩見，志士仁人，多填牢戶，文人學士，亦扞文網；固已士氣頹喪而儒風寂寥矣。鄭君康成，以博聞強記之才，兼高節卓行之美，著書滿家，從學盈萬。當時莫不仰望，稱伊、雒以東，淮、漢以北，康成一人而已。咸言先儒多闕，鄭氏道備。自來經師未有若鄭君之盛者也。然而木

〔註8〕林忠軍，周易鄭氏注通釋，上海：上海古籍出版社，2005：67。

鐸行教，卒入河海而逃；蘭陵傳經，無救焚坑之禍；鄭學雖盛，而漢學終衰。〔註9〕（《經學歷史‧五》）

皮錫瑞所言「漢學」乃指依託於劉氏政權、列於官學的今文經學，所以他說的漢學終衰乃指今文經學的衰落，而不能指代整個漢學的衰落。因為，伴隨著漢末官學的浸微，有兩股地方經學開始盛行起來：一、有著深厚古文背景的鄭學在「伊、雒以東，淮、漢以北」強勢登場。二、從劉歆時代就一直受到打壓的古文經學此時乘機依附於家族與地方勢力，開始走向全面復興之路，並以荊州學派為代表。因此，皮錫瑞所謂的漢代專門之學的衰亡可詮釋為漢學方向發生了改變：由統一的官方今文經學退讓於兩股地方古文經學。如陳寅恪所言：「蓋自漢代學校制度廢弛博士傳授之風息止以後，學術中心移於家族，而家族復限於地域，故魏晉南北朝之學術示教皆與家族地域兩點不可分離。」〔註10〕然而，較有趣的是，獲益於同一原因的兩股「與家族地域」分不開的地方經學在其後的發展中相互碰撞並互為敵意。

荊州學派以古今文嚴格區分為立場，鄭玄乃是模糊古今文限界，力圖古今文打通，荊州學派以此與鄭學如同水火。然而荊州學派自王粲、宋忠等對鄭學局部發難，至王肅全面進攻，皆未能掃蕩或削弱鄭學。逮至王弼一出，僅注《周易》一經，鄭學即退守於北，至唐之後乃至廢棄。那麼，荊州學派為何反鄭學而未能成功，原因何在？

荊州學派及王肅等有一個共同的特點：繼承馬融、賈逵等為學風格，古今文區別甚嚴，恪守漢經師家法，沒有建立起自己的學術體系。鄭玄雖名為古文家，但匯通古今文，並有一套今文詮釋體系。可以想見，沒有體系的章句學者想要從純訓詁上擊敗一個有體系的學者，切入點很難。《四庫》館臣比較林希逸與郭象，有一段話頗耐尋味：「今案郭象之注，標意旨於町畦之外，希逸乃以章句求之，所見頗陋。」〔註11〕荊州學者可謂町畦之陋。李鼎祚著《周易集解》，欲「刊輔嗣之野文，補康成之逸象」〔註12〕，然而他解「大衍之數」卻襲用王說，渾然不知輔嗣精魂在於此，也可謂町畦之陋。除此之外，更為重要的尚有兩點：

〔註9〕皮錫瑞，周予同，北京：中華書局，2011：124。
〔註10〕陳寅恪，隋唐制度淵源略論稿，臺北：里仁書局，1979：318。
〔註11〕王培軍，四庫提要箋注稿，上海：上海大學出版社，2019：327。
〔註12〕李鼎祚，周易集解，北京：中華書局，2016：4。

一，宋忠、王肅等即便從純粹訓詁上反鄭，也難能撼動鄭學，鄭注較肅更近古可信。王肅凡立一義皆刻意與康成對立，鄭用古文，王便用今文，鄭用今文，王便用古文，已屬意氣行事，為學求真之心不存。

二，王肅不混雜今古文，未窺伺到鄭玄體系的弊端，更沒有繼續鄭玄的問題，乘其隙而掩襲之。所以，宋忠、王肅等皆不能識透鄭玄的問題，更不能應付之。宋忠、王肅等反鄭玄而又恰好與鄭並列同行，很難交叉在一起，更非以後來者居上的態度對待之、超越之。

漢人的今學一直以揭示五經中微言大義為目的，但今文家又並不依照訓詁的辦法彙通聖人的奧義，而是先別立一解釋體系，用此體系來詮釋經文。這個獨立的詮釋體系逐漸發展而成一專門的學問，漢人稱之為緯學。在今文家那裡，緯學擔當瞭解經的唯一法門，緯學的位置逐漸抬升而成了秘經，經典的奧義不在經文而在此秘經中，緯學變為內學，經學反成了外學。因此，今學家那裡都有一套緯學的詮釋學，他們的學術根底只在體系上面，不管這個體系與儒家經典差距多大。馬融、宋忠諸儒雖詳悉今文，但不解此深層涵義，故皆未建立一套解釋體系，而只以訓詁解讀今文，離今文的精神相悖甚遠。

鄭玄打通古今文，並非簡單地熟通今文、古文，也非在注經中簡單地古今文參雜。如果是前者，鄭玄與馬融、賈逵、宋忠皆無不同。如果是後者，荊州學派中宋忠、王肅等只要從鄭注中清除今文的成分，問題即告解決，無需別立新意與鄭較高下。鄭玄打通古今文，已暗示學術的潮流乃是另立一體系之學，以便繼承《易傳》詮釋經典的風格。鄭玄易學體系頗雜，尚不能成為統攝一貫的學術，繼承者應既立一貫的體系之學，以對應鄭玄駁雜。《四庫提要》云：「考玄初從第五元先受京氏《易》，又從馬融受費氏《易》，故其學出入於兩家。然要其大旨，費義居多，實為傳《易》之正脈。」〔註 13〕也僅為現象之觀，未深味鄭學要旨所在。

鄭玄作為一個今古文集大成者，在訓詁與體系兩方面都有建樹，他的訓詁滲透一成體系之今文學。同時，作為一古文名世的學者，又以古文的嚴謹來部分地修正今文體系的汗漫不經。如他以《易傳》「易無體」修正《易緯》的宇宙論，把漢代宇宙論引向元氣說，但同時又為本體論開闢了新途，其學術的博大在於此，其矛盾與不徹底也在於此。

〔註13〕王培軍，四庫提要箋注稿，上海：上海大學出版社，2019：142。

　　荊州學派及王肅等一直在欲訓詁上扳倒鄭學，然而無論是刻意與鄭玄唱反調，還是遍注群經，無論是要求訓詁更簡潔、重義理，還是嚴格古今文界限，皆未能從根基上搖動鄭學。因此僅從訓詁反鄭行不通，必須另闢蹊徑，從鄭學體系矛盾入手，破除其一，餘皆潰散。

三

　　王弼並不能算是荊州學派的後繼者，但他深受荊州學派的影響，做的也是與荊州學派一樣的事情，因此可以說，荊州學派沒有完成的任務，王弼接著完成。

　　與荊州學派做法不同的是，王弼既沒有遍注群經，也未試圖在訓詁上與鄭玄較高下，王弼僅從《周易》一經入手，深入到鄭學的體系中，因鄭學體系之善而革除其弊，全從鄭玄舊體系因革損益，由此而更進，掃蕩漢人象數學而能順理成章。王在一經上損益鄭學的詮釋體系，革除鄭玄體系中宇宙論成分，張大鄭學潛藏的本體論，由此在根本上動搖鄭學，致使鄭學在東晉南學這一片日漸被排擠，至唐之後乃至不傳。宋人趙紫芝有詩云：「輔嗣易行無漢學，玄暉詩變有唐風。」〔註14〕

　　這裡有一個問題：如果僅僅是另立一套解釋體系與鄭玄對峙，還不足以替代鄭的詮釋學。正因為王弼沒有另立一全新的體系，而是簡化鄭玄體系並向鄭體系的某一方向推波助瀾，發揮到至極，從而掙脫鄭學之母體而宣告獨立。

　　王弼建立新體系、反鄭玄得以成功，全部功效集中於對「太極」一概念體系的發揮，由此而建立一套本體學，可謂舉重若輕。

　　鄭學圍繞著太極概念其實有兩個體系：元氣宇宙學與虛無本體說，二說有明顯牴觸，而且它們在鄭玄的學術當中明顯地有從元氣說偏向本體學術，這已經顯示了漢學向玄學的過渡，可以說王弼只是借一把力，順勢把鄭玄的本體觀念發揮到徹底的地步。

　　《易緯》承《淮南子》的生成體系，也有一絕對虛無的生成之母──「太易」在渾沌的「太極」之上，因太易之「未見氣」而為「純無」，非如老子無象而有精之「渾沌之無」。因之，太易至太極的生成連續之路就被「純無」所割斷，《易緯》體系的矛盾暴露無遺。鄭玄有見於此，對渾沌太極之生成作創

────────────

〔註14〕王應麟，困學記聞，瀋陽：遼寧教育出版社，1998：335。

新之詮釋，太極非由太易而來，其本身「忽然而自生」，既無其始，也無其母，太極乃為一獨立自生的自為本體。這樣，太易便從「太易——太極」的生成次序的怪圈中跳了出來，不承擔任何生成之用，而成為無用的「純無」。鄭玄應該是清醒地看到這個矛盾，他在別的地方又把太易與太極等同，使太易作為虛無也發揮作用——把無用的太易從「生成之母」變成「不生成之體」。《易傳》「易無體」的「無」被鄭玄注解為「太易」，太易又等同於渾淪之太極。《易傳》的「太極」就與《易緯》的「太易」、「太極」等同了。

　　鄭玄雖恢復了太易的作用，然而他因此犯了一個更為致命的錯誤：《易傳》是乾坤體系，而《易緯》則是沿著《老子》、《鶡冠子》、《呂氏春秋》、《淮南子》的渾沌體系，二說根本難以調和。如果接受了渾沌體系，則勢必有一個先於天地陰陽的元氣說，而如果接受了《易傳》體系，則必須解除元氣說。因為渾沌是原始之氣，勉強可說其「無方無體」，但絕不可說元氣既分化為陰陽之後，元氣尚順隨萬物，「未嘗離物」。也不可說元氣「非離陰陽」，如此則成了陽氣中有元氣，陰氣中有元氣，混亂不堪。故此《易傳》的體系不能容納元氣說，《易傳》的「易無體」很容易把陰陽之上的元氣瓦解掉。用「無」解讀《易傳》的「無體」，「無」必是「絕對虛無」，本身不是個物事，此「絕對虛無」又必為「性無」，而非元氣無形之無或獨立之無。所以，鄭玄注解「易無體」，實際上，也同時消解了「元氣」，把「元氣」從宇宙論中清除出去了，只是鄭玄沒有意識到這點。

　　《周易正義》也沿襲此弊，從中我們可以從更清楚地看到鄭玄的矛盾。孔穎達雖然採王說，但在體系上完全步鄭玄舊轍，孔疏兼採元氣說與虛無說，於二者之間稍作調整，惜未能識透二說本不可相容：

> 「一陰一陽之謂道」者，一謂無也，無陰無陽乃謂之道。一得謂無者，無是虛無，虛無是太虛，不可分別，唯一而已，故以一為無也。若其有境，則彼此相形，有二有三，不得為一，故在陰之時而不見為陰之功，在陽之時而不見為陽之力。自然而有陰陽，自然無所營為，此則道之謂也。故以言之為道，以數言之謂之一，以體言之謂之無，以物得開通謂之道，以微妙不測謂之神，以應機變化謂之易，總而言之，皆虛無之謂也。〔註15〕

〔註15〕王弼，韓康伯，孔穎達，周易注疏，北京：中華書局，2018：361。

言夫無不可以無明，必因於有者，言虛無之體處處皆虛，何可
以無說之，明其虛無也。若欲明虛無之理，必因於有物之境，可以
知本虛無。〔註16〕

孔穎達用「無」解釋「一」，又把虛無解釋為「太虛」之「不可分別」。按，《莊
子・知北遊》：「不遊乎太虛。」〔註17〕「太虛」乃氣之淵聚處，如張載的氣
之本體，則「無」又是元氣。「虛無之體處處皆虛」、「必因於有物之境，可以
知本虛無」又以本體論虛無。但他不能清楚地辨析「元氣之為無」與「本體之
為無」的二者分界，完全襲承了鄭玄的矛盾。孔穎達乃是個純粹的章句學者，
根本不解此處弊端。

王弼則不然，力圖建立一學，掩襲鄭學之弊而革新之：他參酌《易傳》
的本體論，沿襲鄭學本體之無，消除鄭宇宙「元氣」說，簡潔並化解鄭學的體
系矛盾，因而一舉取代鄭氏易學。

因為消除鄭玄中《易緯》的宇宙論，使得王弼的易學體系比較忠實於《易
傳》，他很清楚地意識到渾沌體系不可能與《易傳》的體系相融。

「神無方而易無體，一陰一陽之謂道」。王注：「自此以上皆言
神之所為也。方體者，皆繫乎形器者也。神則陰陽不測，易則唯變
所適，不可以一方一體明。道者何？無之稱也。無不通也，無不由
也，況之曰道，寂然無體，不可為象，必有之用極而無之功顯，故
至乎神無方而易無體而道可見矣。故窮變以盡神，因神以明道，陰
陽雖殊，無一以待之，在陰為無陰，陰以之生，在陽為無陽，陽以
之成。故曰一陰一陽也。」〔註18〕

王弼之所以能順著鄭玄的本體論走下去，在於他抓住了鄭易學體系中兩個核
心觀念——「忽然而自生」與「無」，洞悉二者的關係，革除鄭玄的混亂。

在鄭玄《易緯》宇宙學詮釋體系裏，「忽然而自生」與「無」是兩個獨立
的觀念：太易「不見氣」故為「無」，生成上全無作用。太極「忽然而自生」
並具有生成功能，與太易不相關。太極非無，太易也非太極，二者並行不相
混雜。

在鄭學《易傳》本體論詮釋體系裏，「忽然而自生」與「無」源自同一本

〔註16〕王弼，韓康伯，孔穎達，周易注疏，北京：中華書局，2018：372。
〔註17〕陳鼓應，莊子今注今譯，北京：中華書局，2018：203。
〔註18〕王弼，韓康伯，孔穎達，周易注疏，北京：中華書局，2018：373。

體：太易作為「無」，乃非獨立的虛無，即在太極中，太易、太極合而為一，太易為太極之本性。「忽然而自生」其根性乃是「無」。如太極本於「有」，則有母體，有形體，勢必由小及大，有個生成次序。「忽然而自生」乃沒有次序，沒有母體，因此在本質上也沒有生成，只是從來如此，無所謂從何處來，忽然而「來」時便如此，未有漸成次序。太極從「無」中「忽然而自生」，非由「無」凝聚而忽生此「太極」。故，「無」非在太極之外，「無」便是太極本性，狀太極「忽然而自生」，無因緣、無母體、無跡象可尋，不可名狀，故名為「無」，「無」的具體內涵即──「忽然而自生」。

　　王弼繼承了鄭玄本體論學術，因此也繼承並發展了鄭玄本體論兩個核心概念──「忽然而自生」與「無」。從王弼對鄭玄「忽然而自生」的觀念發揮過程中，可以更加清晰地看到此觀念會直接導致本無說。

　　鄭玄那裡，太極乃是自己的依據、自己的本根，這就是本體觀念。至王弼，又擴大了「忽然而自生」的範圍，推至到兩儀萬物，明確地解讀「忽然而自生」為「獨化」。

> 　　原夫兩儀之運、萬物之動豈有使之然哉？莫不獨化於大虛欻爾而自造矣。造之非我，理自玄應，化之無主，數自冥運。故不知所以然而況之神。是以明兩儀以太極為始，言變化而稱極乎神也。夫唯知天之所為者，窮理、體化、坐忘、遺照、至虛而善應，則以道為稱，不思而玄覽，則以神為名。蓋資道而同乎道，由神而冥於神也。〔註19〕

「欻爾」，「忽然」也，「欻爾而自造」即鄭玄「忽然而自生」。兩儀、萬物皆非化生於一個獨立母體，乃「獨化於大虛欻爾而自造矣。」「大虛欻爾而自造」尚遺留著鄭玄「太初」「忽然而自生」的痕跡。但此處「大虛」又不類同於鄭玄的「太初」（太極），鄭玄指一獨立渾沌之體自生自成，王弼指萬物各自的不可名的自身根源，此大虛即兩儀、萬物自己的大虛，不出兩儀萬物自身之外。故，「大虛」，即王弼的本體「無」，「無」非一個獨立母體，而是萬物自己的根性，萬物自化因不知其所以然，故名為「大虛」。王弼更清楚地把「忽然而自生」的觀念簡化為「獨化」，又把「獨化」推至到兩儀萬物，而不言及渾沌或元氣，同時指出獨化就是獨化於自己的「無」（大虛）。本無論與獨化論緊密聯繫起來。

〔註19〕王弼，韓康伯，孔穎達，周易注疏，北京：中華書局，2018：372。

結語

漢學向玄學的過渡的研究材料枝蔓太多，如普遍開花，很容易陷入進去，找不到頭緒。但鄭玄到王弼是個簡單的抓手處。鄭學如何解體，王弼如何興起，學界也無確論，也是一個研究點。

這個點如何切入，問題很大。若從鄭玄入手，你會陷入他遍注群經的巨大困難中，難以找到問題的開端。但如果你轉換思維，從結果入手，即從王弼入手，思路就非常清晰了。

王弼的玄學就是一個切入點。玄學作為一個思想體系，必有生發的源頭，不會突然而生。王弼既然是革除漢學之弊而建立自己的思想體系，那麼，他在革除的過程一定獲得巨大的思想滋養。

王弼玄學的思路從哪裏來的？只能從另一個相當而博大的體系中過來。通盤考究漢學，漢學的兩大派別──今文經學與古文經學：今文善於發明微言大義，古文可謂死守善道。王弼的玄學也是善於發明形而上之道，故此，他的玄學必從今文入手，革其弊而繼承之。考究今文經學，其到後漢影響最大的經典已經不是漢初的《春秋》，而是《周易》了。恰好王弼最經典的解經有兩本，其中之一就是《王弼周易注》，這給了我找到了聯繫漢學到玄學過渡的基本切入點。

這樣，本文就最後落點於《周易》，王弼注《易》便是我觀察的角度。從王弼的易到鄭玄的易，擴展之，到漢人的易緯，便是我下文的前後思路。

《周易》中對王弼玄學最有影響的是「太極」概念。本文就是從這個點，上下求索，最後找到漢學到玄學過渡的清晰點。